倫敦地鐵購物遊

5大區人氣商圈 × 300家精選好店，時尚達人帶你走跳倫敦

盡情購物，看見最夢幻的倫敦

倫敦，一直是我心中最完美的城市。

你問我，為什麼是倫敦？它除了是坐擁豐富歷史、漂亮古蹟的城市外，之所以讓我癡狂，是它多變的個性與韻味，所衍生出令人驚喜的購物樂趣。所以有人形容倫敦很叛逆、很前衛或很風騷，但對我而言，倫敦就是座很活潑、很優美、很舒服，很有生活感的摩登城市。

倫敦有著「國際時尚之都」的美譽，在我眼中，它的時尚有多種面向，多到令人難以言語，多到讓我每回造訪都倍感新鮮，不嫌膩地探索追尋。每當有友人要前往倫敦旅行，我都會建議他們用心去感受在倫敦所經歷的一切，放膽刷卡買下喜歡的東西。因為人最害怕後悔，唯有這樣，盡興的去體會倫敦，這趟旅行，才會在生命中顯得與眾不同。

我在倫敦購物的回憶豐富，許多精彩故事，至今仍是心中最溫馨的片段。說起這些經歷，像是推開時光旋轉門，讓我心情激盪。我曾走入歷史悠久的百年百貨，腳踩在木板上發出嘰嘰嘎嘎的聲響，一邊遙想昔日英國紳士名媛，購買布料製衣時的喜悅；也曾在大街上，欣賞宛如流動畫布般、充滿創意的櫥窗設計，抑或到露天市集裡去殺價尋寶。我記得在SELFRIDGES百貨裡，以對折價買了至今仍常佩戴的GUCCI領帶；也記得因看錯標價，在柯芬園裡含淚刷卡，買下昂貴的手工製泰迪熊；還記得在波特貝羅市集裡，只花1英鎊就買了一大包新鮮櫻桃，躺在海德公園草地上享用的情景，那甜美滋味，我的味蕾依舊記憶清晰。

我忘不了以6折價買下CAMPER休閒鞋，穿著新鞋興高采烈在街上閒逛；忘不了在大英博物館裡，為了不知該買哪張明信片而懊惱。忘不了趁著打折季在ZARA店內便宜撿到一件紳士大衣，裝扮成倫敦客時的瀟灑；忘不了盯著英國名瓷WEDGWOOD下殺折扣，卻帶不回去的遺憾。走在美輪美奐的購物大街上，手上提著滿滿的紙袋，一切都是如此繽紛閃耀。那場景，現在想起來仍會笑。這一切點點滴滴，全因在倫敦購物而對我意義非凡。

　　我對於倫敦的感受，很多都跟當時的血拚經驗息息相關，所以在我眼中，來倫敦採購的重點，不僅僅是商品本身價值的高低，更重要的是，購物當時的回憶，也是我想寫這本書給讀者的最大目的。若錯過了在倫敦購物的經歷，對這座城市的認識彷彿也少了大半，真的很可惜！為了讓喜歡旅行、也喜歡購物的讀者能清楚瞭解倫敦的脈絡，我採用分區的方式推薦各重要商圈，並介紹許多我心儀的店；希望讀者們搭乘地鐵採購時輕鬆方便，買回的戰利品也帶給你們滿心喜悅。

　　我也在書中整理了來到倫敦不可不知的英國品牌。倫敦畢竟是國際大都會，幾乎所有國際精品都能找到，常會讓人迷失了購物的方向。難得來一趟，若能事先了解英國知名設計師或百年老店的經典商品，相信買起來會更具紀念價值。

　　書中還有許多我個人的建議及小叮嚀，這些經驗之談，希望能提供給即將前往倫敦血拚的好友，或首度來到倫敦的讀者瞭解該買、甚至不買會後悔的品項有哪些？記得，難得來一趟倫敦，就讓自己盡情徜徉在歡樂的購物國度裡吧！

蔡長良

Adam Tsai

CONTENTS

34　　市中心Central London

Chapter 1

192　　西倫敦West London

Chapter 2

不可不知！32個英國必懂品牌
32 English Brands You Must Know

ALEXANDER McQUEEN	TOPSHOP
Aquascutum	HUNTER
Accessorize	LUSH
ALFRED DUNHILL	Lyle & Scott
Boots	MULBERRY
BURBERRY	next
Clarks	PRINGLE OF SCOTLAND
Cath Kidston	Paul Smith
DAKS	Superdry
Dr. Martens	TED BAKER
fcuk	TWININGS
FORTNUM & MASON	THE BODY SHOP
FRED PERRY	THOMAS PINK
Harrods	Vivienne Westwood
RIVER ISLAND	Walkers
JO MALONE	WEDGWOOD

※以上品牌字母大小寫以商標為準。

■ ALEXANDER McQUEEN

1

Alexander McQueen（亞歷山大・麥昆）這位英國鬼才設計師，可說是時尚界的傳奇人物，他曾是英國最年輕的英國時尚獎得主，更4次榮獲「年度最佳英國設計師」的殊榮。自小對服裝設計充滿興趣的他，年輕時曾為義大利設計師Romeo Gigli工作，返回倫敦後在中央聖馬丁藝術與設計學院擔任教師。他擅長將前衛、科幻等多種元素，發揮在服裝作品上，獨特的風格讓他在時裝界大放異彩。雖然其搞怪、大膽的設計，讓他被冠上「可怕頑童」的負面稱號，但也更加引人注意，像Lady Gaga就是頭號粉絲。遺憾的是這位才華洋溢的設計師，已於2010年在家中自殺身亡，他優秀的設計長才至今仍留給世人無限懷念。

2 ■ Aquascutum

創立於1851年的Aquascutum，是家充滿英國文化底蘊的時尚品牌，在當地同樣受到消費者擁護，雖然Aquascutum知名度不如BURBERRY，但低調又優雅的氣質，讓它成為英國皇室首選。Aquascutum這個名稱來自於拉丁文，本有「防水」之意。在100多年前，只是家小商店的Aquascutum，採用天然纖維防雨植物，以純手工製作了外套，由於防水效果佳、外型美觀，而大受消費者青睞；當時甚至有人在晴天也穿著Aquascutum雨衣上街，讓品牌知名度大開。除了雨衣受歡迎，全系列的男女服裝、童裝及配件，也全因充滿英倫風味，而深受全球消費者喜愛。

3 Must Buy!
■ Accessorize

Accessorize是帶有強烈流行感的英國配件品牌,在英國當地很風靡。它原是英國服飾品牌MONSOON旗下系列,於1984年獨立出來,第一家專賣店就位於人潮洶湧的柯芬園。Accessorize目前在英國已開了400多家店面,所以走在倫敦街道上,很難忽視它的存在。Accessorize擁有專業的設計團隊,商品的設計風格多樣化,以滿足大量顧客的需求。從首飾、髮飾、配件、皮件、帽子到手套等等,Accessorize的商品總充滿著英式摩登風情,讓它成為來倫敦必買的商品名單。

■ ALFRED DUNHILL

英國高檔時尚品牌ALFRED DUNHILL(常見商標為dunhill),有個很特別的發展過程:創辦人Alfred Dunhill於1893年接管了家族的鞍具生意後,乘著汽車產業興起的風潮,將生產重心轉移至汽車用品、服飾及煙草,旨在提供顧客「除了汽車以外的所有東西」。20世紀初期,他開創了Motorities系列的汽車配件,生產汽車駕駛穿著的皮衣、護目鏡、儀表板等,打響了名號,之後才開始投入男裝的設計。Alfred Dunhill設計的高級男裝與配件,深受英國當地男性喜愛,也成為英倫紳士風格的知名品牌。

■ Boots

Boots是英國知名連鎖藥妝店,有點類似台灣的屈臣氏,至今已超過160年的歷史,以販賣美容、護膚、保養、藥妝等眾多商品出名。目前在全英國有超過1,400家的門市。Boots從小藥房起家,它經歷歐洲動盪時期,卻仍屹立不搖,成為歐洲最大的藥妝公司,相當了不起。由於Boots口碑好、價格公道,超過600多種品項,商品種類齊全,所以連戴安娜王妃、足球金童貝克漢及影星芮妮齊薇格等,都極愛使用Boots的商品,成為英國民眾熱愛的開架式品牌。

Must Buy!

■ BURBERRY

英國高檔時尚品牌BURBERRY橫掃全球已是不爭的事實,線條交錯的圖騰商品,成為來到倫敦必買的夢幻逸品。這個超過150年的經典時尚品牌,至今仍然十分火紅,價格也是年年看漲(我每一次去就看它漲一次,建議經濟許可的話,盡量多買一點)。BURBERRY受歡迎的產品很多,眾多種類的商品中,以風衣、毛衣、圍巾、手帕、手套、帽子、雨傘最為搶手。除了最經典的駝色系列外,現在連紅、黑、藍等格紋色系也很熱門,雖然只是交錯的線條,卻怎樣都看不膩,這就是BURBERRY的厲害之處。

■ Clarks

7

創立於1825年的Clarks，是家代代相傳的家族企業，最早以符合人體工學的鞋款聞名，後來又有多項科技突破。Clarks的鞋款式大方、皮質柔軟、質量輕盈，好穿又耐操，不但是愛走路的英國人愛用的皮鞋品牌，在台灣也擁有不少粉絲。來到倫敦街上，隨處可見Clarks專賣店的身影，可見該品牌大眾化的程度。我也真心推薦Clarks休閒鞋，在當地購買，價錢實惠，加上款式眾多、店員服務親切，至少得買一雙，回國才不會後悔。

■ Cath Kidston

8

許多讀者應該對Cath Kidston那甜美夢幻的花紋不陌生，無論是復古的玫瑰、可愛的小圓點或田園小昆蟲，全都是Cath Kidston常用的元素；其充滿童趣的設計風格，令人心醉，也深受女性朋友喜愛。倫敦Cath Kidston專賣店不少，店內商品種類琳瑯滿目，從水杯、馬克杯到廚房衛浴用品、寢具、大小手提包、零錢包都有，全都是花花草草的甜蜜風格。來到倫敦，記得選款喜歡的Cath Kidston商品當紀念，讓自己享受一下英式鄉村的甜美風情。

■ DAKS

　　來到英國，除了BURBERRY的夢幻格紋外，DAKS優雅的紳士風情也令我著迷。多次獲得英國皇家認證殊榮的DAKS，已有超過120年的歷史，也是一個老神在在的經典英國品牌。我喜歡DAKS的原因，在於它那分低調奢華的優雅感，相較於BURBERRY，風格更加沉穩，使用它的商品，讓人彷彿走在英國街道般舒服。DAKS最受遊客青睞的商品項目，仍以經典格紋融入圍巾、手套、風衣、襯衫居多，本季還有使用喀什米爾羊毛與金色絲質的混織，一樣呈現英式優雅動人風情。來到倫敦，不妨帶件它的商品回國。

■ Dr. Martens

　　馬汀鞋是我在學生時代就擁有的第一雙靴子，圓頭厚底的靴型式設計，穿起來相當神氣。話說「馬汀鞋」的緣由，是在第二次世界大戰期間，由德國醫師Klaus Märtens設計。他發現當時所穿的軍靴，長時間穿來腳底會痛，就選用柔軟皮革，加上氣墊做改良，才有了今日暢銷全球的「馬汀鞋」。在1960年代，馬汀鞋十分火紅，當時的光頭黨、龐克文化、油漬搖滾等族群，都超推崇這鞋款；但發展到1980年代末，銷量開始走下坡，甚至一度在英國停產，直到2007年才恢復。來到倫敦時，記得帶雙正統的馬汀鞋耍耍威風！

11

■ fcuk

應該有不少人認識fcuk這個時裝品牌，因為它的品牌名稱常讓人誤以為是英文髒話，其實它是French Connection United Kingdom的縮寫。在1972年時，由60年代溫布頓網球公開賽Junior組別冠軍Stephen Marks所成立。最早只是銷售棉布料衣服公司，之後演變成橫跨25個國家、共超過1,500銷售點的時裝品牌。目前產品種類從男女裝、鞋履、眼鏡、內衣褲、香氛及身體護理都有，款式走的是休閒舒適風，也吸引了不少喜愛這種調調的顧客。

12

Must Buy!

■ FORTNUM & MASON

英國茶的知名品牌眾多，但FORTNUM & MASON絕對是其中佼佼者。創業於1707年的FORTNUM & MASON以蠟燭起家，後來轉型成為皇家御用食品店，受到大眾歡迎。它的總店位於Piccadilly大道，是來到倫敦必走的行程之一。店內商品眾多，熱賣商品以茶葉為主，如頂級大吉嶺紅茶、經典伯爵茶、阿薩姆茶、水果紅茶等都十分暢銷，也絕對是方便實惠的送禮首選。而英國名茶除了FORTNUM & MASON外，TWININGS（唐寧茶）、Whittard等英國茶牌，也建議全都帶些回去。

■ FRED PERRY

對於英國溫布頓網球公開賽著迷的朋友，記得一定要逛逛FRED PERRY這個休閒服飾品牌。創立於1940年代的FRED PERRY，誕生過程很戲劇性：因為當時市面上沒有專為運動員設計的護腕，奧地利足球員Tibby Wegner就幫史上首位獲得生涯大滿貫的網球選手Fred Perry設計了一款，並印上他的名字，帶動了護腕風潮。由於行銷策略成功，他們開始生產服裝，並贊助給當時的運動員，打響知名度。FRED PERRY的服裝風格簡單大方，品牌Logo是枚漂亮的桂冠，代表了運動榮耀。它的商品種類齊全，從服裝到各類配件都有，是網球迷必買的英國經典品牌。

Must Buy！

■ Harrods

位於騎士橋的Harrods（哈洛德百貨），創立於1834年，從原本只有數位員工的小商店，發展成今日擁有5,000位員工的世界知名百貨。富麗堂皇的Harrods裡，處處展現濃厚的歷史底蘊與高貴氣質。各式高級珠寶、精品、服飾與種種美食，宛如血拚迷宮，令人眼花繚亂，種種商品都令人愛不釋手，荷包一不小心就會大失血。我十分推薦百貨推出的自營商品，包括奶酥餅乾、茶葉罐、果醬、防水購物袋及Harrods泰迪熊。Harrods的食品包裝精緻、口感細膩；而防水購物袋上印有大大的Harrods字樣，是好看又實用的紀念品。但最具代表性的，還是作為其品牌象徵的泰迪熊，總是身穿紳士服飾迎接貴賓，在當地買真的便宜很多。

14

15 ■ RIVER ISLAND

RIVER ISLAND是英國當地知名的服裝品牌，創立於1988年，由Chelsea Girl女裝與Concept Man男裝兩家公司合併而成，目前在世界各地有超過300家分店。主要客群鎖定在18至35歲的男女族群，強調提供高品質及合理價格的服裝給消費者。由於RIVER ISLAND對潮流敏感度很高，所以當季流行的圖騰、蕾絲、軍裝或龐克等元素，都成為RIVER ISLAND取材重點。除了服裝，也有鞋襪、包包、配件及化妝品等商品。來到倫敦遇見RIVER ISLAND時，記得進去看看。

Must Buy！

16 ■ JO MALONE

1999年被雅詩蘭黛集團併購的JO MALONE，是喜歡香氛的朋友絕不能錯過的英國名牌，其簡單純粹的香味，深受各國明星喜愛。JO MALONE香水的香味共可分為柑橘類、果香類、清新花香類、花香、辛辣香氣、木本香氣6大類，各有其迷人風情。除了香氛本身，設計簡約的香水瓶身，低調質樸的外包裝，透露出濃厚英倫風情，更令人難擋其誘惑力。JO MALONE除了香水受大眾歡迎外，沐浴凝露、潤膚乳液、乳霜、精油蠟燭，也都是值得嘗試的商品。

■TOPSHOP

英國最知名的服裝零售品牌TOPSHOP，成立於1964年，曾是SELFRIDGES百貨中Peter Robinson的專櫃，直到1999年Jane Shepherdson成為時尚總監，才將TOPSHOP經營成全方位的服裝品牌。TOPSHOP商品從男女上班族服飾、居家服、休閒服到內衣褲、配件都有賣，深受全球年輕族群及上班族喜歡。因為知名度高，連巨星瑪丹娜、碧昂絲都很喜歡穿它家衣服，目前光英國就超過320家門市，以滿足大量顧客採購。為了不斷推陳出新，TOPSHOP每週都會有10萬件新衣上架，至少吸引超過20萬名的顧客上門採購。若想跟上倫敦流行步伐，到TOPSHOP準沒錯。

■HUNTER

Must Buy！

大家都知道倫敦是個雨都，常常白天大太陽、午後就來場大雷雨；這時腳上若能有雙舒適、耐穿又好看的HUNTER雨靴，一切就安心多了；加上它在當地買價格便宜不少，所以HUNTER雨靴，也成為前往倫敦遊客必買的商品。發源於英國蘇格蘭地區的百年老牌HUNTER BOOTS（赫特威靈頓靴），是由Henry Lee Norris創立的品牌，靴子外型主要延襲威靈頓公爵的設計，所以知名靴款又稱「威靈頓靴」（Wellington Boots）。HUNTER靴款之所以好穿，是因為將靴子拆解成28個部分，每個部分都採符合人體工學的設計，穿起來舒適，又兼具保護、防水、耐寒等功能。HUNTER在兩次世界大戰中都是軍隊用靴的供應商，曾兩度受英國皇室授勳嘉勉，也是英國皇室御用品牌之一。

■ LUSH

　常逛百貨公司的讀者，應該對LUSH商品大塊頭的份量與濃郁香味印象深刻。1994年創立的LUSH，是英國當地知名的美妝香氛品牌，風格走向自然調性，強調採用最天然的材料製造沐浴及保養商品，且不使用任何動物成分、人工合成化學物質及防腐劑，對於品質十分堅持。走進LUSH門市，店內商品陳列不似一般專櫃整齊規矩，讓人彷彿走入歐洲農夫市集，一塊塊看上去像是乳酪的商品，其實是手工香皂，顧客可按照自己的需求切割、稱重來計價。目前LUSH在全球超過900間分店，喜歡泡澡的人，一定得來LUSH看看有無超夯新鮮貨。

■ Lyle & Scott

　英國服裝品牌Lyle & Scott，於1874年由William Lyle和Walter Scott，在英國蘇格蘭高地Hawick所創立，距今已有140多年歷史。品牌經典Logo是隻飛翔的老鷹，在台灣擁有不少年輕的擁護者。早期Lyle & Scott以高品質菱格針織毛衣聞名，是英國皇室御用品牌。Lyle & Scott羊毛製品品質優異，法國精品Christian Dior曾在50年代委託它們生產旗下所有羊毛製品。Lyle & Scott所設計的服裝，走的是英式穩重的古典主義風格，穿起來優雅不花俏，是喜歡英式學院風情的人，都應該擁有的英國服裝品牌。

■ MULBERRY

21

英國知名的包包品牌MULBERRY
誕生於1971年，由Roger Saul於英國
鄉村Somerset所創立，由於包款兼具
摩登外觀及實用性，深受歐洲消費者
喜愛。MULBERRY包包最受消費者
稱讚的地方，即是簡約皮革感與手作
精神，像知名包款「Bayswater」，
工匠師須經過16道繁複工序製作才完
成，而扎實的英國經典工藝，更令女性著迷。近幾年來，MULBERRY也相當注重環保議
題，它們以獨特植物皮革染色技術取代了化學藥劑，並裝置淨化汙水系統，讓人敬佩起
MULBERRY這個時尚品牌對於環境保護的貢獻。

■ next

22

next是英國當地本土服裝品牌，成立
於1982年，走著平實價位、大眾化的風
格。店內男女服裝都有，從上班族的服
裝、休閒服飾、居家服到孩童服一應俱
全。在男裝部分，款式眾多的襯衫、牛仔
褲、T恤，設計風格活潑。女裝則擁有更
多變化，無論是蕾絲、流蘇或綴花，都能
展現女性甜美或個性風采。除了服裝，
next也涉足家居領域，如寢具、地毯等。
由於next目前仍未在台灣開立門市，所以
想體驗一下道地英國風情的服飾，就得來
next一趟。

■ PRINGLE OF SCOTLAND

PRINGLE OF SCOTLAND（一般簡稱PRINGLE）是由Robert Pringle與好搭檔於1815年創立，距今已有200年的悠久歷史了。PRINGLE早期以特殊織法，創作出風靡全球的針織外套，以及具代表性的菱形圖案與經典兩件式套裝。在19、20世紀時，PRINGLE的業務更拓展至全歐洲、美國和日本，成為全球第一高檔針織品製造商。雖然PRINGLE擁有悠久、傲人的傳統，但為了抓住年輕流行市場，仍積極求新求變。設計師在保留傳統特色的基礎上，又添加新潮流的設計元素，讓PRINGLE至今仍是相當受到消費者歡迎的英國服裝品牌。

■ Paul Smith

創立於1976年的英國時尚品牌Paul Smith，總以鮮豔及富趣味的表現手法，受到全球消費者喜愛。Paul Smith所設計的服裝，外表看來一派正經，骨子裡卻充滿反叛精神，自然純真卻又充滿激情的衝突風格，被外界視為其獨創的英式幽默。Paul Smith雖以男裝起家，卻在女裝設計領域上發光發熱、獲得掌聲。目前商品線完整，從男女裝、內衣褲、鞋子、包包到配件都有，若你也想體驗幽默又叛逆的英式風格，就一定得來倫敦逛逛Paul Smith的專賣店。

■ Superdry

關心潮流的朋友們，應該都知道Superdry（極度乾燥）這個英國服裝品牌現在很夯，早已超越美國潮牌A&F的魅力。創立於2003年的Superdry，因在服裝設計上大量採用日本文字與圖騰，讓人誤以為來自日本血統，其實它是產自英國當地的潮流服飾。Superdry的品牌核心概念強調價錢公道、個性化、懷舊風，並採用良好的材質來製作，而大受年輕族群喜愛。來到倫敦買Superdry，價格的確便宜許多，從襯衫、T恤、帽T或牛仔褲，款式也很多樣化。來到倫敦，不妨為自己帶上一件英國製作、卻很東洋味道的Superdry吧！

■ TED BAKER

來自英國格拉斯哥的設計師品牌TED BAKER，創立於1988年，短短20幾年的時間，就從一間專賣襯衫的小店面搖身一變，成為今日全球擁有數百家分店的英國知名品牌。TED BAKER最令人讚賞之處，就是將獨特的幽默感融入服裝設計中，自然不落俗套的手法，及注重高品質與細節處，還有那一絲不苟的態度，深受英國男性喜愛。目前TED BAKER除了以男女裝服飾為主外，配件、包款、鞋款也很受消費者青睞。如果你也想感受一下TED BAKER的魅力，不妨從專為上班族設計的襯衫著手，或是買個價位不高的小皮件，但究竟該買什麼好呢？來店裡走一趟是最好的解決之道。

27

■ TWININGS

成立於1706年的TWININGS，是英國知名茶飲品牌，在
這300多年的悠久歷史裡，TWININGS可說是引領全球飲茶
文化的潮流，讓它也成為世人心目中，知名度最高的英國茶
品牌。TWININGS的創辦人是Thomas Twining，早期在倫敦
Strand街上開了家咖啡館，隨後引進茶飲，由於多樣化的迷
人口味，在當時深受皇室貴族的喜愛。TWININGS茶飲種類
眾多，為許多大飯店所採用，很適合採購送好友。最知名的
有大吉嶺紅茶、錫蘭紅茶、薄荷綠茶、英式早餐紅茶、豪門
伯爵紅茶、仕女伯爵紅茶等。無論是茶葉或茶包，來到倫敦
一定不能錯過這口感芬芳的TWININGS。

■ THE BODY SHOP

1976年，THE BODY SHOP的創始店開幕於
英格蘭南部小鎮布萊頓，創辦人Anita Roddick原
來只是一名平凡的家庭主婦。當時誰都沒有想到，
這家小店竟會發展成全球超過2,000家門市的大型
美妝店。THE BODY SHOP之所以如此成功，主要
堅持使用純天然原料，並秉持誠實而不誇大的經營
原則，而深受大眾喜愛。從1980年起，THE BODY
SHOP更積極推廣「社區公平交易計劃」以鼓勵落
後國家的發展。來倫敦買THE BODY SHOP商品很
划算，因為總在大打折扣戰，跟台灣定價相比，大
約7折價！最受歡迎的商品有身體保養系列、沐浴系
列、香氛系列。走在街上遇見時，真的該進店內逛
一逛。

28

■ THOMAS PINK

THOMAS PINK是在1984年由Mullen三兄弟所創立，是英倫頂級襯衫西服品牌。因為採用一致和嚴格的製衣標準，並以18世紀倫敦Jermyn Street的縫紉工藝為基礎，讓THOMAS PINK的服裝風格散發英式優雅；再加上自創的時髦元素重新演繹後，每件襯衫都是精彩之作，深受英國紳士名流喜愛。THOMAS PINK服飾分成多條路線，男裝黑牌走高貴氣質路線，銀牌添加更多時尚摩登元素，綠牌則強調休閒風情，每個系列都為THOMAS PINK帶來不同類型的顧客。至於女裝粉紅牌的特色是經典剪裁，青綠牌則融合時尚與休閒，以迎合不同客群的需求。

Must Buy !

■ Vivienne Westwood

行事風格前衛大膽的Vivienne Westwood曾說過：「如果妳的穿著令人印象深刻，表示妳擁有更好的人生。」不受世俗眼光羈絆的她，設計風格一向叛逆而顛覆傳統，其另類的龐克時尚，讓她成為時裝界的明星，獲廣大粉絲群擁戴。Vivienne Westwood商品最令人印象深刻的部分，莫過於那個土星logo，從服裝、耳環、手鍊、皮件都會出現這款標誌性印記。Vivienne Westwood的店面，是來到倫敦必定要朝聖的地方。如果你也是龐克搖滾迷，一定要來逛逛，體驗何謂真正的英式搖滾龐克精神！

■ Walkers

來自於蘇格蘭的Walkers奶油酥餅，以傳統道地的奶油口味征服全世界。紅色格紋包裝的奶油酥餅，口感鬆軟，甜而不膩，加上那濃得化不開的奶香，與英國茶搭配著吃，真是超完美結合！Walkers是1898年時由Joseph Walkers所創，時年21歲的他在蘇格蘭開了一家麵包店，實現他的開店願望。之後的傳承者採用他的食譜祕方，堅持以好原料製作酥餅，才讓這動人美味風靡全英國，進而擴展到全世界；而那經典的紅色格紋包裝，也成為令人印象深刻的標誌。Walkers餅乾是來到倫敦必買的食品，想品嘗奶香四溢的滋味，就非Walkers奶油酥餅莫屬。

■ WEDGWOOD

享譽國際的WEDGWOOD瓷器，創辦人為Josiah Wedgwood，他於1759年成立WEDGWOOD陶瓷廠，至今已有超過250年的歷史，是英國知名度最高的瓷器品牌。1765年時，WEDGWOOD榮獲英國皇家選用，夏綠蒂皇后特許他以「皇后御用瓷器」（Queen's Ware）為名，這項殊榮在當時引起震撼，讓WEDGWOOD在英國上流社會中嶄露頭角，進而成為全歐洲皇家貴族競相擁有的餐具品牌。WEDGWOOD品質享譽國際，商品品項眾多，若有機會，很推薦來倫敦買組WEDGWOOD的午茶杯或馬克杯；如果你喜歡喝茶，更應該選購一組優雅英式瓷器組，必定能為你的日常生活，增添不少美感與樂趣！

這些也不可錯過！
其他經典伴手禮

除了上述品牌之外，還有一些富有當地特色、值得採購的紀念商品，不論收藏或是送禮都很不錯：

■ 帕丁頓熊

英國最有禮貌的小熊，身穿藍外套、頭戴紅帽，無辜表情惹人愛，來到倫敦發現了牠，請帶牠回家好好照顧。

■ 小熊維尼

小熊維尼的故鄉其實來自英國鄉間的Hartfield，牠是隻真正的英國熊，所以來到倫敦會看到不少小熊維尼商品，值得購買。

■ Mr.Bean豆豆先生紀念品

英國喜劇《豆豆先生》膾炙人口，搞笑又無厘頭的演技，讓人看了捧腹大笑，如果妳也喜歡豆豆先生幽默的一面，不妨買買周邊商品當紀念。

■ 紅色電話亭＆雙層巴士

倫敦有許多令人印象深刻的地標，但人氣恐怕都不及紅色電話亭或雙層巴士，記得買買相關商品回去送好友。

小資族的最愛──倫敦最殺折扣季
想趕搭倫敦折扣季撿便宜，一年中有兩次機會：

夏季折扣（Summer Sales）

時間約在6月第4週至7月第2週，有時還會延續到8月，但夏季折扣的折價力道較弱，最多為5折，而且常會走進店裡才發現，只有部分商品5折，其他多為8折或原價。

冬日折扣（Winter Sales）

冬日折扣季才是重頭戲！時間約落在10月至1月之間，在這段冬日折扣季，各大品牌、百貨及賣場，都會推出最佳優惠來搶顧客荷包，折扣又以12月的第一個週末所開始的折扣最明顯，因為耶誕節前，商家為了鼓勵顧客掏出荷包買禮物，都會推出優惠、特惠組之類的方案，折扣最低至5折。至於耶誕節隔天（26日）又稱為「Boxing Day」，折扣力道下手更重，像我們所熟悉的國民品牌如ZARA、H&M、GAP等等，都是折扣再折扣，價格常會低至3折左右，有些甚至會下殺到2折，殺的很刺激，也讓我們買得很過癮。而且這波冬季折扣會一路延續到隔年的1月底。如果你的旅行時間剛好搭得上冬季折扣，而且你又不太怕冷的話，這時來倫敦撿便宜絕對是最划算。

提早排隊搶便宜

　　來到倫敦，搶折扣的不只是遊客，英國人經歷金融危機後，出手變得謹慎許多，所以他們也都殷勤期待折扣季的到來，準備大展身手。每到12月26日（Boxing Day），甚至是25日晚上，就會看到許多人為了大肆搶購，早就在百貨公司門口大排長龍！如果你來得太晚，就會發生眼睜睜看著別人將櫃上商品掃光，自己卻兩手空空的慘況。

搶購熱點

　　我個人最喜歡前往的倫敦購物地點為牛津街（Oxford Street），這裡品牌雲集，一整天都買不完；另外，柯芬園（Covent Garden）、Harrods百貨、LIBERTY百貨、SELFRIDGES百貨也都值得搶購，每一回都讓我喜孜孜的滿載而歸。以下為大家整理各種類型商品的搶購熱點：

國民服飾：牛津街、柯芬園。

國際精品：Harrods百貨、LIBERTY百貨、SELFRIDGES百貨、HARVEY NICHOLS百貨、龐德街（Bond Street）、斯隆街（Sloane Street）。

生活用品：John Lewis百貨和Peter Jones百貨。

食品類型：Harrods百貨、FORTNUM & MASON食品百貨。

電子產品：Tottenham Court Road附近一帶。

※在英國購物通常有30天免費退換貨的服務。

品嘗道地美食——
倫敦經典好料

　　在倫敦除了能瘋狂血拚外，當地還有許多值得品嘗的特色料理，由於個人荷包不豐厚，所以只能推薦一些價格平實，但吃了會令人回味再三的英國好滋味。過去外界都認為英國沒有好料可吃，其實，英國的美味佳餚比大家想的還豐富。舉凡日式、美式、法式，或是中國菜、印度菜、義大利菜、墨西哥菜等各種異國料理，全都能在倫敦吃到。畢竟倫敦是國際大都會，只要你有錢，就不用去擔心在倫敦吃不到美食。只不過來倫敦旅行的我，總希望能將錢花在刀口上，然後將省下來的英鎊拿去買東西。所以早就習慣吃當地簡單又方便的料理，不僅不會讓荷包大失血，味道也很不錯！以下就來推薦幾款來到倫敦必吃的實惠美味。

■ 英式早餐
給你好元氣

　　英國的早餐以豐富澎湃著稱，我在吃了一頓英式早餐後，總要到下午3點左右才有飢餓感，可見它的美味豐盛。住在英國的旅館，通常都會附贈英式早餐（其他外頭的餐廳也會販賣傳統英式早餐），所以優雅的享用免費的英式早餐，就成為我在倫敦的另類享受。

　　英式早餐通常是一個大圓盤裡會有個蛋（水煮蛋、炒蛋或蛋包），一旁會有炒蘑菇、花椰菜、烤培根、德國香腸、番茄、馬鈴薯塊、以番茄醬燉煮的豆子等，然後還會搭配奶油或果醬的烤吐司，飲料則是現煮熱咖啡、熱茶或柳橙汁。以上是一般英式早餐的基本款，但各家餐廳所組合的餐點會有不同，共通特色就是分量很大。所以來到倫敦，千萬不要錯過可大快朵頤、又能提供一天飽滿精神的英式早餐。

■ 炸魚薯條
香酥好滋味

　　英國最傳統與經典的美味料理，當然是炸魚薯條（Fish and chips）！將新鮮魚肉（通常是鱈魚）除去骨頭後沾上麵粉油炸，就成為美味的英國炸魚。新鮮魚肉製作出來的炸魚口感酥脆，內層卻很軟嫩，實在美味動人；再搭配上以新鮮馬鈴薯切塊油炸的炸薯條，更是令人滿足。炸魚薯條除了可享用原味外，也能沾著番茄醬或其他調味醬來吃，又是另一種滋味。想品嘗炸魚薯條的美味其實不難，在一般的餐廳、酒吧都很常見，一些路邊小店面也有販售。

■ 英式下午茶
貴族般的享受

　　坐在氣氛優雅的咖啡廳，享受一頓浪漫的英式下午茶，應該是許多女性朋友來到倫敦的夢想。其實，想完成這個夢想並不難，只是花費會稍微高一點（台幣1,000多元起跳）。一份英式下午茶，通常會有作為主角的好茶及琳瑯滿目的餐點，且店家都會使用氣質高貴的瓷器與餐具來增添下午茶的優雅氣氛。

　　下午茶的餐點中，最令人期待的大概就是英式三層蛋糕架（High Tea）了，它的下層是三明治、中層是搭配果醬與奶油來吃的司康（Scone），最上層則有精緻蛋糕、手工餅乾或水果。茶的選擇種類也多，有廣受歡迎的阿薩姆茶、伯爵茶、錫蘭紅茶、大吉嶺茶等可供選擇。

　　在倫敦，英式下午茶哪裡找呢？建議你可以到大飯店或百貨公司裡看看，像THE RITZ LONDON、THE LANGHAM、ATHENAEUM HOTEL、THE WOLSELEY餐廳、Harrods百貨、LIBERTY百貨、FORTNUM & MASON等等。

■ 酒館好酒
痛快大口暢飲

　　週末走在倫敦街頭，一定會遇見一大群站著喝酒的英國民眾，因為酒館裡早已被酒客們塞得水洩不通，擠不進去的顧客只好站在店門口，享受微醺的週末假期。英國傳統酒館的魅力總是令人好奇，這些酒館的外觀往往各有特色，無論是招牌或桌椅總能引起我們的興趣，餐廳外頭也常見公布今日特別菜色的黑板，上頭用粉筆書寫的字體都頗富藝術感，讓人佩服店家的美學功力。

　　據說英國各地已有超過5萬家的大眾酒館，雖然到處都有，但還是家家客滿，所以如果想多了解英國文化，往酒館去準沒錯！但英國政府規定，酒吧只能營業到晚間11～12點，當店家準備打烊時，會用力敲打吧台旁的銅鐘，提醒客人這是最後一輪酒了，請酒客快喝吧！至於推薦的酒吧，我會推薦最知名的THE ANCHOR、SHERLOCK HOLMES、Dickens Inn、George Inn等等。

物超所值！倫敦必逛平價超市——
平價超市最好買

　　來到倫敦千萬別忘了去逛當地超市，裡面除了賣能救命的食物與飲料，還有許多物超所值的商品值得採購。同時，超級市場也是了解英國文化的重要場域，所以想對倫敦這個城市有更深入的了解，一定要去逛逛當地的超級市場。

TESCO

　　TESCO（特易購）是英國大型連鎖超級市場，它目前是英國最大的零售商，也是僅次於沃爾瑪（美國）、家樂福（法國）的全球第三大超市集團。TESCO成立於1919年，最早以銷售食品起家，後來逐漸延伸至服裝、電器、網際網路服務、汽車保險及電信業務，幾乎成為全方位的超級市場。目前在英國可見到的TESCO有許多

種類，像TESCO extra是大型量販店，TESCO Superstores是一般超市，TESCO metro則坐落於市中心或主要街道，另外還有以食品為主的便利商店TESCO express等，以符合不同區域顧客的需求。TESCO超市裡的商品，從食物到各種類型的日常生活用品都有，自有品牌商品也種類眾多、價格實惠，所以TESCO絕對是值得花時間逛逛的地方。

Sainsbury's

　　Sainsbury's是英國第二大連鎖超市公司，在1869年時，由John James Sainsbury與妻子，創立於倫敦的Drury Lane 173號，並在維多利亞時代迅速擴張，到了1922年就成為當時英國最大的食品雜貨店。最早期Sainsbury's只經營新鮮食品，後來業務拓展，開始銷售茶、糖等包裝商品。在當時，Sainsbury's算是英國自助式購物的先驅，也是最早開發自有品牌的超市之

一；不但商品價格低廉，品質更堪比全國知名品牌，這些創舉使Sainsbury's的發展在1980年代達到高峰。只是後來因經營策略失利，導致市場領袖的地位在1995年時被TESCO所取代。目前Sainsbury's旗下擁有700多家便利商店與500多家的超級市場，走在路上很容易遇見，碰見不妨進去看看有何新鮮貨。

Waitrose

　　英國的連鎖超市Waitrose（維特羅斯）成立於1904年，目前是約翰路易斯合夥公司的子公司，在全英國超過300家分店。Waitrose是唯一榮獲英國皇室認證的中高檔超級市場品牌，作為直接提供食物、酒類及雜貨等，提供皇室使用的超市，可以想見其商品的品質有多優異。自2009年以來，Waitrose就不遺餘力地推廣自有品牌商品，並致力於向頂尖客戶族群發展，目前在原有的1,800多種自有品牌商品的基礎上又增加了400多種自有品牌商品。Waitrose有許多自有品牌商品值得推薦，像是原汁含量高達50%的果汁High Juice、essential Waitrose香皂、還有英國王儲查爾斯王子於1990年創立、由Waitrose取得販售權的有機品牌Waitrose DUCHY organic，都是店內值得採購的商品。

MARKS & SPENCER

　　創立於1884年的MARKS & SPENCER（瑪莎百貨，縮寫M&S），擁有超過130年的歷史，其綠白相間的招牌，想必去過英國的人都不陌生。在英國走著高質感路線的瑪莎百貨，被認為是「有錢人去的超市」，是一家集合了服飾、生鮮食品、身體保養、家飾及禮品等各類商品的大型百貨（超市）。食品區的商品種類齊全，從義大利麵、各種巧克力、香料、罐頭、果汁到餅乾，應有盡有，由於多為自有品牌，所以價格也更平實。值得推薦的商品有水果優格、餅乾、茶葉等等；至於服裝部分，也是款式眾多，價格實惠，即使盡情試穿也不會有問題，因為態度良好的服務人員，是瑪莎百貨最自豪的地方。瑪莎百貨曾經登台，可惜最後黯然退出台灣市場，所以來到倫敦一定要記得走一趟瑪莎百貨，見識一下這個知名超市的魅力所在。

沒去也能買！英國知名購物網站
隨意點擊，英國精品輕鬆到手

身為喜愛英國商品的鐵粉，若能親自前往倫敦各大購物區域，到喜歡的品牌專賣店血拚的話，是最開心過癮的事！但有時礙於時間緊迫，導致某些喜歡的品牌沒機會下手，真會讓人搥心肝。為了讓這種遺憾降到最低，我特別整理出「即使在台灣，也能買到英國在地知名品牌」的購物網站，讓無遠弗屆的網路滿足你的購物慾！

ASOS
http://www.asos.com/

這是英國最具知名度的購物網站，站內有許多知名品牌聚集，也會賣ASOS自營商品，男女裝、各式配件都有，商品多達6萬件以上。網站分類清楚，即使英文不流利，只要登錄帳號及密碼後也能輕鬆上網選購。ASOS最迷人之處在於常有超值優惠區，商品常下殺到3～4折，加上只要超過台幣1,000元就免運費（基本運送方式），這種價位怎能不令人心動？刷了卡之後，就等商品直接送到你手上囉！

TOPSHOP
http://www.topshop.com/

TOPSHOP是英國知名的快速時尚服裝品牌，新款服飾幾乎週週上架，總是令女性消費者趨之若鶩。由於它在台灣並未設櫃，所以不少粉絲都是透過網路採購。TOPSHOP的網站規劃也很清楚，網頁上就從新鮮貨、服裝、鞋子、包包和配件等一字排開，最後面一欄是折扣商品，對折以下的價格也是常見。登記註冊後，就可開始挑選。只要購物滿100英鎊，就能以免運費方式就寄到台灣，時間大約一週時間左右。

NEW LOOK
http://www.newlook.com/

　　英國服裝品牌NEW LOOK，向來以讓女孩們以中等的價格，穿上讓人時尚亮麗、充滿活力的衣服為使命，是英國當地相當受歡迎的平價服飾品牌，光在英國就有超過600家的門市。來到NEW LOOK的網站，除了男女裝分門別類，鞋子、包包、配件一類外，還有孕婦與大尺碼系列，設想周到，十分貼心。最後一欄則是特價區，優惠價格常是3～5折。至於免運費的門檻為55英鎊，不難達成，值得小資族登錄選購！

next
http://tw.nextdirect.com/zh/

　　next是英國知名的服裝品牌，也是昔日我最愛購買的品牌之一，商品種類齊全，價位平實，雖然至今仍未到台灣設點，但已有中文官網，不妨去瞧瞧有何好康。next在服裝上，男裝分為上班族、休閒及運動款，女裝也有英式典雅風格或輕鬆休閒款，其他男女配件及包包款式也不少。值得一提的是，next也賣兒童服裝，而且商品CP值很高，在英國當地頗受歡迎，所以有童裝需求的朋友，不妨來看看next的網站。免費運門檻為台幣900元。

THE OUTNET
http://www.theoutnet.com/

　　這是英國最大的精品Outlet購物網，是英國權威設計師精品網NET-A-PORTER旗下的折扣網站，站內聚集了約有200位設計師的商品，包括：Marc Jacobs、Michael Kors、Alexander Wang、Issa、Tory Burch等等。網站內的商品全年折扣約在3~5折，而且週五常會有結帳再7折的超級優惠，是撿便宜的好所在。至於運送方式採用DHL，運費24英鎊，偶爾也會推出免運費的優惠活動。

ALLSAINTS
http://www.allsaints.com/

　　AllSaints是來自於英國東倫敦的服裝品牌，成立於1994年，服裝風格就是帶點青春叛逆的味道，也因為這種自我風格強烈的服裝設計，而被譽為平價版的Vivienne Westwood，受到全球青少年朋友的追捧，甚至連韓國偶像金秀賢也對它青睞有加，算是在英國相當出名的潮流品牌。我覺得它的皮衣、牛仔褲之類的商品，皆散發頹廢風情，值得一看。商品運送採用UPS，運費為14.95英鎊。若想免運費得消費250英鎊，至於哪一種方式划算，則要看當時採購的情況而定。

其它熱門購物網站

品牌	網址	說明
RIVER ISLAND	http://www.riverisland.com/	高質感時尚男女裝
Miss Selfridge	http://www.missselfridge.com/	TOPSHOP的年輕女裝副牌
WAREHOUSE	http://www.warehouse.co.uk/	平價休閒女裝
DOROTHY PERKINS	http://www.dorothyperkins.com/	時尚粉領品牌
LAZY OAF	http://www.lazyoaf.com/	可愛卡通風格
COUNTRY ATTIRE	http://www.countryattire.com/	匯集英倫名牌，全球免運費
NET-A-PORTER	http://www.net-a-porter.com/	奢華時尚精品的網路商城
MONSOON	http://uk.monsoon.co.uk/	英國流行時裝品牌
Motel Rocks	https://www.motelrocks.com/	龐克、復古風格
USC	http://www.usc.co.uk/	年輕休閒時尚
HOUSE OF FRASER	http://www.houseoffraser.co.uk/	英國百年精品百貨
FRENCH CONNECTION	http://www.frenchconnection.com/	即「fcuk」
alexandalexa	http://alexandalexa.com/	英國精品童裝品牌
amazon	http://www.amazon.co.uk/	英國亞馬遜，有當地特色商品
MATCHESFASHION	http://www.matchesfashion.com/	時尚精品電商
SHOPBOP	http://cn.shopbop.com/	亞馬遜旗下的時尚購物網站
Tatty Devine	http://www.tattydevine.com/	英國精品飾品品牌

本書使用指南

商店或景點名稱

商店或景點特色說明

商店或景點重點介紹

商店或景點的地址、電話與營業時間等基本資料

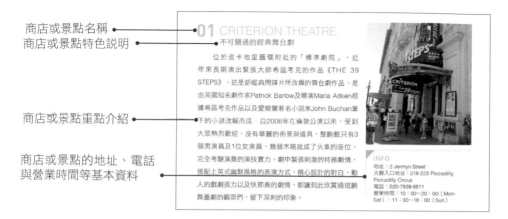

01 CRITERION THEATRE.

不可錯過的經典舞台劇

位於皮卡地里圓環附近的「標準劇院」，近年來長期演出緊張大師希區考克的作品《THE 39 STEPS》，這是部經典間諜片所改編的舞台劇作品，是由英國知名劇作家Patrick Barlow及導演Maria Aitken根據希區考克作品以及愛爾蘭著名小說家John Buchan筆下的小說改編而成，自2006年在倫敦公演以來，受到大眾熱烈歡迎，沒有華麗的佈景與道具，整齣戲只有3個男演員及1位女演員，幾個木箱就成了火車的座位，完全考驗演員的演技實力。劇中緊張刺激的特務劇情，搭配上英式幽默風格的表演方式，精心設計的對白、動人的戲劇張力以及快節奏的劇情，都讓到此欣賞過這齣舞臺劇的觀眾們，留下深刻的印象。

INFO
地址：2 Jermyn Street
大廳入口地址：218-223 Piccadilly, Piccadilly Circus
電話：020-7839-8811
營業時間：10：00～20：00（Mon-Sat），11：30～18：00（Sun）

※本書介紹品牌名稱，字母大小寫均以商標為準。
※書中附倫敦市區景點地圖。在購物之餘，也不會錯過倫敦的美麗風景！

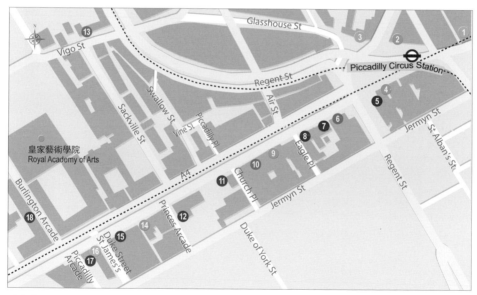

地圖店家屬性圖例

● 百貨商場／市集／拱廊街

● 潮流服飾（含服裝、包包、飾品配件、鞋店）

● 生活雜貨／主題商店（含超市、藥妝、禮品、理髮廳、通訊產品）

● 文化景點／其他（含書店、音樂行、劇場、電影院、博物館、賭場）

● 餐廳（含餐廳、咖啡館、酒館）

牛津商圈 Oxford Circus

再訪倫敦，我依舊先來到最熟悉的牛津商圈，今天的陽光十分燦爛，讓我心情也跟著飛揚起來。打開放在背包底層的一張便條紙，那上頭凌亂的字跡、是我在飛機上無法入眠時所寫下。內容是這次來倫敦必買的商品：THE BODY SHOP茶樹精油沐浴乳、Paul Smith T恤、TED BAKER 包包或皮夾、Clarks休閒鞋⋯⋯等等，這些商品全是這次來倫敦友人交代、使命必達的採購清單，雖然品項不同，全能在這條長3公里、卻擁有500家商店的牛津街上一次購足。

就從Oxford Circus出發吧

我說話一向不浮誇，因為眼前這條購物大街、美麗的像是多張明信片串在一起，一家店緊鄰一家店的耀眼櫥窗，像在播放動人的時尚電影，這也是為何我來到倫敦第一天、第三天、甚至最後一天都會出現在這裡的原因。牛津街白天有種清朗的舒適景致，漂亮建築與穿著整齊的上班人群，是種很有動力的風景；但一到夜晚，整條大街則變為繁華迷人，處處充滿歡樂與喜悅氣氛。我雖非購物狂人，可是在這裡走上幾回都沒有疲憊感，也的確能感受到無限能量在街頭上空飄盪，所以說，如果只想花短短幾小時就徹底逛完這條街道，根本就是緣木求魚、不可能的任務。

在街角喝完濃郁的第一杯倫敦星巴克咖啡後，我正式啟動購物機

制，下午時分，所有倫敦當地來購物的居民以及旅客，全已精神飽滿的出現在這擁擠街道上，大家以飛快的速度行走、並出入各家商店採購。為了不錯失任何一個購物機會，我建議來牛津街可先選擇在Oxford Circus（牛津圓環）下車，然後一路逛到Marble Arch站（大理石拱門），或是反方向走回來的徹底掃街；若從Oxford Circus往另一頭往Tottenham Court Road方向走，街上也會有值得採購的品牌。

人氣爆棚的精品商圈

牛津圓環周邊則是許多遊客相約聚集之地，我喜歡從這裡展開我的採購尋寶之旅。牛津街最大特色就是人行步道很寬廣（可同時走10個人的距離），精彩店面令人目馳神迷，彷彿不斷播放著時尚時境節目，實在很好看；而走在牛津街上的遊客們，左右兩手全都提著購物袋，搖搖擺擺，根本就是伸展台上耀眼的模特兒，全都神采奕奕的逛著這優美的購物大街。

在牛津街上逛街忙碌，不斷地欣賞眾多品牌饗宴時，我的另一個小確幸，是欣賞一棟棟風格不同、卻一樣精緻典雅的英式建築，逛街時有這些美麗的建築物相隨，逛起街來令人滿懷雅趣，而非只是單純的血拚購物囉！比起在其他城市購物，倫敦就硬多了這些加值的梗出來。在這條3公里長的商店街上，有多家大型百貨包括SELFRIDGES、DEBENHAMS、MARKS & SPENCER、John Lewis進駐，各家百貨各有其特色，所以全都非逛不可，還有那一間人氣旺到爆的PRIMARK，裡頭人聲鼎沸、鬧烘烘的像是菜市場，男女裝、鞋包、配件通通有，價錢便宜到快讓我眼珠子掉出來！真難想像它也位居牛津街要角。至於像我這種上班族愛買的國際平民服飾H&M、ZARA、GAP、FOREVER 21等，台灣雖然也都有專賣店，

但這裡商品採購的獨到眼光與下殺折扣時的狠勁，就令我相當激賞，所以絕對不會空手而回。當然對於像頂級精品我也十分動心，礙於價格，常常只能Window Shopping，可是折扣季時也常會有令人出其不意的好價錢，所以多逛逛也不會少塊肉，對吧！至於喜歡購買當地品牌如next或當地設計師商品的朋友，就得張大眼睛找，因為在這條黃金地段的購物街幾乎全被大品牌掌握。

不為人知的牛津街往事

牛津街路面又寬又大平整好走，馬路上是川流不息的紅色巴士，彷彿是移動的紅色積木，為這條忙碌街道增添鮮豔的視覺感受。街道左右兩側都是寬廣人行步道，一家緊接著一家的精彩店面；可是眼前這條熱鬧的購物大街在12至18世紀時，可不是一條歡樂的街道，它曾是死刑犯的行刑之地，聽來令人非常驚恐。直到18世紀時，這附近地區由牛津伯爵所擁有，才開始有娛樂方面的發展，19世紀漸漸地有商店進駐，可是在第二次世界大戰時，這條街道也遭遇轟炸，包括像SELFRIDGES百貨等都被波及，令人難以想像，牛津街竟也有這段令人不堪回首的殘酷過往。

但過往就隨著時間逝去吧！來這裡可是要作戰滴，以我個人在此的購物經驗，走在牛津街上時，會同時有許多夢幻逸品出現在眼前，商品彼此競爭地挑逗你的慾望，但因時間有限，如果你的衝動能稍微

戰勝理智，就能將那美好商品開心入手；但如還未達到那臨界點，就必須快點放棄走人，因為後面還有一拖拉庫的商品等你親臨。我也曾遭遇無法脫身的痛苦經驗，在此建議朋友，若能在前往倫敦旅行前，先在家裡做好規劃（就是搶購作戰計畫），比如說什麼是一定得買、什麼是該買，什麼是可買的商品，全都標示重要星級，事前先規劃分析，之後再給自己一點時間去思索，我相信來到倫敦這條夢幻購物大街時，你的目標與達成率絕對會精準許多。

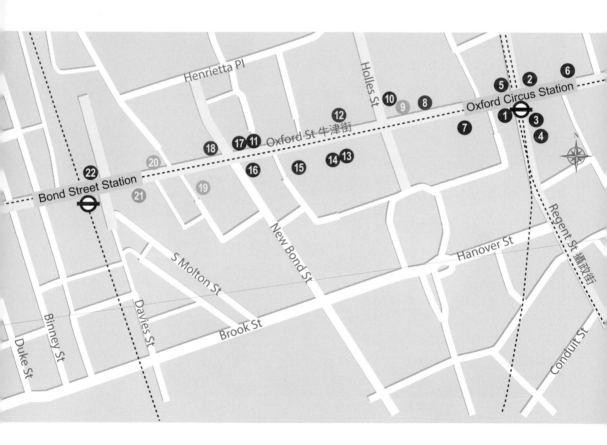

1 UNITED COLORS OF BENETTON
2 NIKE TOWN
3 TEZENiS
4 & other Stories
5 H & M
6 schuh
7 vision express
8 BHS
9 THE BODY SHOP
10 G-STAR RAW
11 John Lewis
12 RIVER ISLAND
13 ALDO
14 Accessorize
15 PULL & BEAR
16 next
17 FOSSIL
18 DEBENHAMS
19 vodafone
20 Disney Store
21 HMV
22 FOREVER 21

01 UNITED COLORS OF BENETTON
散發青春活力

在青少年時期我就迷上這個義大利服裝品牌，它的服裝總是充滿鮮豔色彩，彷彿吸飽能量；看著位於牛津圓環門市櫃上陳列的黃、藍、橘、紅色T恤，我想像穿上它們，一定會更有朝氣魅力，所以怎能不採買？

UNITED COLORS OF BENETTON於1965年成立，至今已行銷全球120個國家，而這家位於牛津圓環宏偉建築裡的大店面，總是吸引絡繹不絕的遊客採購。因為這家店地點夠顯眼，自然成為朋友相約碰面之處，來牛津街購物時，這裡總是我最先造訪的店。店門是由三道弧形大門敞開迎接顧客，店內除了販賣當季男女服裝，還有些廚房家飾。繞了一圈，可以發現其服裝設計充滿創意、活潑的風格，無論是襯衫、牛仔褲、毛衣或外套都不賴，某些款式的價格甚至比台灣便宜。如果你也喜歡UNITED COLORS OF BENETTON，記得來這裡逛逛。

INFO
地址：255-259 Regent Street
電話：020-7647-4200
營業時間：10：00～20：00（Mon-Sat）、
11：30～18：00（Sun）

02 NIKE TOWN
運動品牌一哥

這家位於牛津圓環的NIKE TOWN規模頗大，大大logo掛在古典建築上更加醒目。這棟數層樓高的賣場，不同系列陳設在各自空間，走進店內，中央是採用透明玻璃架設出的立體展示空間，充滿時尚運動風情，而目前最新款的球鞋全擺放在玻璃櫃上，營造出前衛俐落的視覺感受。

賣場裡一字排開的人形模特兒穿著當季NIKE服裝，氣勢十足，讓我宛如走進精品服飾店，果然是運動品牌一哥才有的氣勢。搭配上牆面的大型液晶螢幕裡不斷播放最新的NIKE廣告，震撼人心的樂音，勾起了購買慾望。籃球鞋、復古鞋、運動衣褲、運動帽及樣式眾多的背包，多麼令人心動不已。唉啊！即使在台灣常買NIKE的我，也逃不掉這裡所設計的圈套，或許價格沒更便宜，但能搶到當季新款，不買也真的說不過去。

INFO
地址：236 Oxford Street
電話：020-7612-0800
營業時間：10：00～20：00（Mon-Fri）、
9：00～20：00（Sat）、11：00～17：00
（Sun）

03 TEZENiS
由內而外，給你性感義式風情

TEZENiS是家專門賣義大利女性內衣、休閒服裝的專賣店，它位於最熱鬧的牛津圓環，大大的TEZENiS字樣讓我很好奇這品牌賣什麼，而想一探究竟。TEZENiS這個義大利女性服裝品牌，所銷售的商品包括女性內衣、居家服及當季新款泳裝，並強調以實惠的價格提供給喜歡的客戶。這個來自義大利的服裝品牌，目前正快速發展中，在義大利就有250個銷售據點，來到倫敦的妳，若想要體驗一下義大利道地服裝的風情，來這裡看看TEZENiS的服裝，是不錯的選擇。

INFO
地址：266-270 Regent Street
電話：020 7494 2460
營業時間：09：00～21：30（Mon-Sat）、
12：00～18：00（Sun）

04 & other Stories
低調文青風格，高貴不貴

INFO
地址：256-258 Regent Street
電話：020-7479-7070
營業時間：
10：00～21：00（Mon-Fri）
10：00～20：00（Sat）
12：00～18：00（Sun）

位於牛津圓環附近還有家值得推薦的品牌& other Stories，相信有許多女生聽過，這個品牌是H&M旗下的女性服裝品牌，創立於2012年，而位於攝政街上的這家店是2013年的首家店。& other Stories服裝特色是實用中帶有設計感，不似H&M快速時尚風格，& other Stories走的是安靜低調、並帶點文藝味道的女性優雅，而包包的設計也多為摩登簡約，只在細節處做些小變化。為了能吸引更多女性消費者，& other Stories大部分商品價位都在100英鎊以下，店內主要販賣女性的平價服裝、風格多樣的配件及化妝品，所有商品都來自於巴黎和斯德哥爾摩的設計工作室。

05 H & M
想搶便宜看這裡！

期盼了已久，台灣終於開了第一家H＆M專賣店，這全世界知名的瑞典平價服飾品牌，在倫敦地區已開了許多間門市，光牛津街、蘇活區就有三家，而且三家店的風格及商品都略有差異，所以我幾乎是看到一家就逛一家，以免有所錯失。位於牛津圓環的這家H＆M所販賣的商品相當齊全，從流行的男女裝，配件，鞋款，包包一應俱全。一樓是專屬於女性的購物區域，男性商品多放在地下樓層或二樓，無論男生或女生，款式眾多及優惠的售價讓大夥買得開心。而且即使不在打折季節，H＆M仍會有打折區域，我就撿過好幾次便宜，買得相當有成就感，因此每回來到倫敦的H＆M都不會錯過。唯一比較傷腦筋的是，結帳總是長長人龍，但能買到自己喜歡又便宜的服裝又何妨。

INFO
地址：261-265 Regent Street
電話：020-7493-4004
營業時間：10：00～21：00（Mon-Fri）、10：00～20：00（Sat）、11：00～19：00（Sun）

06 schuh
高質感的英國版「全家福」

schuh的第一家店於從1981年在蘇格蘭愛丁堡的北橋商場開幕，30多年來逐漸擴點成長，如今是英國知名的鞋子連鎖零售商。schuh最大的目標是希望引領倫敦民眾如何挑選最適合自己的鞋款，他們將客群鎖定在15至25歲的年輕族群，強調店內的鞋子不僅款式最潮流，價格也最平實。目前schuh旗下販售超過100個鞋子品牌，包括大家所熟知的NIKE、adidas、CONVERSE、HUNTER、CROCS、CAMPER、ASICS等，幾乎我想要購買的鞋子品牌，在店內都能輕鬆找到。除了以上提及的國際知名鞋子品牌，schuh也推出自創品牌，包括平底鞋、休閒鞋、高跟鞋、過膝長靴或短統靴都有，鞋款豐富更是涵蓋各種消費者需求，中等的價位，也是來逛牛津街時不可不逛的鞋店。

INFO
地址：200 Oxford Street
電話：020-3355-9914
營業時間：09：30～20：00（Mon-Fri）、09：00～20：00（Sat）、11：00～17：00（Sun）

07 vision express
時尚，從換眼鏡開始

INFO
地址：263-265 Oxford Street
電話：020-7409-7880
營業時間：09：30～20：00（Mon-Sat）、
11：00～17：00（Sun）

vision express是倫敦另一家知名的眼鏡店，1988年在倫敦開設了第一家眼鏡店，當時名為「one hour」，目前除了英國、愛爾蘭或波蘭，公司開業以本著對光學專業的激情，以及對客戶無比的服務，希望在此配鏡的顧客，都能享受到最專業的服務。vision express的每一家店都會提供光學配鏡服務，強調以1小時就能取鏡的火速服務，以爭取更多的主顧客的支持，希望藉由好口碑累積更多的客戶。此外，vision express也銷售諸多設計師品牌的眼鏡和太陽眼鏡，像是國際精品GUCCI、CHANEL、VOGUE、VERSUS、Juicy Couture、Dior全都有，如果你想讓自己更Fashion，或許就從換一支時尚的眼鏡開始吧。

08 BHS
老字號的居家百貨

從1930年代開業至今的BHS，前身是1928年的British Home Stores，目前全球超過200間分店。這家老字號的百貨公司商品齊全，化妝品、時裝、居家、生活用品都有。許多上了年紀的倫敦人、或喜歡濃厚英國風味商品的人，都會專程來這家店採購。因為大家公認這家百貨所販賣的服裝布料材質好，價格合理，自然吸引了一群力挺的OL；而將客群鎖定在年長的消費族群，也讓BHS擁有一群長年支持的粉絲。可是隨著時間逝去，BHS也給外界老舊甚至保守的印象，銷售難免下滑。但我想在倫敦購物就是這樣，每種百貨風格都有自己的支持者，「各取所需」就是這個道理。

INFO
地址：252-258 Oxford Street
電話：020-7629-2011
營業時間：10：00～22：00（Mon-Fri）、09：30～21：00
（Sat）、12：00～18：00（Sun）

09 THE BODY SHOP
讓你省荷包又愛地球

位於牛津街上的這家THE BODY SHOP，是我第一次來倫敦就曾消費過的店家。當初在台灣時也知道這品牌，卻未曾有購買的衝動；直到來倫敦，朋友推薦說：「你來這裡不買太可惜，因為當地便宜很多。」於是我立馬買了洗髮乳、沐浴乳、乳液回飯店體驗。位於牛津街上的這家店面雖不大，但貼在窗上的折扣海報卻相當醒目，吸引許多消費者上門搶購。

創立於1976年的THE BODY SHOP，從產品包裝、標誌設計，甚至店面裝潢皆以綠色為主要視覺，店裡的商品包括身體保養、臉部保養、頭髮部分，以及按摩油及室內香氛，還有安神助眠系列、淨心舒緩系列等等，可說是囊括所有都會人士需要。最值得一提的是，近幾年THE BODY SHOP積極反對動物實驗及重視環保的概念，廣受消費者支持，所以來到倫敦看到THE BODY SHOP就進去逛逛吧！不論買來自用或送人都是實用且實惠的品牌。

INFO
地址：268 Oxford Street
電話：020-7629-9365
營業時間：09：30～20：30（Mon-Sat）、10：00～19：00（Sun）

10 G-STAR RAW
完美修身牛仔褲

G-STAR RAW（簡稱G-STAR）在1989年由荷蘭設計師Jos Van Tilburg創立，因為設計風格尊重傳統，卻又不被束縛的奔放調調，充滿時尚俐落感，而深受全球年輕族群喜愛；至於它真正受到全球矚目，是在1996年首次推出Raw Denim系列。這系列於德國的時裝展上大獲激賞，被公認為牛仔褲設計界的一大突破，所以我決定為自己添購一件。

走進店內發現牛仔褲款式果然超多，搞不清楚自己適合哪一款，而且顏色也很多，研究個半天，最好的方式就是拿去試穿才能見分曉；換了G-STAR牛仔褲後，我真得感覺自己變有型了，心想厲害剪裁就是不一樣，屁股變挺、腿也變修長，難怪大家都喜歡G-STAR的牛仔褲！雖然價格不便宜，但為了被人稱讚說「好看」這一句話，當下也就忍痛刷卡了。

INFO
地址：272-274 Oxford Street
電話：303-030-0151
營業時間：10：00～20：00（Mon-Wed、Fri、Sat）、10：00～21：00（Tue）、12：00～18：00（Sun）

11 John Lewis
歷久彌新的精品百貨

　　英國高檔百貨John Lewis（約翰路易斯），第一家店於1864年在牛津街開幕，如今已發展成全英45家分店的連鎖百貨，可見人氣一直很旺。2008年，更獲得英國女王伊莉莎白二世頒發的皇家認證，成為御用的家具雜貨用品供應商。John Lewis百貨目前共銷售50萬種商品，員工高達4萬人，年營業額到達40億英鎊（真是天文數字），這棟5層樓的百貨裡主打生活用品、寢具系列、國際燈飾、珠寶手錶、化妝品、家具類型與童裝。其中最受歡迎的，就是有小碎花的英國風窗簾，掛在家裡更能展現英國傳統典雅風情，如果你想打造居家英式風情，買副小碎花窗簾回家掛也不錯。John Lewis至今已超過150年歷史，始終強調他們歷久彌新的溫馨服務，也讓這個百貨在倫敦裡展現獨特風格。

INFO
地址：300 Oxford Street
電話：020-7629- 7711
營業時間：09：30～20：00（Mon-Sat）、10：00～19：00（Sun）

12 RIVER ISLAND
英國在地平價時尚

　　RIVER ISLAND是英國家喻戶曉的服裝品牌，由Chelsea Girl女裝與Concept Man男裝於1988年合併而成，主要客群鎖定在18至35歲的男女族群的休閒服飾，適合上班族穿的也不少。RIVER ISLAND因強調提供高品質及合理價格的服裝給消費者，而深受當地民眾喜歡。由於對潮流敏感度很高，無論是圖騰、蕾絲、軍裝等流行元素，都能在店內看到。除了服裝之外，也賣鞋子、襪子、包包、配件及化妝品等，幾乎能將所有消費者需求一網打盡。目前RIVER ISLAND在世界各地超過300多家分店，逛到這家店時，記得進去感受一下這品牌的風采，以及它想傳達給消費者的理念。

INFO
地址：301-308 Oxford Street
電話：344-395-1011
營業時間：09：00～21：00（Mon-Tue、Sat）、09：00～22：00（Wed-Fri）、12：30～18：30（Sun）

13 ALDO
不時7折的潮流鞋款

相信大部分的女生都知道ALDO這個鞋子品牌。1972年創立於加拿大的ALDO，主要銷售男女生各種類型的鞋款，創始者Aldo Bensadoun因家世背景跟製鞋工藝關係密切而創立ALDO，他特別注重鞋款在設計及製作上的細節處，對於時尚敏感度也很強。為了能積極掌握世界潮流趨勢，ALDO的設計師與採購不斷地在世界各大城市來回掌握最新資訊，讓設計搭上時尚脈動；目前ALDO的業務已拓展到全球22個國家，超過1,000間門市，無論是倫敦、紐約、巴黎或東京都能發現ALDO的蹤跡。位於牛津街上的這家店面並不算小，各類鞋款都清楚陳列，由於不時打7折，店內總有許多人在試鞋，可別因此望之卻步；ALDO的好，進去逛逛才知道。

INFO
地址：309 Oxford Street
電話：0808-101-5659
營業時間：09：30～21：00（Mon-Sat）、11：00～18：00（Sun）

14 Accessorize
時髦飾品最前線

INFO
地址：324 Oxford Street
電話：020-7493-0040
營業時間：09：30～20：00（Mon-Fri）、09：00～18：00（Sat-Sun）

英國服飾名牌MONSOON旗下的Accessorize，在台灣也擁有廣大女性的支持者；無論是包包、皮夾、以及最受歡迎的戒指、耳環、項鍊、手鍊、髮飾等配件，全都有著英式時髦的靈魂，重金屬質感與復古元素的設計，穿戴起來別具風情。雖然自己不會購買這些配飾，但每回經過店面櫥窗時，仍不自覺欣賞當季最新商品。它的商品價位不算高，大約都是幾百元新台幣；遇到折扣季時，瘋狂掃貨的女性朋友大有人在。來到倫敦千萬記得進去店裡逛逛，超齊全的商品，一定會讓你大吃一驚，不多掃貨絕對是自己吃虧，不蓋你的。

15 PULL & BEAR
不傷荷包，也能青春帥氣

　　來自西班牙的PULL & BEAR創立於1911年，跟大家所熟知的ZARA屬於同INDITEX集團，2013年也終於進駐台灣，造福了苦惱無服飾可穿的台灣男性們。PULL & BEAR所設計生產的服裝，主要針對青少年、少女的流行服飾；為了能同樣複製ZARA成功的經營模式，PULL & BEAR強調服裝款式眾多及中低價位，以迎合年輕族群喜愛變化、但荷包又不夠飽的需求。我個人覺得它們設計的服裝還不賴，走著簡單且帥氣的設計風格，只不過歐洲人的身材跟我們亞洲人還是不同，版型常常會太窄，所以建議來這裡購買一定要試穿，才不會到時無法換貨而後悔。我特別推薦PULL & BEAR的窄版牛仔褲、T恤、科技感球鞋、鴨舌帽等，設計上都帶著自由奔放的年輕氣息，因為價位不高，多買些來搭配也不賴。

INFO
地址：315 Oxford Street
電話：020-7529-7670
營業時間：09：30～20：00（Mon-Fri）、09：00～20：00（Sat）、11：00～17：00（Sun）

16 next
豐富款式，讓人難以自制

　　next是我最早認識的英國品牌，是1982年在英國當地建立的服裝品牌，記得當年我也是瘋狂掃貨。當初是被店內款式豐富的男裝所吸引，無論是男士的西裝、領帶到休閒的襯衫、牛仔褲、T恤、鞋款，到周邊的包包、皮帶、襪子等配件，都能嗅出那濃濃的英倫風情，當時光領帶或襯衫就不知買了多少。至於女裝也很有自己風格，款式浪漫的小洋裝，無論是蕾絲、流蘇或綴花，都能展現女性甜美或個性風采。除了男女裝，next另一個吸睛之處是店內童裝款式也很多，從3歲開始的可愛衣褲或連身褲都有。除了服裝，next也涉足居家用品，無論是寢具、地毯或相關產品都有。因為next目前仍未在台灣開立門市，有興趣的朋友可在當地多選購，因為款式眾多，價錢也不貴，值得推薦。

INFO
地址：327-329 Oxford Street
電話：0844-844-5217
營業時間：10：00～20：00（Mon-Sat）、11：00～19：00（Sun）

17 FOSSIL
自然隨性的配件精品

1984年成立於美國德州的FOSSIL，目前是全球最大的時尚腕錶集團，在台灣有不少店面。FOSSIL擁有專業的設計團隊和製錶廠，除自創品牌之外，同時也是DKNY、EMPORIO ARMANI、BURBERRY、D&G等精品所授權的腕錶設計和生產公司。FOSSIL的品牌精神強調「歡樂、真實、自然」，常用的標語如「親切不做作，卻又不失自我」或「勇敢秀出自己，卻又不離經叛道」等，充分展現美式自然、隨性又歡樂的氣氛，成功打動年輕族群的心。來到街上的旗艦店，我發現除了多款熱門錶款外，也展示大量包包、服裝、配件等各式商品，相當全面，看來其強烈的美國風格，果然獲得年輕族群的認同而持續走紅。

INFO
地址：328-330 Oxford Street
電話：020-7495-3308
營業時間：10：30～21：00（Mon-Fri）、10：00～20：00（Sat）、11：00～19：00（Sun）

18 DEBENHAMS
舒適摩登的購物天堂

DEBENHAMS是英國第二大百貨公司，從1778年開業至今，在英國已經擁有178家分店，海外也有超過60家的特許店面。DEBENHAMS之所以令人印象深刻，主要是1993年時推出店內設計師系列，而這些設計師後來也都成名，更加提升了百貨的知名度，讓DEBENHAMS於2008年榮獲英國最佳百貨的殊榮。

一進入DEBENHAMS即是明亮舒適的購物空間。百貨裡女裝部最有人氣，都是國際知名的品牌；當然，我主要是逛逛男裝部及居家空間櫃位。商品誘人的陳列，讓我荷包差點失血。此外還有童裝、玩具、電器、SPA、咖啡店、餐廳等等，商品種類豐富。目前許多網路客還會代購DEBENHAMS商品至台灣，可見其人氣；百貨中也常有折扣活動，來到倫敦不妨就花點時間進去逛逛吧。

INFO
地址：334-348 Oxford Street
電話：084-4561-6161
營業時間：09：30～21：00（Mon-Sat）、12：00～18：00（Sun）

19 vodafone
手機上網靠這家

INFO
地址：341-349 Oxford Street
電話：084-4561-6161
營業時間：09：30～21：00（Mon-Sat）、12：00～18：00（Sun）

vodafone是家在英國非常著名的電信公司，創立於1984年，主要服務是結合Voice（語音）、Data（資料）、Fone（Phone，電話）。Vodafone目前是全球最大電信服務公司之一，業務範圍遍布全球六大洲。之所以需要介紹這家著名的電信公司，是因為來倫敦旅行通常會超過一週，雖然很多地方有免費Wi-fi，但怎樣都不如手機能隨時上網，查資訊分享來得便利，這時不如買張vodafone的Sim卡插入手機就能用，那才是王道！據朋友說，vodafone是所有電信公司裡訊號最強的，有興趣的朋友，就到這家店去問問便知道。

20 Disney Store
小朋友的夢幻國度

身為Disney的粉絲，怎能錯過這家位於街上的大門市？這間位於重要購物商圈的Disney Store，販賣著迪士尼所有角色的商品。商品種類齊全，從兒童服裝、絨毛玩具、生活用品、馬克杯、手動玩具、電動玩具、手錶、小汽車都有。當我一進入店裡，彷彿就掉入夢幻的迪士尼國度，看到不少《冰雪奇緣》周邊商品，這部動畫榮獲第71屆金球獎最佳動畫片，目前仍火紅，應該讓小女孩們都很想擁有屬於自己的Elsa吧！還有許多罕見的大型迪士尼公仔，也全都在此現身，陪伴所有大小朋友，也讓人越看越開心。至於我，則想尋找有英國特色的迪士尼商品，最後果然發現有個專區，那裡有著帽子、服飾、馬克杯等專為倫敦所設計的特別版，我想購買帶有倫敦標誌或英國風情的商品，才更具有珍藏價值。

INFO
地址：350-352 Oxford Street
電話：020-7491-9136
營業時間：09：00～22：00（Mon-Sat）、12：00～18：00（Sun）

21 HIS MASTER'S VOICE（HMV）
在唱片的海洋中挖寶

1921年7月20日，留聲機公司TGC（The Gramophone Company）在牛津街上開了一家專賣黑膠唱片的唱片行，並選了一幅1899年的有趣油畫當成商標，名為「他主人的聲音」（HIS MASTER'S VOICE），簡寫後就成為目前英國家喻戶曉的音樂唱片零售商「HMV」。雖然賣唱片這條路很艱辛，但HMV在拓展、併購及重組，幾經挫折後，仍是伴隨許多英國人成長的回憶。如果你也喜歡音樂或想購買些特別的專輯，那來到HMV應該不會讓你失望，店內大量的影音商品，可讓你體驗挖寶的樂趣。值得一提的是，在倫敦購買CD不便宜，但人有時候心血來潮不會管那些，畢竟音樂可是能欣賞、珍藏一輩子的好東西。

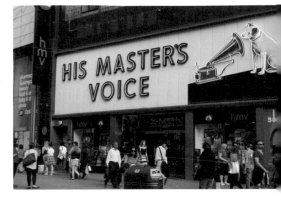

INFO
地址：363 Oxford Street
電話：0843 221 0200
營業時間：09：00～20：30（Mon-Sat）、
11：30～18：00（Sun）

INFO
地址：360 Oxford Street
電話：020-7493-1553
營業時間：09：00～20：00
（Mon-Sat）、12：00～18：00
（Sun）

22 FOREVER 21
必買的平價韓系潮服

全球超過500家店的韓系美國平價服飾FOREVER 21，是大街上必逛的熱門購物景點；在倫敦，火紅程度完全不輸ZARA或H&M。它在台灣也頗受歡迎，2015年更進駐台北，所以來到倫敦這裡跟它相遇，當然得了解一番。

1984年創立於加州的FOREVER 21，原名FASHION 21，隨著生意蒸蒸日上，5年後改成現在名稱。設計風格走向甜美、簡單舒適，顏色也多為鮮豔，而深受年輕人喜歡。品牌強調從自家設計師的靈感來開發，將他們認為最時髦、最具潮流的服飾設計出來，而不盲從流行。雖然主要客群鎖定在20至30歲間，但管它鎖定幾歲，個人覺得款式好看、價位OK，就會下手；而店內款式超齊全，來到這裡就非得買件牛仔褲或T恤才行，因為價格真是很實惠，記得一定要在這裡試穿，能多買一件就不可少買一件。

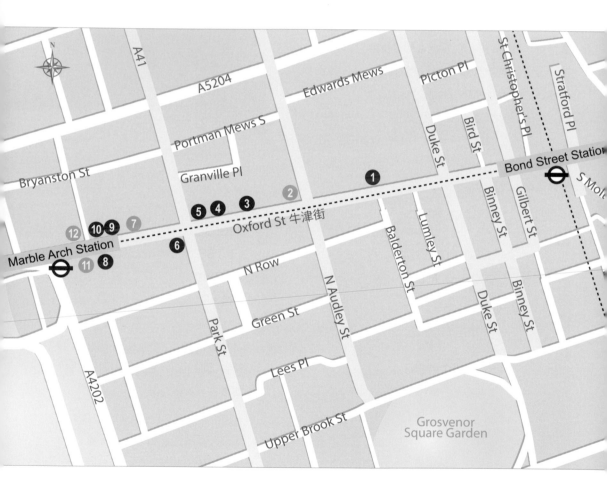

1 SELFRIDGES
2 MARKS & SPENCER
3 Dune
4 MONSOON
5 NEW LOOK
6 PRIMARK
7 mothercare

8 EVANS
9 GEOX
10 TOPSHOP
11 CITY SOUVENIRS
12 HEART OF LONDON SOUVENIRS

01 SELFRIDGES
牛津街上最耀眼的明星

　　許多遊客之所以喜歡逛牛津街，有一部分原因是位於街上的SELFRIDGES百貨公司，超大的購物空間及醒目外觀，成為整條街上最耀眼的一顆星。SELFRIDGES百貨公司於1909年成立，至今已有超過100年歷史，2003年，加拿大Weston家族以天價買下了SELFRIDGES百貨，並將它經營成以時尚與設計為主的百貨，正因如此，眼前這棟白色歐式建築風格的SELFRIDGES年資嚇人，可是它卻絲毫沒有老態龍鍾的模樣，仍是引領倫敦潮流的指標。

　　走進SELFRIDGES百貨門口之前，我總會忍不住拿起相機猛拍，因為SELFRIDGES百貨很擅長利用櫥窗設計來說故事，所以光看這些櫥窗故事，就令我著迷，彷彿述說著：「要買東西就是這裡啦！」SELFRIDGES百貨掌握住顧客購物與行銷間的巧妙連結。因此每回來到這裡朝聖，我一定會停下腳步來，欣賞百貨店面櫥窗設計，總是充滿新鮮與創意。

英國流行風向球

　　SELFRIDGES一直被譽為是很傳奇性的百貨，創辦人Harry Gordon Selfridge在創立時說過：「希望這裡是可以讓朋友聊天的市民中心，至於是否消費，那倒是其次。」因此SELFRIDGES創業百年來，不只見證了英式品味與消費主義的歷史演變，也常被時尚人士視為英國流行風向球，這也是擁有前衛眼光的SELFRIDGES百貨才有辦法做到。

　　進入SELFRIDGES百貨裡，我發覺整個購物慾望自然升起，或許就像創辦人的意圖一樣，顧客來這裡逛街，都會幻想自己是劇院裡的明星，而明星自然就得添購行頭，所以來這裡，絕對是要賣力的刷刷刷！這裡的櫃位都會盡量凸顯自我風格，以吸引消費大眾。我發覺

SELFRIDGES它不同於Harrods那種優雅氣質路線，而是充滿企圖心、高調吶喊的氣勢，難怪顧客都一副殺紅了眼的模樣。

一線精品大集結

　　雖然這個百貨空間很大，但我覺得逛起來不會有壓力，店員也不會過度干預，這樣就能很自在地選購。重點是這裡的品牌很齊全，能將一線品牌全聚在一塊，應該也只有牛津街翹楚的SELFRIDGES才辦得到吧！我很自然的走向男性精品品牌區域，看到了RALPH LAUREN、Paul Smith、HUGO BOSS、ETRO、TED BAKER、DIESEL、The Kooples、ARMANI COLLEZIONI、Vivienne Westwood等等。至於女生精品品牌就更嚇人了，有EMILIO PUCCI、ALEXANDER McQUEEN、ERDEM、roberto cavalli、KAREN MILLEN、JOSEPH等等，根本就無法全部列完，因為超過300個精品品牌的SELFRIDGES百貨，只有等你親自踏入百貨大門時，才會明白我在說什麼！

　　最後我繞到GUCCI專賣店，瞄到一條GUCCI的領帶，樣式經典大方，更巧的是，今天這一款打對折，雖然還是小貴，可是心裡就會想「我真的需要一條GUCCI的領帶啊！」於是就滿心喜悅的提著鮮豔的SELFRIDGES黃色購物袋愉悅的跨出SELFRIDGES的大門了，這就是來到這百貨很輕易刷卡的魔力。

　　目前SELFRIDGES百貨除了倫敦的旗艦店外，在英國伯明罕、曼徹斯特Exchange Square及曼徹斯特Trafford店，都各有一家，各具特色。如果來到倫敦，請千萬記得把SELFRIDGES排在購物必逛景點之一。

INFO

地址：400 Oxford Street
電話：020-113- 369- 8040
時間：09：30～20：00（週一、三、五、六）、09：30～21：00（週四）、11：30～18：00（週日）
網站：www.selfridges.com

02 MARKS & SPENCER（M & S）
服務超優質的生活百貨

超過130年歷史的瑪莎百貨（MARKS & SPENCER）牛津街上一共有兩家，這家門牌458是我比較常去的。瑪莎百貨目前在全世界超過30個國家，設有約760間分店，在英國就超過500家，可說是英國最大的連鎖店，也是家超有口碑的百貨公司。瑪莎百貨主要販賣的商品以服飾及食品為主，也銷售部分家飾用品，但我主要還是去買些飲料或食品比較多。第一間正式的瑪莎百貨於1904年開幕，創辦人為馬克斯和史賓瑟，之後由Simon Marks繼任。20世紀時，瑪莎百貨以只販賣英國製造的商品而聞名，在過去擁有「英國高品質商品」的象徵；由於商品尺碼齊全加上90天的售後服務，「優良的售後服務」成為瑪莎百貨的代名詞。所以當你來到這裡時，衣服就盡情的試穿吧！因為試穿再多都不用花錢，而且服務人員也不會擺臭臉，服務超優質的耶！

INFO
地址：458 Oxford Street
電話：020-7935-7954
營業時間：08：00~21：00（Mon-Sat）、12：00~18：00（Sun）

03 Dune
英國當紅時尚鞋牌

INFO
地址：490 Oxford Street
電話：020-7493-1553
營業時間：09：00~20：00

1993年時，Dune於倫敦King's road開了第一家門市，因為漂亮的設計與合理的價位，成為遊客來倫敦購物時，必定會去逛逛、採買風格鞋子與飾品的店。從此以後，Dune鞋子火紅，擴張店面，至今已有超過50家獨立店面及160多個百貨商場據點，成為全球最具影響力的鞋子品牌。Dune所販賣的女性鞋款樣式齊全，包括設計時髦的涼鞋、顏色鮮豔的鞋子款、摩登性感的細跟鞋等，除了女生熱愛的鞋子外，店內還銷售多款類型的包包及飾品。至於男性部分，也推出正式的鞋款、休閒鞋款、提包、太陽眼鏡、手提箱等等。我個人很喜歡Dune的休閒鞋，穿起來風格簡約自然，也挺舒適。目前牛津街上有兩家Dune門市，如果有遇見，不妨進來穿穿看、比較一下。

04 MONSOON
大受歡迎的民族風精品

MONSOON是英國當地知名服裝品牌,主打中高價位的客群。Peter Simon於1973年在倫敦騎士橋創立MONSOON第一家門市,開始以民族風風格進入英國市場,目前全球超過千家分店,已成為英國主流服飾廠牌之一。MONSOON最初以羊毛粗呢大衣開始,後來逐漸增加其品項而有了飾品、寢具、童裝及男裝等等,2004年成立MONSOON男裝,2006年成立MONSOON Fusion女裝部;童裝細膩的設計也能與眾不同,帶有強烈民俗風。此外,因飾品部分大受歡迎,1984年又開創了Accessorize,同樣受到女性消費者青睞。如果來到倫敦,你常會看見這兩個品牌連在一起,因為它們有著相同的血緣,不妨一起逛逛吧!

INFO
地址:498-500 Oxford Street
電話:020-7491-3004
營業時間:09:30~20:00(Mon-Fri)、09:00~20:00(Sat)、11:00~17:00(Sun)

05 NEW LOOK
驚人銷量,引領時尚潮流

1969年,NEW LOOK於英國開了第一家店鋪,它們的使命就是希望讓女孩們能以中價位就能穿得充滿活力,並強調「每一個人都可以成為時尚焦點」,只要你來店內選購最適合自己的服裝。NEW LOOK會以它們精準銳利的時尚眼光,設計出最耀眼、最動人的潮流服飾,引領全世界的潮流。目前全球開超過700家門市,它們所銷售的裙裝連在一起可以繞英國9圈,銷售的褲子連在一起是法國艾菲爾鐵塔高度的一萬一千倍;這樣驚人的銷售成績只有NEW LOOK才能作得到。當你來到牛津街NEW LOOK店前,不如就走進去挑挑看、選選看,看是不是真的如它們所說,能讓自己成為時尚焦點。

INFO
地址:500-502 Oxford Street
電話:020-7290-7860
營業時間:10:00~20:00(Mon-Sat)、11:00~21:00(Sun)

06 PRIMARK
牛津街上的便宜大賣場

　　以低價、潮流、耐穿為號召的PRIMARK，可說是牛津街上提袋率最高的品牌，這家知名的英國平價服飾品牌，受歡迎的程度，真的只有親臨店內才能感受其盛況。1969年來自愛爾蘭的PRIMARK，是英國大眾化的品牌，擁有「街頭進步最多的品牌」、「最實惠商店」、「市中心年度最佳商店」等美稱。而這些美稱絕非浪得虛名，我走進店內就看到瘋狂搶購情況，等待排隊結帳的隊伍也是一路綿延，我翻了一下PRIMARK店內T恤的價格，著實吃了一驚，比在台灣便宜的服飾品牌更低價，於是我搭乘電梯熱切的想知道店內究竟賣什麼？才發現這裡商品超級多，從男女裝、童裝、帽子、襪子、包包數量驚人，還有一拖拉庫的食品，只不過因為商品很多且被翻到很亂，所以眼前看到只是一遍茫然，我心中想著：這根本是牛津街上的菜市場！眼前東倒西歪的商品好像菜，被客人挑成這樣。我拿起一件T恤才2英鎊，一個包包才1.5英鎊，環保袋一個1英鎊，一雙鞋也都是2至5英鎊，真是便宜到驚死人，難怪PRIMARK堪稱高檔牛津街上的超便宜大賣場；看到這樣的售價，群眾瘋狂的模樣，自然也不奇怪囉！講到這裡就好，因為我要進去店內搶購了。

INFO
地址：499 - 517 Oxford Street
電話：020-7495- 0420
營業時間：09：30～20：00（Mon-Fri）、09：00～20：00（Sat）、11：00～17：00（Sun）

07 mothercare
媽媽們的好選擇

mothercare是英國當地知名的嬰兒相關用品專賣店,雖然也引進台灣,但商品種類與售價就是差別很大,這家mothercare店內所販賣的品牌超級多,包括:iCandy、cybex、COSATTO、GRACO、Disney、MAXI-COSI、STOKKE、Fisher-Price等等,琳瑯滿目的嬰兒商品,不但嬰兒服有分居家和外出,用品又從嬰兒床、奶瓶、玩具,到嬰兒皮膚保養、沐浴的產品也有。櫥窗裡陳列著最新款式Bugaboo的嬰兒車,看來超級摩登,想必好推又拉風。

此外,mothercare也販售嬰兒外出手提籃、汽車專用嬰兒座椅等,價格當然不便宜。雖然出外旅行,想購買大件商品很困難,但店內商品也會出現對折以下的商品,需要嬰兒用品的人,不妨逛逛,或買回去送人也很實惠。

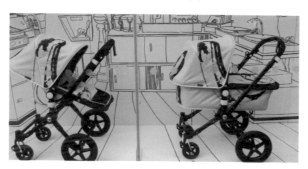

INFO
地址:526-528 Oxford Street
電話:020-7659-9020
營業時間:09:30~20:00(Mon-Fri)、09:00~20:00(Sat)、11:00~17:00(Sun)

08 EVANS
大尺碼也能很時髦

EVANS是英國知名時尚品牌TOPSHOP旗下的女裝品牌,銷售的品項很多,包括女性時裝,泳裝,鞋款、包包、配件、內衣及漂亮飾品等等,而且店內常常會有折扣,價格非常親民,因而擁有一群固定的女性支持群眾。特別值得一提的是,EVANS還首推大尺碼的服飾,堪稱是服裝界的先鋒,提供給許多體態豐腴的女性消費者,也是一項特殊的創舉,讓大尺碼的女性也能穿出英式潮流的自信與風采。

INFO
地址:529-533 Oxford Street, Unit 2-3
電話:020-7495-3776
營業時間:10:30~21:00(Mon-Fri)、10:00~20:00(Sat)、11:00~19:00(Sun)

09 GEOX
換雙好鞋走倫敦

由義大利人Mario Polegato創立於1995年的GOEX，品牌名稱是由希臘文字土地「GEO」與代表科技感的「X」所組成，是家專門生產製造鞋款的義大利品牌。由於該品牌將防水物料的科技運用到鞋子的設計上，並強調每雙鞋都有由自己實驗室所研發出的專利，鞋底採用專利的細包膜與皮革透氣材料，對於鞋面防水效果也不賴。這項專利完全保證防水和透氣，拿來應用在鞋款上，造就了GEOX舒適、耐穿的品牌精神。在女鞋款式部分，店內有仕女鞋、休閒鞋、運動鞋、涼鞋、靴子等。男生鞋款則是紳士鞋、休閒鞋、運動鞋及涼鞋等，幾乎所有類型的鞋款都有生產，想好好逛倫敦，就得換上一雙好鞋才有好腳力。

> **INFO**
> 地址：530 Oxford Street
> 電話：020-7495-2151
> 營業時間：10：00～20：00（Mon-Sat）、12：00～18：00（Sun）

10 TOPSHOP
快速時尚領導品牌

喜歡購物的朋友，怎能錯過英國最知名的服裝零售品牌TOPSHOP？目前在英國就有超過320家門市的TOPSHOP，光在牛津街上就有3家。走進位於輝煌歐式建築裡的店面，萬頭攢動，幾乎大家手上都抓著衣服。我目光掃過陳列櫃位，店內的服飾款式眾多，中間還有許多人形模特兒展示當季服飾，從男女正式的上班服、休閒服、到各式各樣的配件、內衣、化妝品，甚至玩具，店內都找得到。

為引領時尚潮流，TOPSHOP每週都有10萬件新衣上架，每週至少吸引超過20萬名顧客上門採購。所以這一刻你猶豫沒入袋，再回頭逛時，可能就給別人撿走。畢竟倫敦是國際大都會，每天有那麼多來自世界各地的TOPSHOP粉絲到此朝聖，掃貨的速度可想而知；若想抓緊流行腳步，就得跟上TOPSHOP的超快速度！

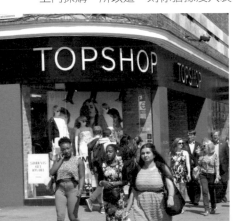

> **INFO**
> 地址：536-540 Oxford Street
> 電話：020-7499-3139
> 營業時間：09：00～21：00（Mon-Sat）、11：00～17：00（Sun）

11 CITY SOUVENIRS
多到滿出來的紀念商品

　　CITY SOUVENIRS這家英國紀念品我相當推薦，
店內所販賣的東西有夠多，多到都擺到大街上來招呼客
人，就是硬要把你吸引進去。無論是馬克杯、便宜的明
信片、印上倫敦字樣的T恤或POLO衫、鴨舌帽都有，琳
瑯滿目到光看就令人頭昏眼花。由於這家店很靠近海德
公園及Marble Arch站，所以擁擠的人潮自然湧向這家
店，店裡的生意一直很熱鬧，相當受到觀光客的喜愛。

INFO
地址：537 Oxford Street
電話：020-7493-9511
營業時間：09：00～22：00（Mon-
Sat）、09：00～21：00（Sun）

重點是，我覺得這家店賣的東西不貴，每回總是挑挑撿撿又一堆，如果你擔心紀念品買不夠，大可來這裡挑選，像是紅色巴士鑰匙圈、紅色電話亭茶葉罐等，反正款式眾多，絕對讓你回台灣有交代。

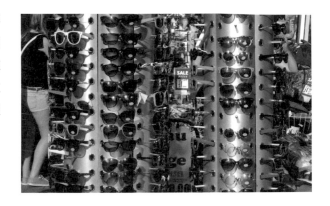

12 HEART OF LONDON SOUVENIRS
買紀念品，一次搞定

INFO

地址：542-544 Oxford Street
電話：020-7831-7917
營業時間：09：00～22：00（Mon-Sat）、09：00～21：00（Sun）

這也是家英國紀念品專賣店，店內空間不算小，卻因擺滿各種類型紀念品而顯得擁擠；但不可否認，HEART OF LONDON SOUVENIRS是家貨品相當齊全的紀念品店。放眼從一般的明信片、鑰匙圈、相框、人偶擺飾、倫敦地標景點的馬克杯、印有英國國旗購物袋、「我愛倫敦」字樣的T恤，甚至連英國花茶、餅乾這裡全都有。

因為我常來逛牛津街，很自然就到店內買過不少東西，覺得商品挺漂亮，價格也OK。雖然走在倫敦路上常會遇到一些販賣紀念品的小舖，但每一次都得提來提去，不如乾脆一口氣買齊方便多了。當然，話雖如此，看到新鮮的東西還是會把我吸過去。倫敦天氣多變化，我就曾在店裡買過一把雨傘，花了台幣300元而已，當時實在太感謝有這家店，只不過買完天氣就放晴，現在那把傘只能當做自己的紀念品。

新舊龐德街

逛牛津街時，你會發現有條「龐德街」就在轉角處，整條街聚集了各大國際精品，若是搭乘地鐵也能直接在Bond Street這站下車，即可抵達。至於我，通常是逛牛津街時，順道逛這裡的。我習慣搭地鐵從Marble Arch站下車走過來，那是最快、又能順道逛逛牛津街的省時方式。

最早聽到龐德街時，會以為跟007有什麼關係吧！其實並非如此。龐德街以國際精品聞名，南起皮卡迪利，北至牛津街，其中南段稱為「舊龐德街」，北段則稱為「新龐德街」，新與舊的街道相連，當你一路從頭逛到底時，其實感覺不太出新舊街之間的劃分，因為一家緊鄰一家的知名精品店或珠寶店，逛起來令人目不暇給。

精品雲集，Window Shopping也過癮

　　雖然國際精品在Harrods或是SELFRIDGES也能買得到，但是商品款式以及逛起來的氣勢，龐德街絕對讓百貨商場望塵莫及。說龐德街是倫敦最奢華的一條街，其實一點也不為過，因為這條街上的精品專賣店，都各自擁有獨立店面，所以遊客不僅能在店內看到陳列更加齊全的商品外，還能欣賞每一個品牌用心妝點自家櫥窗的創意風格，是即使買不下手，卻也能享受尊貴服務的地方。

　　龐德街上以國際精品品牌為主，知名品牌包括有LOUIS VUITTON、PRADA、YSL、BALLY、BOTTEGA VENETA、BURBERRY、MIU MIU、ARMANI、Cartier、GUCCI、D&G、TIFFANY、CHANEL、TOD'S、OMEGA、ALEXANDER McQUEEN、Salvatore Ferragamo、MIKIMOTO等等，全都是一流精品名牌。當我Window Shopping經過這些店的櫥窗時，發現某些店外還曾高掛自家品牌的旗幟，這也是這條街的特色；看著這些品牌旗幟在風中飄揚，剎那間，我覺得連這裡的空氣呼吸起來也高級許多，讓人完全沉浸在那奢華的氛圍。所以，如果你也是名牌掛，或是想體會名牌匯聚、精品雲集的壯觀感，就非得親自走訪一趟龐德街，讓這條充滿華麗光芒的大街，來為你的旅程增添些豪奢貴氣。

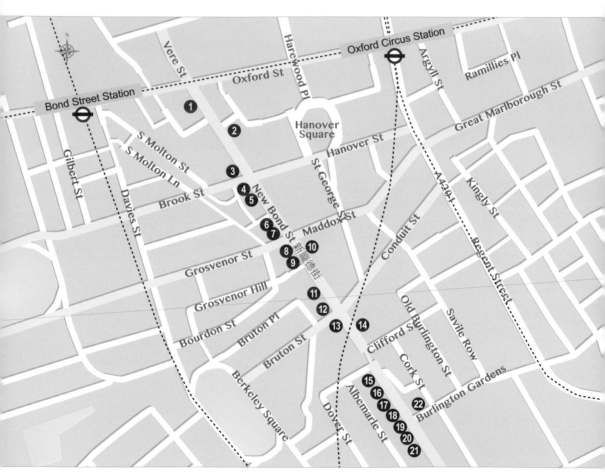

1 T.M.Lewin	9 COACH	16 PIAGET
2 BASLER	10 FENDI	17 HARRY WINSTON
3 Russell & Bromley	11 MIU MIU	18 Cartier
4 VICTORIA'S SECRET	12 HERMÈS	19 MIKIMOTO
5 Ermenegildo Zegna	13 LOUIS VUITTON	20 DAVID MORRIS
6 CANALI	14 Asprey	21 RALPH LAUREN
7 BREITLING	15 BVLGARI	
8 CORNELIANI		

01 T.M.Lewin
翩翩紳士風

T. M. Lewin是英國著名的紳士西裝品牌,由創始者Thomas Mayes Lewin於1898年創立,最早在英國著名紳士街Jermyn Sreet開始營業;由於設計風格與剪裁都很符合當時需要,成為英國紳士所喜愛的西服品牌。創辦者表示,由於他們對西裝與襯衫設計上細節的重視與堅持,才能讓品牌在眾多競爭者中脫穎而出,況且價格也很合理!為了求新求變,T. M. Lewin團隊每月不斷推出新的設計,以期讓顧客有耳目一新的感受。你也想成為風度翩翩的英國紳士嗎?那就得訂製一套有模有樣的T. M. Lewin才行。

INFO
地址:92 New Bond Street
電話:020-7930-6213
營業時間:10:00～19:00(Mon-Wed&Fri)、10:00～20:00(Thu)、09:30～18:00(Sat)、12:00～18:00(Sun)

02 BASLER
富藝術氣息的歐風女裝

德國服裝品牌BASLER,由Fritz Basler和妻子Elisabeth於1936年創立,2007年於倫敦開立了第一家英國店。在歐洲,BASLER可說是擁有歐洲傳統血脈的高級女裝品牌,因為堅持使用一流布料、以歐式工藝製作,並注重藝術與視覺的多重感受等諸多優點,讓BASLER在龐德街成為矚目焦點,並佔有一席之地。此外,BASLER的設計師持續不斷地追求好品質及更新的設計風格,且擅長利用包包、皮帶、首飾等配件來凸顯服裝的特色,無論是女性的襯衫、洋裝、短裙,都能展現另一種德式獨特的潮流感。

INFO
地址:73 New Bond Street
電話:020-7491-2339
營業時間:10:00～19:00(Mon-Fri)、09:30～18:00(Sat)、12:00～18:00(Sun)

03 Russell & Bromley
一穿就上癮的俐落鞋款

Russell & Bromley是很有英倫風味的服裝品牌，專門製作女鞋、女包及男鞋。該品牌創立於1873年，最大特色就是鞋款品質好、設計優美，價格自然不太便宜，屬於中高價位。Russell & Bromley早於1974年時，就在龐德街上開了第一家門市，剛開始就受到許多消費者喜愛。鞋款最主要的特色，在於製作風格簡單，沒有多餘的修飾和點綴，卻能襯托鞋子本身美感；它們也會利用繽紛的色彩來點綴鞋款，以吸引更多消費者的喜愛和注意。或許有些人會認為Russell & Bromley的風格相較其他鞋牌，較低調甚至呆板，不過堅

INFO
地址：109-110 New Bond Street
電話：020-7629-4001
營業時間：10：30～21：00（Mon-Fri）、10：00～20：00（Sat）、11：00～19：00（Sun）

持採用好皮質與細膩設計，卻是會令人一穿就上癮。目前在倫敦許多街上都會看見Russell & Bromley，不妨仔細去觀察，並體驗Russell &Bromley的獨特魅力。

04 VICTORIA'S SECRET
性感的象徵

無庸置疑，VICTORIA'S SECRET（維多利亞的祕密）應該是這條街上最性感的服裝品牌，櫥窗裡以一大顆甜蜜愛心為背景，襯托出穿著VICTORIA'S SECRET性感內衣的人體模特兒，並搭配了流行服飾，將內衣外穿做了最活潑、動人的詮釋。這個國際知名的內衣品牌創立於70年代的美國，以性感獨特的設計風格，擄獲全球女性消費者的心，讓人感覺彷彿只要穿上VICTORIA'S SECRET的內衣或服裝，就能像海報上放電的模特兒般性感。VICTORIA'S SECRET主要販售女性的內衣、泳裝、睡衣、休閒服飾、女鞋、化妝品、配件等，為了一再有突破的表現，VICTORIA'S SECRET曾推出令人咋舌的鑲滿真正寶石的胸罩，價格高達1,000萬美金，也讓世人見識到這個內衣女王的無限可能。

05 Ermenegildo Zegna
量身打造都會型男

義大利知名男裝品牌Ermenegildo Zegna，有形有款的西裝風格，深受全球男性喜愛。品牌服裝最大特色，就是好看版型、細緻剪裁，無論是喜歡時髦或復古，Ermenegildo Zegna都能滿足客戶的需求，店內也提供量尺寸剪裁的服務。注重每一個服裝細節，讓顧客穿起來很舒適服貼，並散發摩登都會感，這也正是Ermenegildo Zegna走紅的原因。雖然Ermenegildo Zegna以西裝聞名，但目前也逐漸拓展到休閒服飾領域，讓更多喜歡它們家服飾的人，能有更多的選擇。

06 CANALI
道地義式紳士風

義大利男裝品牌CANALI，是由
Giovanni Canali和Giacomo Canali兩兄弟所
創立，他們秉持著19世紀時的製衣傳統成立
工廠，專門生產高檔服飾。20世紀時，交
由第二代傳承經營，除了在義大利當地持續
生產服裝外，也開始向海外推廣。到1980
年時，出口幾乎已佔了CANALI全部銷售額
的一半。CANLAI所販賣的商品種類很多，
從休閒服裝、配件、袖釦、香水都有，目前
CANLAI的經營已來到第三代，成為大型的
服裝設計與製造集團，全球專賣店超過1,000
家，目前服裝產製仍都來自於義大利，可說
是道地義大利血統的服飾。

INFO
地址：128 New Bond Street
電話：020-7290-3500
營業時間：10：00～18：30（Mon-Wed & Fri-
Sat）、10：00～19：00（Thur）、12：00～18：
00（Sun）

07 BREITLING
穿越時空的經典錶款

來自瑞士的高檔手錶品牌BREITLING
（百年靈），由Léon Breitling於1884年
創辦，早期以製作懷錶為主，後來才轉型
為生產科學和工業用途的計時器。1914年
創辦人去世，由他兒子Gaston Breitling繼
承，在隔年就開始生產具備計時碼錶功能
的腕錶。到了1936年，百年靈為英國空
軍生產機艙儀表，之後陸續推出最經典的
錶款Chronomat（1942年）和Navitimer
（1952年）。百年靈持續在飛行、特殊環
境所使用的計時器上，推出許多具代表性
的產品。來到龐德街上的門市，最熱賣及
最經典的百年靈手錶皆陳列於櫃位上，戴
上百年靈錶，彷彿就擁有了跨越時空飛翔
的翅膀，如果有多一點預算，我也真想添
購一款！

INFO
地址：130 New Bond Street
電話：020-7499-8596
營業時間：10：00～18：00

08 CORNELIANI
時尚暖男風格

CORNELIANI（克萊利亞尼）是在30年代由Claudio和Carlalberto Corneliani兄弟倆在義大利古城曼托瓦成立，最早期是以手工生產雨衣、披肩聞名；到了50年代後期，第三代開始經營，才讓品牌更具規模，也讓CORNELIANI成為具有國際知名度的男性時裝公司。由於CORNELIANI所有服裝都是由義大利當地生產，注重細節、品質管控嚴格，舒適柔軟且風格挺拔，讓品牌擁有好口碑；也因為優秀的設計，受到美國服裝品牌RALPH LAUREN的注意與青睞，直接授權CORNELIANI為他們生產西服。CORNELIANI位於該街上的店面，風格精緻典雅，營造出成功男性的形象。

INFO
地址：131-132 New Bond Street
電話：020-7493-7921
營業時間：10：00～19：00（Mon-Fri）、10：00～20：00（Sat）、Closed（Sun）

09 COACH
簡潔耐用的百搭精品

美國經典皮件品牌COACH，雖然總部設在紐約，但經過多年的發展，得與歐洲諸多時尚精品並列，當然不會在龐德街上缺席。COACH的設計之所以受到消費者青睞，主要在於耐用及簡潔設計；但是大家可曾知道COACH包包最初的設計靈感，竟是來自於一隻破舊的壘球手套？品牌創立人Miles Cahn在一次觀看壘球比賽時，發現舊手套的材質竟如此柔軟光滑，後來他將皮革特殊處理，使之更柔軟，並具有不易脱色且磨損的諸多優點。這項耐久便利的設計，在很短時間內就獲得消費者的喜愛。COACH販賣的品項眾多，始終維持簡約大方又堅固耐用的一貫風格；愛上這種調調的人，只怕很難戒得掉吧！這家位於龐德街上的門市也不小，擺滿當季最新款式，如果你也喜歡COACH耐操的特色，就來這裡挑一個走吧！

INFO
地址：39-42 New Bond Street
電話：020-3141-8901
營業時間：10：00～18：00（Mon-Sat）、12：00～18：00（Sun）

10 FENDI
貴氣包款來這挑

INFO
地址：141 New Bond Street
電話：020-7927-4172
營業時間：10：00～19：00（Mon-Sat）、12：00～18：00（Sun）

義大利知名的精品品牌FENDI（芬迪），因高貴典雅的形象，在台灣擁有大批擁護者。1925年，FENDI由Edoardo Fendi與妻子Adele創立於羅馬，最早只是皮革專賣店，生產高品質毛皮製品；1965年後，知名設計師卡爾‧拉格斐（Karl Lagerfeld）加入該品牌，讓FENDI的知名度大為提升，也帶領品牌走向高級精品行列。FENDI的商品很廣，包括男女裝、手錶、皮革配件、香水、泳裝、珠寶等。雖然FENDI在上個世紀末已被LVMH集團收購，但FENDI家族的第三代仍引導著主要的設計方向，走著高檔奢華的時尚風格。位於街上的門市簡潔明亮，服裝陳列動線清楚，是挑選FENDI精品的好地方。

11 MIU MIU
展現你的青春風采

創立於1992年的MIU MIU，跟高級精品PRADA屬於同集團，由家族第三代傳人Miuccia Prada所創立。或許有些人不知道，MIU MIU就是創立者的暱稱，最早創立的目的，是希望能針對更年輕的女性消費族群，並與經典的PRADA做區隔。MIU MIU主要是以包包聞名歐洲，商品的用色、剪裁都朝向簡約與更加年輕活潑的風格，甫一推出，果然吸引許多年輕女性的喜愛，為PRADA集團開拓了另一個市場。由於MIU MIU的成功，Miuccia知名度也大漲，名利雙收，並獲得了許多設計師獎項的肯定；而MIU MIU青春飛揚的特色，也奠定了它在時尚界的地位。

INFO
地址：150 New Bond Street
電話：020- 7409-0900
營業時間：10：00～18：00（Mon-Sat）、closed（Sun）

12 HERMÈS
夢幻的法式優雅

　　最讓女人心動的法國名牌HERMÈS，因秉承超凡卓越的設計理念，造就優雅至極的傳統典範，成為著名的時裝及奢侈品品牌。1837年，Thierry HERMÈS在巴黎創立馬具製造公司，後來轉做皮件包款，大獲成功，法國拿破崙三世和俄國皇帝都是他們的顧客。第三代的負責人Emile-Maurice HERMÈS更將事業版圖多角化，積極開發手提包、旅行袋、手套等商品。其中HERMÈS的絲巾由於色彩多變、手工考究，至今仍是許多女性最愛的夢幻商品。從1937年第一條絲巾問世，到現在已推出超過900款絲巾。當然，HERMÈS還有最令人瘋狂的凱莉包和柏金包；凱莉包在1935年開始銷售，材質從鱷魚皮、鴕鳥皮到小牛皮都有，款式大小也各有不同。由於這個包款從鞣皮、選皮、染色、剪裁到縫合，全部手工製作，至少需花費3天才能完成，價格自然不斐。雖然HERMÈS是法國精品，但來到倫敦看看也無妨，徜徉在HERMÈS夢幻國度裡，買再多也不嫌膩。

INFO
地址：155 New Bond Street
電話：02U- 7499- 8856
營業時間：10：00～19：00（Mon-Sat）、12：00～18：00（Sun）

13 LOUIS VUITTON
精品的代名詞

　　1854年，Louis Vuitton在巴黎開了第一間以自己名字命名的皮箱店，誰都沒有料到，百年後他的名字，竟然會成為上流社會的代名詞。從皇室御用到頂級工藝作坊，LOUIS VUITTON種種輕鬆優雅的經典設計，成功順應旅行歷史的發展。1896年，標誌性的Monogram帆布問世，宣告了品牌的時尚面貌。其後陸續推出的Steamer、Keepall等款式也大受好評。隨著時間推移，LOUIS VUITTON不僅沒有退流行，反而努力引導潮流，製造一波波的新趨勢，如今已是全方位的精品品牌。雖然龐德街不是巴黎的香榭大道，但在這購買LOUIS VUITTON仍是合情合理，因為在這裡，你將可看到這頂級精品品牌，最齊全的款式與最貼心的服務。

INFO
地址：17-20 New Bond Street
電話：020-3214-9200
營業時間：10：00～20：00（Mon-Sat）、12：00～18：00（Sun）

14 Asprey
皇室御用珠寶商

Asprey（愛絲普蕾）是享譽國際的珠寶設計、製造和零售商，總部就位於龐德街上；它負責給世界各國皇室製造皇冠和權杖，堪稱精湛工藝與卓越品味的象徵。1781年，William Asprey創立公司，1847年搬到龐德街167號的現址。其銷售的商品除珠寶飾品外，也有時裝、包包等；時裝全出自國際頂尖設計師之手，包包也被《英國獨立報》譽為「全球最優的50個品牌」之一。當然珠寶就更是皇室名流的最愛，鑽石配飾典雅大方，相當出色。200多年來，Asprey已成為高貴氣質和頂尖品質的象徵，多次獲英國皇家御用證，深受皇室及名流的喜愛，皇室顧客包括維多利亞女皇、伊麗莎白女皇、瑪格麗特公主及查爾斯王子等，知名女星伊麗莎白‧泰勒也是Asprey的愛用者。

INFO
地址：167 New Bond Street
電話：020-7493-6767
營業時間：10：00～19：00（Mon-Sat）、12：00～18：00（Sun）

15 BVLGARI
璀璨奪目的藝術

講到BVLGARI（寶格麗），相信大家腦海裡閃過的應該都是各種金光閃閃、高檔昂貴珠寶的印象。BVLGARI起家於義大利，創始人Sotirio Bulgari在1884年，於羅馬開了一家銀器店，專賣精美銀製雕刻品。發展至今，BVLGARI已是世界第三大珠寶品牌（僅次於Cartier和TIFFANY），其設計的最大特色在於風格大膽獨特、尊貴古典，並巧妙揉合了古典與現代設計的特色，走出屬於自己的獨特美感。BVLGARI的珠寶設計師，總以義大利的文藝復興華麗風格及19世紀的冶金技術為靈感，打造出獨一無二的風範，珠寶首飾常以珠寶色彩為設計精髓，並巧妙搭配多種不同顏色的寶石，像是珊瑚、紫晶、碧璽、黃晶、橄欖石、珍珠等色彩繽紛的珠寶，十分醒目，再運用各類不同的底座來凸顯寶石的耀眼色彩。自上世紀40年代開始，BVLGARI的商品更加多元，除珠寶之外，也推出腕錶、時尚配飾，並配合珠寶、銀器系列，作三線發展。之後範圍又擴大到了眼鏡、皮件、香水、瓷器等產品，成為全方位的精品品牌。

INFO
地址：168-169 New Bond Street
電話：020- 7872-9969
營業時間：10：00～18：00（Mon-Sat）、closed（Sun）

16 PIAGET
精準的典範

瑞士知名的奢華鐘錶珠寶品牌PIAGET（伯爵），是由Georges Piaget於1874年在瑞士的拉科特奧費創立；1911年時，他的兒子Timothée Piaget從父親手中接掌家業，開始從事腕錶製作，目前為瑞士歷峰集團旗下品牌之一。之後在創辦人孫子Gérald和Valentin Piaget兩人的經營下，1943年將PIAGET註冊為品牌名稱，並自行設計腕錶，品牌所有機械機芯設計及研發、製造，全都在工作坊內部完成。隨著品牌在國際市場上迅速發展，打開知名度，目前PIAGET的錶廠已囊括40多種專業技能，以及祖傳的琺瑯繪製技藝，無論是功能複雜的腕錶或高貴華麗的珠寶，都深受消費者青睞。

INFO
地址：169 New Bond Street
電話：020- 3364-0800
營業時間：10：00～18：00（Mon-Sat）、12：00～18：00（Sun）

INFO
地址：171 New Bond Street
電話：020-7907-8800
營業時間：10：00～18：00（Mon-Fri）、11：00～17：30（Sat）、Closed（Sun）

17 HARRY WINSTON
鑽石之王

HARRY WINSTON發展至今已有超過百年的歷史，曾製作出多款令人震驚的珠寶飾品，享有「鑽石之王」的美譽，深受政商名流與藝人的喜愛。它之所以備受推崇，主要在於精湛的花式切割工法與鑲嵌技巧，讓鑽石以最璀璨的角度呈現；經典的六角形祖母綠切割（Emerald Cut），正是HARRY WINSTON的標誌象徵。此外，它們也喜歡以大自然生命力的展現作為設計的主要概念。為提升品牌知名度，HARRY WINSTON曾於1944年贊助奧斯卡最佳女主角珍妮佛·瓊斯，開啟明星佩戴珠寶出席頒獎典禮的風潮。伊麗莎白女皇、溫莎公爵夫人、黛安娜王妃、影星伊麗莎白·泰勒也都喜歡該品牌，讓它贏得了「明星的珠寶商」的美譽。

18 Cartier
法式珠寶夢幻逸品

▶ INFO
地址：175-177 New Bond Street
電話：020-7290-5150
營業時間：10：00～18：00（Mon- Sun）

Cartier（卡地亞）應該是無人不知的高級精品品牌，座落在龐德街上的獨立店面，看來姿態有些低調，但仍難掩其優雅光芒。說起Cartier的歷史，最早是從1847年，由Louis-François Cartier位於巴黎蒙特吉爾街29號的珠寶工坊時開始，近170年過去，Cartier已成為全球知名的法國鐘錶及珠寶製品牌。1899年，卡地亞遷至巴黎和平街13號，由Louis Cartier管理。這段期間，他創作出Cartier的經典設計款，並於1917年遷往位於紐約第五大道653號的現址。Cartier知名度之所以如日中天，最主要在於1904年被英皇愛德華七世委任為英國皇家珠寶供應商，其後也獲得世界多國皇室，包括西班牙、葡萄牙、俄羅斯等國委任為珠寶供應商。卡地亞目前有珠寶、腕錶、皮件、香水等商品，當然仍以珠寶與腕錶最是出名，也是大家追尋的夢幻逸品。

19 MIKIMOTO
最完美的圓，襯托優雅氣質

來自日本的珍珠品牌MIKIMOTO，也在龐德街搶得一席之地。1893年，MIKIMOTO的創始人御木本幸吉，以人工培育方法，經歷了無數次的失敗，終於養殖出第一顆珍珠而聞名，獲得「珍珠之父」的美稱。由於MIKIMOTO以高標準來選擇珍珠，並以優異的設計來呈現珍珠之美，被業界推崇為「珍珠之王」，因而讓MIKIMOTO的珍珠飾品開始在國際闖出名號。在百年之後的今日，創辦人說：「要用珍珠裝飾世界上所有女人的頸部」這句話已然成真，MIKIMOTO的珍珠已成為女性夢幻的珍寶，繼續演繹其優雅的動人風采。

▶ INFO
地址：179 New Bond Street
電話：020-7399-9860
營業時間：10：00～17：30（Mon-Fri）、10：00～17：00
（Sat）、closed（Sun）

20 DAVID MORRIS
珠寶工藝的手作極致

INFO
地址：180 New Bond Street
電話：020-7499-2200
營業時間：10：00～18：30（Mon-Fri）、10：30～17：00（Sat）、closed（Sun）

David Morris對高級珠寶秉持著最嚴苛標準，並完全以純手工打造，以確保每一件珠寶都是藝術品，是知名的珠寶品牌。創辦人David Morris，1951年時就在倫敦當珠寶學徒，掌握了鑽石裝嵌工藝。他畢業於中央藝術與工藝學校（Central School of Arts and Crafts）並正式取得了金匠專業資格後，於1962年開設了首間珠寶店。之後他與設計伙伴獲頒戴比爾斯（De Beers）國際鑽飾設計大賽(Diamonds International Award) 第9及第10屆大獎得主，讓DAVID MORRIS迅速成為國際知名的頂級珠寶品牌。DAVID MORRIS對高級珠寶秉持著最嚴苛標準，並完全以純手工打造，以確保每一件珠寶都是藝術品。所以這些年來，DAVID MORRIS累積了不少皇室成員及名流等忠實顧客。

21 RALPH LAUREN
Polo衫的風潮始祖

這是美國設計師Ralph Lauren立的同名品牌。他曾為美國名牌BROOKS BROTHERS工作，1967年開始經營自己的服裝公司。1968年，他著手設計男士領帶，隔年即在曼哈頓設立精品店。1981年，Ralph Lauren在倫敦的龐德街，開設該品牌第一家跨國專賣店，正式宣告走向國際化。目前旗下商品除了男女、童裝外，也生產包包、飾品、香水、家俱、寢具等。RALPH LAUREN的服裝中以Polo衫最著名，馬球選手的logo也是該品牌令人最印象深刻的標誌。在龐德街上共有兩家店，其中一間是專賣兒童服飾，櫥窗的擺設也令人十分好奇，讓人想要一探究竟。

INFO
地址：143 New Bond Street
電話：020- 7535-4600
營業時間：09：00～21：30（Mon-Sat）、12：00～18：00（Sun）

舊龐德街
Old Bond Street

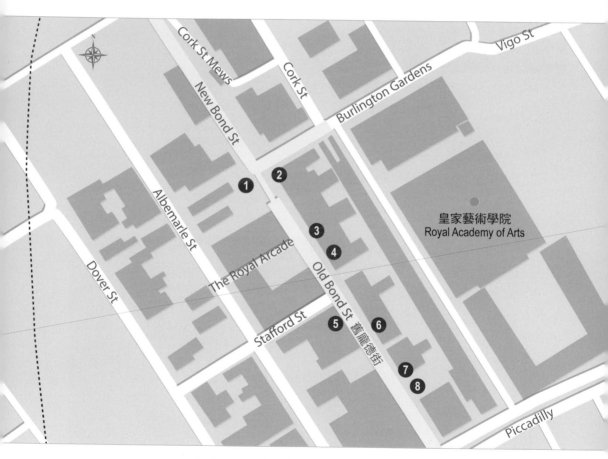

1 TIFFANY & CO.

2 Salvatore Ferragamo

3 MaxMara

4 PRADA

5 GUCCI

6 DAKS

7 ALEXANDER McQUEEN

8 TOD'S

01 TIFFANY & CO.
浪漫愛情的象徵

每一位女性，都想要打開TIFFANY（蒂芬尼）那淡藍色的盒子，因為盒子裡裝的，正代表了摩登時尚與浪漫愛情。話說TIFFANY，在1837年時由Charles Lewis Tiffany與John Young在紐約百老匯大街259號創建了Tiffany & Young，起初它只是一家小小的文具飾品店，但Charles卻有偉大的理想和抱負，希望TIFFANY能成為世界一流品牌，這在當時是任誰也無法相信的！

從1837年起，TIFFANY先以銀製餐具出名；到了1851年，推出925銀製裝飾品後，品牌知名度更上層樓。1867年巴黎世界博覽會，TIFFANY初次嶄露頭角，便獲得全球矚目，之後積極參加世界各地的盛會，並贏得多項金牌而聞名世界。

INFO
地址：25 Old Bond Street
電話：020-800-160-1114
營業時間：10：00～18：00（Mon-Fri）
10：00～17：30（Sat）
12：00～17：00（Sun）

而TIFFANY最經典的Setting系列鑽戒，則是到1886年才推出，這款鑽戒以六爪抓住鑽石，將鑽石各角度的美感，以最極限的方式襯托出來，讓鑽石的光芒能有最完美的展現，這樣的全新設計，也影響了後來許多鑽戒的設計方式。1960年由奧黛麗赫本出演的電影《第凡內早餐》也是以TIFFANY命名，可見TIFFANY知名度之高。

02 Salvatore Ferragamo
優雅義式風情

知名的義大利品牌Salvatore Ferragamo，在國內擁有不少粉絲，創辦人Salvatore Ferragamo出生於義大利，後來移民到美國去。剛開始他開了一家修鞋小鋪，後來為電影製作拍戲用的鞋子，還在好萊塢開設「好萊塢靴店」。1927年，Salvatore Ferragamo回到祖國，在佛羅倫斯開了第一家以他自己命名的專門店；經過了多年的鑽研與努力，Salvatore Ferragamo終於在1951年完成個人的服裝秀。9年後他與世長辭，品牌則由他的妻子與好友共同經營，製作時裝、皮包、鞋款、香水等相關商品。如果你想要擁有優雅的義式風情穿著，Salvatore Ferragamo是個還不錯的品牌。

INFO
地址：24 Old Bond Street
電話：020-7629-5007
營業時間：10：00～18：00（Mon-Fri）、10：30～17：00（Sat）、closed（Sun）

03 MaxMara
剪裁精巧的都會女裝

義大利服裝品牌MaxMara，相信許多讀者對它並不陌生。該品牌由Achille Maramotti於1951年創立（品牌名中的Mara即為Maramotti的縮寫），最早是從一件駱駝色大衣、一套粉紅色套裝開始，也開啟了MaxMara的時尚開端。

MaxMara的第一套時裝系列，就以精巧細緻的剪裁，展現精緻漂亮、線條清晰的設計哲學，日後更以法國風格為藍本，再以經典的義大利調性重新設計，成功建立了今日的時裝王國。時至今日，MaxMara會隨著女性的需求與品味在每一季更換最新風格，以迎合顧客越趨複雜的需要。MaxMara所注重的是產品本身，他們也表示：「女士選擇MaxMara服裝，是因為知道它用料優良、剪裁合身，而不是因為它是這一季的流行服飾。」或許就是以消費者為出發的觀念，而吸引了許多支持他們的女性顧客。

INFO
地址：19-21 Old Bond Street
電話：020-7499-7902
營業時間：10：00～18：00（Mon-Sat）、12：00～17：00（Sun）

04 PRADA
時尚的象徵

INFO
地址：16-18 Old Bond Street
電話：020-7647-5000
營業時間：10：00～18：00（Mon-Sat）、12：00～17：00（Sun）

來自義大利的時尚精品PRADA，在電影《穿著PRADA的惡魔》之後，更讓大眾知道：這個以倒三角為標誌的精品，正是時尚的象徵；所以PRADA位於龐德街的專賣店，充滿氣勢也是理所當然。PRADA的創始人Mario Prada以製作高級皮革起家，1913年，在義大利米蘭創辦了第一家精品店FRATELLI PRADA，當時店內主要銷售包包、行李箱、化妝箱等皮質商品。經過數十年的努力之後，PRADA已成為一個國際精品品牌，目前集團下擁有包括PRADA、JIL SANDER、Church's、HELMUT LANG、GENNY和CAR SHOE等國際品牌，以及MIU MIU品牌獨家許可權。PRADA集團下所有產品，都來自義大利Tuscany地區，這也是大家熱愛購買PRADA的主因。

05 GUCCI
奢華性感的世界級精品

義大利的知名時尚精品除了PRADA，另一家當然是大名鼎鼎的GUCCI，這個商標由雙G字母組成的品牌，在1921年由Guccio Gucci創辦於義大利佛羅倫斯，他將名字當成logo印在商品上，後來成為奢華的象徵。

GUCCI早期只是小家族經營的馬鞍及皮具商店，而目前所銷售的產品早已拓展到男女時裝、皮件、皮鞋、手錶、領帶、絲巾、香水，甚至是家居與寵物用品等。

在GUCCI的發展歷程中，最值得一提的是1994年至2003年，他們找來Tom Ford擔任創作總監，這位才華洋溢的設計師，賦予GUCCI商品一股帶有頹廢的性感，深受外界歡迎，塑造了嶄新的品牌形象，讓GUCCI成為充滿熱情、性感與摩登的象徵，甚至主導了時尚界的腳步；GUCCI能擁有如今的時尚王國，Tom Ford自是功不可沒。位於舊龐德街上的GUCCI專賣店，風格是一貫的摩登簡約，喜歡GUCCI的朋友即使不買，走進店內享受一下奢華氛圍，也是挺值得的。

INFO
地址：34 Old Bond Street
電話：020-7629-2716
營業時間：10：00～18：00（Mon-Fri）、
10：00～17：00（Sat）、closed（Sun）

06 DAKS
英倫格紋精品

我想大部分的朋友，都知道英國BURBERRY那知名的格紋設計；其實誕生於1894年的DAKS，也是以格紋風聞名的英國服裝品牌。擁有超過120年歷史的DAKS，名稱來自於英文DAD（父親）及SLACKS（西褲）的縮寫，最初是倫敦的高級時裝店，專為紳士與貴婦們訂製高級時裝。在當時，穿著DAKS的服裝，就代表著剪裁合適、線條自然、瀟灑優雅的風格與品味，其發明的突破性腰位設計，更獲多年的專利權，堪稱是英倫時尚界的一大驕傲。

DAKS從1956年起就獲頒皇家認證，而其招牌格紋則是到1976年才出現，後來更進一步成為DAKS的國際標記。如果你身邊還沒有DAKS的服裝或配件，我認為來倫敦值得去採購一番。

INFO
地址：10 Old Bond Street
電話：020-7409-4040
營業時間：10：00～18：30（Mon-Sat）、
closed（Sun）

07 ALEXANDER McQUEEN
時尚鬼才的前衛設計

最年輕的英國時尚獎得主Alexander McQueen，才華洋溢，曾4次贏得年度最佳英國設計師殊榮，更獲不列顛帝國司令勳章（CBE），同時也是時裝設計師協會獎的年度國際設計師；一連串的獎項告訴世人Alexander McQueen作品的獨特性。無論是前衛、復古、科幻，所有不可思議的元素都會出現在他的作品，比前衛更前衛，難怪一票藝人都是他的超級粉絲。Lady Gaga就曾說：「我是McQueen的超級粉絲，對我來說他是終極設計師，他簡直是活在自己的星球上。」

雖然McQueen已於2010年自縊身亡，但勇於追隨時尚的你，怎能不前來朝聖一下呢？

INFO
地址：4-5 Old Bond Street
電話：020- 7355-0088
營業時間：10：00～19：00（Mon-Sat）、
12：00～18：00（Sun）

08 TOD'S
舒適又有型

　　創立於1970年的TOD'S，最早只是義大利一家家族式的小鞋店，發展至今卻成為一大規模的精品集團。集優雅與舒適為一身的TOD'S，主要銷售包包與鞋子，知名的TOD'S豆豆鞋，更被形容像是走在水面上、完全沒有壓力的鞋款。經典與現代的完美結合，讓TOD'S充滿魅力，完美的材質與創造力，也讓它廣受受消費者喜愛，更備受知名藝人們的青睞，讓他們頻頻幫TOD'S當起免費的代言人。你也準備好擁有一雙TOD'S的豆豆鞋了嗎？或許在這趟倫敦旅行中，就需要這樣一雙設計簡約、穿著舒適的鞋款，伴你輕鬆探訪倫敦這座城市。

INFO

地址：2-5 Old Bond Street
電話：020-7493-2237
營業時間：10：00～18：00（Mon-Sat）、
12：00～17：00（Sun）

蘇活區
Soho

倫敦蘇活區範圍不小，卻也是整個倫敦最好玩的地區。蘇活區從皮卡地里圓環、攝政街、卡納比街、牛津圓環、萊斯特廣場到中國城這個區塊，成為倫敦最多采多姿的玩樂地帶；從白天到夜晚，無論是看音樂劇、看電影、血拚購物、啖美食，旅人的任何一項需求，都能在蘇活區得到滿足。

從國際精品到手工藝市集，讓你目不暇給

每次我來到蘇活區都覺得很過癮，在這區塊購物，可得火力全開，我習慣的路線是：先去有「倫敦時報廣場」之稱的皮卡地里圓環（Piccadilly Circus），拍張照當紀念，隨便晃晃，感受一下倫敦的車水馬龍，這附近有些不錯逛的紀念品專賣店，可以買些伴手禮。接著會走到相連的攝政街（Regent Street），優美弧形建築構成的購物大街，猶如法國巴黎的香榭麗舍大道般的受到遊客喜愛，讓在這裡逛街，成為一種優雅的享受。沿途會經過許多漂亮商店，像BURBERRY、JAEGER、KARL LAGERFELD等，還有許多必逛的像BANANA REPUBLIC、J.CREW、GUESS、ZARA、Superdry等國民品牌及潮流服飾，總而言之，這條街上風情萬種，左右兩側商店都是值得一再欣賞、花時間採購的地點。

攝政街附近的卡納比街（Carnby Street），是年輕人喜歡購物聚集的小天地，這條短短的小巷弄，有著年輕人最喜歡的潮流品牌，像是PYLONES、MONKI、WeSC、OFFICE、VANS等等，每一家店都很有個性，逛起來充滿潮流韻味，商品多到爆，不買就是對不起自己。

皮卡地里圓環另一頭是皮卡地里街（Piccadilly Street），這條街上的風情跟攝政街差異有些大，人潮明顯少了許多。然而人潮少，並不代表無聊，走起來反而更自在悠閒；這條街上還年輕女性喜愛的Cath Kidston，店內商品種類眾多，從生活用品類到手提包款，都是以繽紛的花布來製作，買起來心情也跟著飛揚。此外，聖詹姆斯教堂（St James's Church）廣場前方，每天會舉行小型露天拍賣場，許多令人眼睛一亮的手工藝商品，全在這裡找得到，可滿足遊客想尋寶的小確幸。

夢幻拱廊街，看見The Good Old Days

皮卡地里街上更引起我注意的是多家復古拱廊小店，像PRINCES ARCADE、BURLINGTON ARCADE、PICCADILLY ARCADE，走進去這些復古小店，讓人彷彿踏入時光隧道。每家小店空間都不大，細數有珠寶店、西服店、古董店、家具店、瓷器店等，都別具典雅氣氛。這裡是倫敦5、60年代主要的購物大街，在垂掛的復古吊燈映照下，呈現出夢幻的視覺感受，踩著優雅的步伐，欣賞每一家小店鋪，感覺棒呆了。最後需要注意的是有「英國女王雜貨鋪」之稱的FORTNUM & MASON，這家超過300年歷史的食品百貨，從奢華的香檳、小點心、

蜂蜜到最受到英國人最青睞的各式茶飲，這裡通通買得到，是來倫敦必買的伴手禮。

　　至於萊斯特廣場周邊的人潮，只能用「多」來形容，因為這裡聚集了多樣遊客最喜歡的事物，這裡電影院多、餐廳多、酒館多、商店更多，甚至連街頭表演也夠多，就是這麼多樣化的多，讓萊斯特廣場從白天到夜晚，一直被人群所包圍。這裡聚集了近40家的電影院與劇院，又大又搶眼的廣告看板，讓該地區充滿了想要花錢玩樂的誘惑力，無論是想看戲或閒逛購物的人潮，都會像潮水般湧入萊斯特廣場附近。逛街逛累了，巴肚腰，請前往附近的中國城（China Town），品嘗烤鴨、燒肉或飲茶，撫慰思鄉的味蕾。

皮卡地里圓環與皮卡地里街

Piccadilly Circus & Piccadilly Street

皮卡地里圓環（Piccadilly Circus）是倫敦遊客必定會造訪的地標，其代表性就如同時代廣場之於紐約那樣；有趣的是，兩地都有許多大型看板及霓虹燈圍繞，因此，皮卡地里圓環又有「倫敦時報廣場」之稱。周邊許多大型的電子活動看板，白天看來並不特別突出，可是每到夜幕低垂，這些看板就變得相當搶眼；不斷跳動閃耀的廣告，緊抓遊客目光，正因如此，讓這個由五條重要幹道的交會而成的圓環，從白天到夜晚，一直有大量遊客穿梭。

皮卡地里圓環的位置十分關鍵，它與熱門的購物大道——攝政街相連（若沿著攝政街繼續往北走，就可抵達另一處熱門血拚聖地——牛津圓環）；而圓環的另一頭則連接皮卡地里街，也是值得閒晃的路段。如果你朝Shaftesbury Ave.方向走的話，那是另一處熱鬧地段，匯集了多家劇院，能讓你好好欣賞多部知名的音樂劇，附近還有中國城，可痛快大啖平價的中國菜。

饒舌地名的由來

當初我也很好奇這裡為何叫「皮卡地里」，據說這地名源自17世紀的裁縫師Robert Baker，他因販售穿起來有型帥氣、被稱為Piccadill的硬衣領，在貴族圈十分轟動，讓這位裁縫師賺進大筆鈔票，於是他蓋了一棟稱為「Piccadilly Hall」的房子，於是就有「皮卡地里」的稱號了。

◇◇◇◇◇◇◇◇◇◇
皮卡地里圓環
搭乘Piccadilly線地鐵，於Piccadilly Circus出站。

皮卡地里圓環上，主要地標是一座融合了現代與古典風格的噴泉，興建於1819年，這座噴泉頂端站著一個銅像天使，名叫伊羅士（Eros），它身上有著一對很顯眼的巨大翅膀，手持弓箭，展現單腳站立的生動姿態，這雕像也被稱為基督徒的慈善天使，當初是為了紀念維多利亞時期的慈善家Shaftesbury而建造，許多遊客都喜歡坐在噴泉下方的台階東看看、西瞧瞧，互相欣賞大家在做些什麼，但最重要的，還是在此暫時歇歇腿，往下一個目標做準備。

從皮卡地里圓環往皮卡地里街方向走，就來到一條飄散著摩登古典風情的街道，街上歐式建築處處充滿了浪漫氛圍。首先進入眼簾的，是街上一家超大的書店——WATERSTONES，這是倫敦最具風味的連鎖書店，店內陳設了當今倫敦最受矚目的焦點新書；此外，聖詹姆斯教堂（St James's Church）的前方庭院，每天都會舉辦露天拍賣場，會隨著不同日子販賣手工或創意類型的商品，可滿足遊客想尋寶的小確幸。

穿越時空的復古拱廊街

這條街上也有許多像是BARBOUR、TIGER OF SWENDEN等值得走訪的商店，除此之外，我覺得這條街上最值得一提的特色，是像王子拱廊街（PRINCES ARCADE）、柏林頓拱廊街（BURLINGTON ARCADE）及皮卡地里拱廊街（PICCADILLY ARCADE），這種充滿復古情調的拱廊商店街，裡頭有著諸多家漂亮的小店鋪，天花板上垂吊著充滿古典風情的英式吊燈，在小街裡投射出漂亮光芒。

我特別喜歡倫敦這類型的店面，它們都散發著優雅的風情，跟街上的名店走著不同的流行節拍；雖然店鋪都不大，但卻夠精緻、夠典雅、夠奢華。走過一家家西裝訂製店、領帶店、高級甜點店、珠寶店、瓷器店等店鋪，彷彿進入百年前的風景；在瀏覽某些珠寶小舖時，甚至會覺得自己必須穿著正式西裝前往消費才比較得體。在這充滿韻味的復古拱廊街，彷彿是一段昔日時光，被暫停在那最美好的年代，我踩著優雅的步伐，欣賞每一家小店

◇◇◇◇◇◇◇◇◇◇◇◇

皮卡地里圓環

搭乘Piccadilly線地鐵，於Piccadilly Circus出站。

　　鋪，感覺真的很棒！這類型的拱廊街可說是倫敦最大特色的商店街，記得千萬不要錯過。

　　知名的FORTNUM & MASON食品百貨也在大街上，大批遊客進進出出，可說是皮卡地里街上最忙碌的一家店；擁有300年歷史的FORTNUM & MASON，過去曾是皇室食品雜貨店，現在則變成人人買得起的食品百貨，從各類型小點心、茶葉到蜂蜜都買得到，一整棟超級好逛，絕對會讓你荷包失血。街上還有Cath Kidston的旗艦店，相信許多女生來英國就為了這個，店裡商品種類眾多，各類生活用品、包包、廚房用具等，看到眼睛都要花了。當然最搶手的仍是印有漂亮印花圖騰的防水油布包，總吸引著喜歡英國鄉村風的遊客搶購。

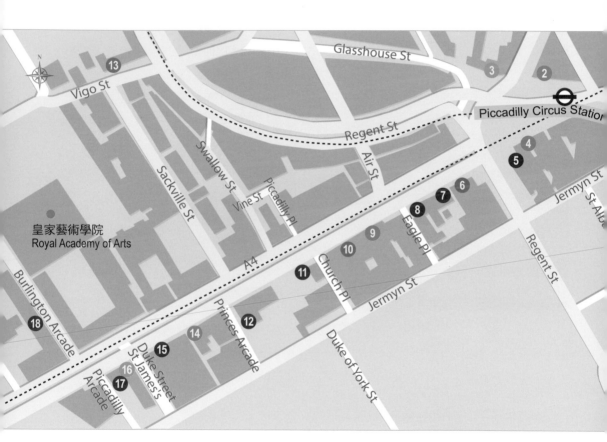

1. CROWN GIFT
2. Ripley's Believe It or Not! London
3. Boots
4. CRITERION THEATRE
5. Lillywhites
6. CICCHETTI
7. BARBOUR
8. TIGER OF SWEDEN
9. Waterstones
10. KAHVE DÜNYASI
11. St. James's Church（聖詹姆斯教堂）
12. PRINCES ARCADE（王子拱廊商店街）
13. STARBUCKS（星巴克）
14. Hatchards（哈查茲書店）
15. FORTNUM & MASON
16. Cath Kidston
17. PICCADILLY ARCADE（皮卡地里拱廊街）
18. BURLINGTON ARCADE（伯靈頓拱廊商店街）

01 CROWN GIFT
讓你不再煩惱該買什麼紀念品

　　走在倫敦的街上，會發現許多販賣紀念品的商店，位於車水馬龍的皮卡地里圓環附近的CROWN GIFT就是很獨特的一間。我想這種類型的商店，是遊客最貼心的好友！因為店裡把你想要贈送朋友，或自己想要的商品全都網羅，甚至為了招攬顧客，還在門口加派了充滿喜感的店員，吸引遊客跟他拍照後，自然就會進入店內東逛西買。老實說，我還挺愛逛這類型商店，因為從印有英國國旗的馬克杯、T恤、多種造型的英國茶、英國熊玩偶、漂亮生動的女王瓷偶、到實用性的雨傘、太陽眼鏡都有，除非你是誓死都不肯掏出英鎊的鐵公雞，否則很難找不到自己喜歡的商品呢！

INFO
地址：Trocadero Centre, 7 Coventry St
電話：020-7439-9477
營業時間：09：00～22：00（Mon-Sun）

02 Ripley's Believe It or Not! London
信不信由你！

　　雷普利（Robert Ripley）是一位很有好奇心的冒險家，他走遍世界各地探索難得的新奇事物，所以位於圓環附近的「雷普利的信不信由你博物館」，自然也充滿令人好奇的各類展品。還沒進入博物館，你先會看見店門口站了個超高挑的巨人在門口招呼，當然他不是真有那麼高，而是裝了機關在裡頭。在這個博物館裡，你還能看見許多不可思議的畫面，包括另類的藝術作品，像從食品、塑料餐具、烤麵包、火柴等常見的東西，拼湊出我們熟悉的偉人面孔，還有亞馬遜流域真正萎縮的小人頭標本。遊客也能看到不同文化對於美麗的定義，像婦女可在脖子上套上25個黃銅環、不斷成長的巨人，全都是新鮮有趣又長智慧的內容（當然也有許多有些噁心的東西），有興趣的朋友不妨來到這裡探險一下！

INFO
地址：The London Pavillion, 1 Piccadilly Circus
電話：020-3238-0022
營業時間：10：30～24：00（Mon-Sun）

03 Boots
英國版屈臣氏

英國開架式品牌Boots，可説是無論走到那個商圈，都會不斷遇見的一間藥妝店。來倫敦旅遊時，我很喜歡來Boots購買這段期間需要使用的洗髮乳、沐浴乳等清潔用品，畢竟來到倫敦當然要來Boots採買，即使用不完還能帶回台灣當紀念品；店內還販賣很多台灣不曾見的商

品，像是fcuk、Alpecin、Fish等品牌。Boots除了有多樣化的清潔用品，女生還可在Boots裡找到很多化妝品，像是No7（Boots自有品牌）、benefit、bareMinerals、thisworks等等，產品多樣化，很多商品很罕見，價格也平實，所以常會發現許多亞洲女生在店內猛看猛逛。至於為何要特別介紹位於皮卡地里圓環的這家Boots？主要是因為它位處於圓環色彩鮮豔的廣告看板下，令你很難去忽視它的存在，我甚至在口渴時，也習慣跑去店內買瓶飲料。Boots可以説對我這種在旅行倫敦的遊客，幫助真的很大。

INFO
地址：44-46 Regent Street
電話：020-7734-6126
營業時間：08：00～23：59（Mon-Fri）、09：00～23：59（Sat）、12：30～18：30（Sun）

04 CRITERION THEATRE
不可錯過的經典舞台劇

位於皮卡地里圓環附近的「標準劇院」，近年來長期演出緊張大師希區考克的作品《THE 39 STEPS》，這是部經典間諜片所改編的舞台劇作品，是由英國知名劇作家Patrick Barlow及導演Maria Aitken根據希區考克作品以及愛爾蘭著名小説家John Buchan筆下的小説改編而成，自2006年在倫敦公演以來，受到大眾熱烈歡迎，沒有華麗的佈景與道具，整齣戲只有3個男演員及1位女演員。劇中緊張刺激的特務劇情，搭配上英式幽默風格的表演方式，精心設計的對白、動人的戲劇張力以及快節奏的劇情，都讓到此欣賞過這齣舞臺劇的觀眾們，留下深刻的印象。從2016年起，劇院推出新劇碼，以吸引更多觀眾來欣賞。

INFO
地址：2 Jermyn Street
大廳入口地址：218-223 Piccadilly, Piccadilly Circus
電話：020-7839-8811
營業時間：10：00～20：00（Mon-Sat）、11：30～18：00（Sun）

05 Lillywhites
運動潮流商品看這裡

　　來到皮卡地里圓環附近購物，一定會發現位於一大棟歐式建築裡的Lillywhites。Lillywhites是家運動用品專賣店，雖然擺在一樓的多為球鞋類型（男鞋、女鞋及童鞋都有），但店內其實也賣流行靴子、平底休閒鞋等，當然還有專業戶外登山鞋及室內運動鞋；除了鞋類，你還能在店內發現很多運動服、休閒服、泳衣及帽子與配件等等。在女生的部分，商品更是齊全，最新的運動鞋款及服飾，還有漂亮的運動配件，應有盡有，可說是一家目標客群鎖定年輕族群的夯店。因為Lillywhites地點剛好位在皮卡地里圓環周邊，所以常會聚集相當多的人潮。

INFO
地址：24-36 Regent Street
電話：020 -844-332-5602
營業時間：09：30～22：00（Mon-Sat）、11：45～18：00（Sun）

INFO
地址：215 Piccadilly
電話：020-7494-9435
營業時間：09：00～23：00（Mon-Sun）

06 CICCHETTI
浪漫美食，讓人再三回味

　　位於倫敦精華地段皮卡地里圓環附近的CICCHETTI，是家知名度頗高的義大利餐廳，從街上的玻璃窗就能發現端倪，像懸掛高處的香料及火腿，還有櫥窗平面裡鋪了許多新鮮的魚類或海鮮，最前排則排滿了許多不同品牌的紅、白酒，看著光線透過玻璃窗，你彷彿也能從中聞出濃郁的義式料理風情。CICCHETTI店內陳設風格充滿浪漫情懷，採用簡約的大理石為主調，讓顧客到此用餐沒有壓力；餐廳強調它們每一季都會推出新菜單，而且是採用義大利當令的食材來入菜，如此完美的用餐環境與美味的食物，令人回味無窮，這正是CICCHETTI最吸引人之處。

07 BARBOUR
最帥氣實用的防水風衣

INFO
地址：211-214 Piccadilly
電話：020-7434-3709
營業時間：10：00～19：30（Mon-
Sat）、11：00～17：00（Sun）

從櫥窗就能感受到BARBOUR的巨大能量，裡面擺了帥氣的服裝及一輛吸睛的摩托車，呈現出帥氣摩登的視覺感受。BARBOUR在英國可是大名鼎鼎，它們的外套、風衣，十分受到英國皇室青睞，曾於1979年、1982年及1987年獲得女王、菲利浦親王與查爾斯王子三位的御用狀，其受王室寵愛程度不言而喻。説起BARBOUR的歷史，必須回到1894年，由於英國陰晴不定的氣候，John Barbour希望他的外套可以在惡劣天候下穿著，於是以戶外活動為最大訴求來設計，開始生產適合野外穿著的外套。

雖然深受皇室喜愛，但BARBOUR的知名度卻遠不及BURBERRY或Aquascutum，應該是跟前二者皆走向時裝，而行事低調的BARBOUR卻以實用性為主有關，彼此的發展自然也就大不相同。

08 TIGER OF SWEDEN
北歐平價時尚

INFO
地址：210 Piccadilly
電話：020-7439-8491
營業時間：10：00～19：00（Mon-
Sat）、12：00～17：00（Sun）

北歐瑞典知名時裝品牌TIGER OF SWEDEN，或許我們對於該品牌較陌生，但如果機會到北歐，就會不難發現TIGER OF SWEDEN門市四處林立。其實無論是設計風格或服裝的材質用料上，都不輸給國際大品牌，在價格上卻又便宜許多，是值得去參觀一下的精品。創立於1903年的TIGER OF SWEDEN，無論男女裝，都散發濃濃的瑞典傳統風韻，設計簡約而高雅大方，且色彩不浮誇；如果你也想購買一套帶有北歐風格的服飾或包包，那不妨來這家店裡逛逛；店面位於轉角處，沒有誇張凸顯的大門，只有低調的韻味，正是該品牌想要傳達北歐美感的最佳方式。

09 Waterstones
歐洲最大書店

如果你也是書迷，來到倫敦千萬別錯過這家位於皮卡地里街上的Waterstones書店，感受被書本包圍的樂趣。這家英國最大的連鎖書店，在倫敦有好幾間（皮卡地里街上的更號稱「歐洲最大書店」），但每家風格皆不同，如果時間允許，走走逛逛、聞聞書香又何妨？在1930年代，當時的民眾把來Waterstones買書當成是種樂趣及享受，雖然物換星移，手機平板興起導致書本銷量嚴重下滑，但對於喜歡閱讀的朋友，這也不成什麼問題吧！

在這棟規模巨大、6層樓高的Waterstones裡，找尋自己喜歡的書本，根本像在城堡裡尋寶一般；還能在風格摩登簡約的咖啡區裡，亨受一杯香味濃郁的熱咖啡。如果幸運的話，說不定還會遇見知名作家在書店辦簽書會。因為你能夠想像的知名作家，幾乎都在此現身過囉！除了簽書會，這裡也常會舉辦活動，甚至「夜宿書店」也曾有過，想試試看嗎？

INFO
地址：203-206 Piccadilly
電話：020-7851-2400
營業時間：09：00～22：00（Mon-Sat）、12：00～18：30（Sun）

10 KAHVE DÜNYASI
你從沒喝過的土耳其咖啡

我們對於KAHVE DÜNYASI這品牌或許很陌生，但它可是土耳其人最鍾愛的當地咖啡館之一，如果去過土耳其旅行的朋友就會知道。2004年在土耳其開了第一家咖啡館，除了零售與批發咖啡豆外，也能在店內享用道地的土耳其咖啡；想不到才短短數年時間，KAHVE DÜNYASI就成為土耳其咖啡首屈一指的代表品牌，除了土耳其當地，更拓展到其他城市。KAHVE DÜNYASI所販賣的咖啡超過50種，無論喜歡哪一種口味，都能滿足愛喝咖啡的朋友。除了咖啡，店內也販賣巧克力和不同風味的巧克力甜點。如果你也對土耳其咖啡的滋味感到好奇，來到這家店內喝上一杯，就能明白箇中美妙。

INFO
地址：Unit 3, 200 Piccadilly, London
電話：020-7287-9063
營業時間：07：30～22：00（Mon-Sat）、08：30～21：30（Sun）

11 St. James's Church（聖詹姆斯教堂）
讓人驚喜的文創市集

走在皮卡地里街上，會遇見風格典雅的聖詹姆斯教堂，這座教堂屬於聖公會教堂，由 Sir Christopher Wren（克里斯多佛·雷恩爵士）所設計。教堂的外觀採用紅磚及波特蘭石所建造，內部三面為方形柱子支撐的拱廊，教堂的中殿用科林斯柱當作支撐。這座教堂在1940年，第二次世界大戰時曾遭德軍轟炸而嚴重毀損，歷經不斷重建才有今日樣貌。聖詹姆斯教堂裡除了固定舉辦教會活動，也會舉辦音樂會，吸引更多信眾前往。為何需要在此特別推薦此教堂呢？主要是聖詹姆斯教堂前院裡，每日都會有市集活動，也就是 Piccadilly Market（皮卡地里市集）。教堂藉由攤位租金的收益，來進行活動的推動，並收取教堂維護的經費支出。

這活動最早於1981年時是皮卡地里藝術節的一部分，主要展出手工藝品，3年後開始每週皆有舉行，且攤位規模越來越大，現在更是天天有得逛，只是依照日子不同，販賣不同類型商品。這個市集主要販賣的商品多為手工製品、各類繪畫及木雕等藝術品，還有許多來自印度、埃及、非洲及等富異國文化風格的商品。我個人覺得趣味橫生，在神聖隆重的教堂前，每間紅色屋頂的攤位，以懸掛英國旗幟相連接，攤位整齊不混亂；走到這條街上逛街時，不妨稍做停留東看看、西撿撿，意外的驚喜常常是來到倫敦購物真正的樂趣。

INFO

地址：197 Piccadilly
電話：020-7734-4511
食物市集：（Mon, 11：00～17：00）
古董及收藏市集：（Tues,10：00～18：00）
藝術與手工製商品：（Wed-Sat, 10：00～18：00）

12 PRINCES ARCADE（王子拱廊商店街）

超乎想像的精緻英倫服飾

走進王子拱廊商店街（PRINCES ARCADE），似乎遠離了大道上的喧鬧，這裡是自成一格的購物中心，嗯！應該可以這樣形容才對。走進這個購物中心你可以放緩腳步慢慢逛，畢竟他們強調PRINCES ARCADE要提供給高端消費者不一樣的舒適感受。走進商店街裡，果然能真實體會到一股高貴典雅的氛圍襲來，每一家店面雖不大，但精緻豪華就是他們的一致風格，所販賣的商品也是融合了古典與現代，充滿英式的浪漫感受。

裡頭的店家SMART TURNOUT，專門製作傳統英式風情服飾，它選用最好的質材與設計，讓男顧客買到最棒的襯衫服飾及配件。而專門經營背心與繡花、絲綢領帶的Andy & Tuly，店內還販賣漂亮珠寶呢！至於BAKER則是一家超過百年的英國傳統鞋店，採用精挑細選的優質皮革，及手工製作最好的樣式。若想體驗一下英式紳士的穿著，那不妨來THE LEFT SHOE COMPANY這家鞋店一探究竟，店家為顧客量身訂製最適合的鞋款，從皮革、顏色、鞋底到設計，全都可先跟匠師溝通，相信一定能打造出一雙最適合你個人的英式風格鞋款。

INFO

地址：192-196 Piccadilly & 36-40 Jermyn Street
電話：020-7484-8152
營業時間：09：00～19：00（Mon-Sat）、10：00～17：00（Sun）

13 STARBUCKS（星巴克）
走累了？歇歇腿吧

INFO

地址：2-3 Conduit Street
電話：020-7493-9750
營業時間：06：00～21：00（Mon-Sat）、07：30～20：00（Sun）

來到倫敦逛街逛到腿酸時，最常歇腿或上廁所的地方當然就是星巴克，或許你會覺得星巴克有什麼好介紹？但我只能說，這家位於倫敦的星巴克，整體氛圍還真是了不得！從美國來到倫敦的星巴克，店內的裝潢也徹底變裝，一走進咖啡店內，迎面而來的是大型水晶吊燈，營造出舒適古典的氣息，昏黃的光線讓人沒有壓迫感，甚至連沙發也是刻意訂製，充滿歐式風情，我覺得光是坐在裡頭喝咖啡，氣質彷彿也提升許多。有趣的是，坐在這般高貴典雅裝潢的店內，享用一杯熱拿鐵的價格跟台灣差不多，感受卻完全不一樣。所以來到倫敦，我仍是很鼓勵到星巴克坐坐，因為每一家的裝潢都各具特色，值得入內一探究竟。

14 Hatchards（哈查茲書店）
倫敦最古老的書店

　　記憶中的英國老書店是什麼模樣呢？走一趟超過200年歷史的Hatchards就能見分曉。在皮卡地里大道上的這家書店，是擁有悠久歷史Hatchards，最早營業始於1797年，它彷彿時間靜止般座落在這條繁華的大街上，昔日是貴族熱愛前往的書店，並為女皇與王室提供專業用書。在書店的大門上方，能見到皇室御用的徽章，代表著它光榮的過往；書店整體外觀以深色木框打造，充滿英式古典風味。書店總共5層樓，包括上面4層與地下層，書店內所販賣的書籍琳瑯滿目，提供給需要給各類書籍的同好。昔日英國文豪奧斯卡·王爾德及拜倫等都是Hatchards的常客，而今日知名暢銷作家J.K.羅琳，也曾在此辦過簽書會。雖然書店現在經營有些困難，但這家老書店卻見證了歷史的過往，比更多名人長壽。如果你也想感受一下老書店的店內風華，Hatchards就是你必到之處。

INFO
地址：187 Piccadilly
電話：020-7439-9921
營業時間：09：30～19：00（Mon-Sat）、12：00～18：00（Sun）

15 FORTNUM & MASON
令人陶醉的幸福氛圍

座落於皮卡地里街上的FORTNUM & MASON，是家擁有300多年歷史的食品雜貨店，看它建築外觀的輝煌規模便知道，在過去的客群，可非一般平民百姓，而是皇家貴族及達官顯要們。商品從奢華的香檳、小點心、蜂蜜，到最受到英國人最青睞的各式茶飲，這裡通通買得到。

FORTNUM & MASON百貨一共有4個樓層（還有一層是地下室），入口處皆有穿戴整齊的服務人員為顧客開門，一進門就享受到尊榮服務。我記得第一次來FORTNUM & MASON時，是抱持好奇心態進來閒逛，購物空間的上方，垂掛著復古水晶吊燈，昏黃光線營造出優雅復古感，我踩著厚實的紅色地毯，手提菜籃東望西瞧，看著架上陳列出令人垂涎的糕餅或精緻果乾，以及遊客搶購的各式茶包。看著大夥卯起來買，我內心也很慌，不知道該如何買得正確又順手。

逛著逛著，我看到喜歡野餐的英國人最愛的野餐籃，茶具、茶品、果醬與點心滿滿地擺放在藤製籃子裡，光看就令人醉心了！也開始想像，如果我買了這籃子到海德公園去野餐，光想像那情景，就令我幸福到快要融化了。我還見到各類型的茶葉，紙盒裝、鐵盒或散裝等各式包裝，琳瑯滿目，還沒仔細看清楚茶葉名稱，就開始狂掃，我邊拿心裡邊想，「每一款茶外包裝都是設計精品，還沒喝到，光看，就暈了。」

建築的中庭有座迴旋梯通往樓上與地下室，扶著樓梯上樓，那裡擺放了許多英國知名的餐瓷，其中也有FORTNUM & MASON自己設計的茶具，完全不遜色於一旁的英國國寶WEDGWOOD瓷器，好看的不得了；在這樓層角落，還有家小餐廳，裡頭可享用英式下午茶，許多遊客特地前往就是想體驗價格不斐的FORTNUM & MASON的英國午茶了。

百貨最高樓層是專賣香水與精品的區域，我想業者認為吃飽喝足後的顧客，總該再來買瓶香水或精品包，才算最完美的結尾。逛完了精品樓層，我又回到第一樓，開始抉擇哪些是拿錯的或需要多買的FORTNUM & MASON茶葉，看來看去，最後我捨棄那些包裝精美的鐵盒茶葉，入手的仍是最有名的基本款「Earl Grey Classic」，

一想到在家中就能泡著FORTNUM & MASON的香氣濃郁的茶包，享受一分便宜的英式浪漫，那種喜悅就相當完美！

INFO

地址：181 Piccadilly
電話：020- 845-300 -1707
營業時間10：00～20：00（Mon-Sat）、
12：00～18：00（Sun）

16 Cath Kidston
甜美鄉村風情

INFO
地址：187 Piccadilly
電話：020-7439-9921
營業時間：09：30～19：00（Mon-Sat）、12：00～18：00（Sun）

總是營造出甜美鄉村風格的Cath Kidston，由Cath Kidston創立於1992年，在台灣擁有許多支持者，深受女性與小孩的歡迎。當初只是開在英國諾丁丘（Notting Hill）的一家小店鋪，專門販賣花布、家具及風格較古典的器具。後來Kidston靈光乍現，將英倫傳統的鄉村風格的可愛印花轉換到商品上，進而成為大受歡迎的品牌。Cath Kidston常運用溫暖又活潑的創作元素，走訪位於皮卡地里的旗艦店門市，空間雖寬敞，但即被密密麻麻的復古玫瑰、可愛的小圓點或田園小昆蟲所包圍。

在倫敦，Cath Kidston專賣店不少，且店內商品種類眾多，從廚房內的用品，如半身裙、水杯、馬克杯、餐盤，到衛浴、寢具，隨身的大小手提包、零錢包、雨傘都有，也都是花花草草的甜美風格；至於材質，除了最受歡迎的防水布料，還有許多棉質樣式也很令人心動，看多了還真有點頭昏眼花。無論如何，來到倫敦購物，一定得買買Cath Kidston的商品才算及格！因為這裡價格更便宜，而且款式更多，還會有折扣商品，一個零錢包打完折才300多元，這樣令人醉心的售價，不買著實可惜，買回來送人也絕不失禮！

17 PICCADILLY ARCADE（皮卡地里拱廊街）
芥末，也能包裝得很優雅

　　皮卡地里拱廊街同樣位於皮卡地里街上，這條拱廊街連接了Piccadilly以及Jermyn Street，自1910年開始營業，至今超過百年的歷史。這條不算長的拱廊街裡共有20家商店，有復古的首飾店、或是手工剪裁的背心店，也有古董店及風格獨特的禮品店。為了符合挑剔顧客的需求，它們秉持顧客至上的原則，強調最好的品質，提供給顧客最好的服務。

　　我先逛到MAILLE這家店，它是法國第戎區最大的芥末生產商，也是法國芥末醬的領導品牌，買他家的芥末，就能直接在肉類料理上調味增添香氣與口感，而且店面風格優美精緻，從外頭根本看不出是家專賣芥末醬的店。另一家要推薦的是男裝服飾店FAVOURBROOK，從窗外即可見到裡頭掛滿各式背心，許多款式還採用刺繡方式來繪製花鳥圖騰，細膩的手法讓這件背心優雅滿點；他家所設計的服裝，就是要讓人穿出英國紳士的溫文儒雅，害我心動到很想買一件來穿穿看，但價格也很驚人，最後只好作罷。

　　走出拱廊街，會看到一尊Beau Brummell（花花公子布魯梅爾）的雕像，他是十八世紀末英國知名的服裝設計師，首先引進現代男性西裝並配帶領帶，當時他的好友是攝政王，我想他的雕像被放在這裡，意味著男性必須重視自己的穿著打扮，而看他一身正式長尾服，就能遙想當年英國男子對於自己外表重視的情況。

INFO
地址：Piccadilly Arcade
電話：020- 7647-3000
營業時間10：00～20：00（Mon-Sat）、12：00～18：00（Sun）

18 BURLINGTON ARCADE（伯靈頓拱廊商店街）
濃厚的懷舊風情

富有維多利亞風格的伯靈頓拱廊商店街（BURLINGTON ARCADE），也位於皮卡地里街上，在19世紀中期時，就已經是歐洲知名的購物街。最早是由初代伯靈頓伯爵George Cavendish下令修建，並於1819年正式營業，至今將近有200年的歷史。起初興建的目的，是為了銷售珠寶、首飾等各類時尚物品，以滿足大眾的需求。

拱廊上方是透明屋頂，陽光從上自然灑落，讓拱廊街裡也顯得明亮。走進這條風格優美的拱廊商店街裡，宛如走進時光隧道；我踏在紅色地毯上，步調也自然慢了下來，好像有點在走星光大道的虛榮感，覺得這些店家琳瑯滿目的商品，需要花更多心思去欣賞。

商店街早期兩旁獨立店家共有72間，現在則減少到40間商店，我看到了許多訂製皮鞋店、珠寶店、古董

店及多家服裝訂製專賣店，還發現來自巴黎的精緻甜點店LADURÉE，豪華的特色櫥窗裡，有著猶如藝術品般令人的垂涎糕點。

而HARRYS是一家販售服飾、配件、皮件的精緻小店，並以兼顧傳統與創新的製鞋技術為客人製鞋，給顧客時尚、舒適的鞋款。Sermoneta gloves則是手套專賣店，想要化身紳士或貴婦，一套好的手套在英國是必備品，而這裡就有由義大利最好的工匠製作的手套，有牛皮、羊皮、絲絨等材質。HOUSE OF CASHMERE是一家專賣高級羊毛男女服飾專賣店，服裝款式眾多，無論是自己買來穿或是當作禮物贈送，都是相當棒的選擇。另一家讓我駐留欣賞很久的店面是TESSIER，玻璃櫃裡滿是令人心動的珠寶與鑽石，開店於1812年的TESSIER，所陳列的昂貴珠寶，讓人感覺到一股濃濃懷舊風。

此外，在伯靈頓拱廊街裡，還有身穿傳統制服的巡邏（據說最早的巡邏是由伯靈頓伯爵的第十皇家騎兵團退役成員負責），我還看見有人在狹小街道上擦鞋，真的很難想像倫敦現在還有負責擦鞋的人員，這也是拱廊街的特色，讓我經歷了一段最美好的舊夢時光。

INFO
地址：51 Piccadilly
電話：020- 7493-1764
營業時間10：00～20：00（Mon-Sat））、12：00～18：00（Sun）

攝政街
Regent Street

無法否認，攝政街是我非常喜歡逛的一條街，無論從Piccadilly Circus站下車走過去，或從Oxford Circus繞回來，我也曾在某個白天，從東逛到西，晚上再從西走向東，左右兩邊各逛一遍。因為這條漂亮典雅的購物街，由諸多建築組合成優美弧形線條建築，展現出這條攝政街專有的摩登姿態，猶如法國巴黎的香榭麗舍大道般的受到遊客喜愛；街上聚集了我青睞的諸多品牌，讓這條街道魅力四射。因為走紅，攝政街也常被廠商看上，舉辦大型的「包街」活動，此外，在接近耶誕節時，整條大街也會被裝飾的無比燦爛，閃爍著令人炫目的霓虹燈。

絕無冷場的摩登購物大道

攝政街的品牌店面都很寬敞，逛起來不會有壓迫感，店員的態度也相當親切，增加消費者購買動力。街上有諸多國民品牌像BANANA REPUBLIC、GAP、ZARA、Calvin Klein Jeans、GUESS、Superdry Store、J.CREW、TOMMY、Clarks、和時尚品牌BOSS、JAEGER、BURBERRY、BOSE，除了國際精品，街上還有我每到必逛的超大玩

具店Hamleys，這間充滿童趣的百貨，總能贏得各國大小朋友的歡心，所以逛這條購物大道一路沒有冷場、全都十分精彩；如果你又適逢打折季來的話，不掏出幾張英鎊來擺平，是很難全身而退的。

　　這回我還發現攝政街上一家超大的「HOLLISTER」專賣店，這隻海鷗從美國飛來這裡，進入店裡，店內風格走著「Abercrombie & Fitch」那種烏漆抹黑的夜店風情，震耳欲聾的舞曲，讓人恍如來到夜店裡購物；大型液晶看板播放著翻滾的海浪與浪花聲響，而迷宮式的購物空間，讓我一走進去幾乎快迷路。還好有一盞大水晶燈垂掛在大門口指引路線，過程中我也看了一些T恤售價，算一算這裡所販賣的價格，果真不便宜，所以先讓我先出去清醒一下，再考慮是否要購入。

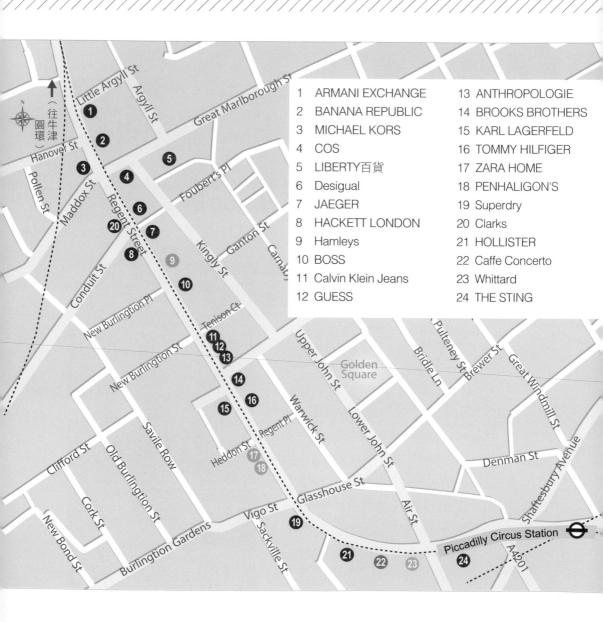

人氣店家 攝政街 Regent Street

1 ARMANI EXCHANGE
2 BANANA REPUBLIC
3 MICHAEL KORS
4 COS
5 LIBERTY百貨
6 Desigual
7 JAEGER
8 HACKETT LONDON
9 Hamleys
10 BOSS
11 Calvin Klein Jeans
12 GUESS
13 ANTHROPOLOGIE
14 BROOKS BROTHERS
15 KARL LAGERFELD
16 TOMMY HILFIGER
17 ZARA HOME
18 PENHALIGON'S
19 Superdry
20 Clarks
21 HOLLISTER
22 Caffe Concerto
23 Whittard
24 THE STING

01 ARMANI EXCHANGE
平易近人的ARMANI副牌

位於牛津圓環附近，攝政街上的這家ARMANI EXCHANGE門市，是目前全球最大的一家專賣店，於1991年正式開幕，主要瞄準新世代的年輕客戶族群，該品牌強調快速時尚的風格，廣受年輕族群喜愛，當然也包括我在內！創辦人Giorgio Armani也說過：「ARMANI EXCHANGE已成為我們最具活力的系列品牌。」他希望這是個能提供音樂文化及都會生活靈感的服裝品牌，而這家門市的裝潢風格確實也符合這個構思，它採用全新的零售概念，包括入口處採用全新半透明的彩繪玻璃，並標示了大大的A／X的標誌，而店內超高的電視牆則不斷播放著最新的流行服裝訊息，讓整家店充滿熱情與活力，是間很好買又氣氛不錯的店。

INFO
地址：244 Regent Street
電話：020-7479-7760
營業時間：10：00～20：00（Mon-Sat）、12：00～18：00（Sun）

02 BANANA REPUBLIC
美式都會時裝

BANANA REPUBLIC也是每回來到倫敦必買的品牌，這個知名的美國服飾中文名稱為「香蕉共和國」，名字很有趣。它創立於1978年，1983年被GAP股份有限公司所收購，並且被重新定位為較高價位的服飾品牌；銷售對象也瞄準男女白領階級，設計風格摩登、簡約，帶給人聰明卻低調的視覺感受。但BANANA REPUBLIC自認是很容易親近的品牌，能以實惠的價位提供給喜歡追求良好品質的都會人士。除了服裝外，更跨足到眼鏡、香水、保養品、珠寶等，至今全美國就有100多家的店鋪。至於倫敦這家店，店面雖不大，但服裝款式齊全，重點是常有折扣，我會在這裡買些襯衫或休閒褲，都是較實穿的款式，如果你也需要這類型服裝，就來這看一下。

INFO
地址：224 Regent Street
電話：020-7758-3550
營業時間：10：00～20：00（Mon-Sat）、12：00～18：00（Sun）

03 MICHAEL KORS
好萊塢女星的最愛

美國服裝品牌MICHAEL KORS，又稱「MK」，是由美國設計師Michael Kors所創立的同名時尚品牌，產品包括女用手提包、女鞋、男女裝、手錶、配件及香水等。大家對他可能很熟悉，因為他是美國實境節目《決戰時裝伸展台》的常座評審，19歲時就開始設計衣服，並在紐約FIT流行技術學院攻讀時裝設計；1981年，他開立了自己的女裝品牌MICHAEL KORS，更在1997年成為法國時尚名牌CÉLINE的女裝成衣設計師暨創意總監。許多好萊塢女星像珍妮弗·洛佩茲、海蒂·克隆也都喜歡穿他設計的服裝。崇尚自我的表達與與眾不同的風格，正是他的設計所要傳達出的精神，可說是美式奢侈生活風格的品牌代表。

INFO
地址：223 Regent Street
電話：020-7659-3550
營業時間：10：00～20：00（Mon-Sat）、12：00～18：00（Sun）

04 COS
細節體現流行趨勢

INFO
地址：222 Regent Street
電話：020-7478-0400
營業時間：10：00～20：00（Mon-Sat）、11：30～18：00（Sun）

來自北歐瑞典的服裝品牌COS（Collection of Style），創辦於2007年，算是很年輕的服裝品牌。當初創辦時的概念，是希望能注重成衣設計細節，並關注市場需求及合理的價位，因而成為大眾主流的品牌。攝政街上的這家店，是於2007年3月16日，由知名建築師William Russell設計的英國旗艦店。COS對於服裝材質相當重視，他們使用皮革、羊毛等天然材質，設計出別具風格的服飾。由於重視流行趨勢與細節，你會發覺COS的服裝無論是背心、襯衫或小禮服，都充滿現代感。COS並沒有自己的工廠，所有的服裝由大約60家的獨立供應商來負責，其中有80%是在歐洲生產，20%在亞洲，所生產的服裝比例3/2為女性，3/1為男性服飾。

05 LIBERTY百貨
童話中的夢幻城堡

位於熱鬧繁華的攝政街巷弄裡的LIBERTY百貨，是一大棟都鐸式風格的木造建築。我個人認為LIBERTY絕對是倫敦裡最典雅、最具風格的一間百貨公司，千萬記得來逛逛。因為不管從何種角度來欣賞LIBERTY，都覺得它彷彿來自格林童話般夢幻，怎麼看都是座漂亮又精緻的藝術品。這棟知名百貨擁有悠久的歷史，是由Aurthr Lasenby Liberty（亞瑟·萊森比·利伯提）創立，於1875年開業，起初主要進口日本、印度、爪哇等束方風情的織品布料與家用飾品起家。直到1892年，開始生產自己的布料（Liberty Fabric），為了與眾不同，LIBERTY設計專屬自己的花樣，並找來許多知名的服裝設計師合作，推出「Liberty Print」，後來這款花色布料成為舉世聞名的素材，無論是藝術價值或創意巧思都獲得廣大迴響，堪稱創舉。

我小心翼翼推開木頭製的大門，進入這棟童話世界

INFO
地址：210-220 Regent Street
電話：020-7734-1234
營業時間：10：00～20：00（Mon-Sat）、
12：00～18：00（Sun）

裡的城堡，迎面而來的是古典與夢幻揉合的感受。我先接觸到了香氛區，一陣陣撲鼻而來的香氣已經讓我暈頭轉向，我定神後凝視百貨陳設，滿眼盡是古樸木造建築，每層樓的高度不高，屋頂採透光方式設計，中庭處還有從屋頂垂掛而下的水晶吊燈，在淡淡光芒照射下，營造出優雅隆重的氣氛。我走在這棟活生生的古蹟裡，頓時也化身成英國紳士，因為每邁開步伐，腳下木質地板就會發出唧唧嘎嘎的聲響，為了要優雅，腳步一定得盡量放慢才行。

　　LIBERTY百貨販賣的商品有服裝、配件及化妝品，雖然都是外面可見的大牌子，但擺在這裡氣質整個就不同。為了看清LIBERTY百貨全貌，我搭乘復古電梯直上最高樓層，這一層主要是販售家具，許多風格典雅的老家具也全在這裡。在過去如果能來LIBERTY購買家具，就是身分的象徵；今日我有幸不花一毛錢，就能東看西摸這些美好年代的家具，內心略感激動。在這裡我見到MASON CASH、HOUSE OF HACKNEY、MOORCROFT、Emma Bridgewater、ibride等品牌，古董家具擺得滿滿的、連走道也都擺滿商品，我擔心碰觸瓷器花瓶，走得格外小心翼翼。

　　接著往下來到賣布料的樓層，這可是一般百貨不會出現的商品，許多印花布料或相關商品讓我看得眼花撩亂，就如同前面所言，LIBERTY百貨是以布料起家，所以仍有許多主顧客會到此購買布料，以珍惜那段百年來悠久的美好時光。我慢慢閒逛，逛完就從木製樓梯下樓，樓梯間垂吊著風雅的復古式吊燈，氣氛十分舒服，而這趟復古風濃郁的LIBERTY之旅，是多走幾趟也不嫌膩的時光隧道之旅。

06 Desigual
來自西班牙的奔放情懷

西班牙國民品牌服飾Desigual，熱情奔放的服飾風格，深受歐美人士喜愛。或許台灣人比較陌生，但這可是前阿湯嫂Katie Holmes、巴西超模Adriana Lima的愛牌。Desigual於1984年在西班牙巴塞隆納創立，至今已超過30年，目前在全球有超過400家店，亞洲的香港、日本、新加坡都有旗艦店；品牌口號「La Vida es Chula」，「就是要勇敢瘋狂，放手大膽」，強調我們應該追求生活裡每一刻的「歡樂、美好、獨特」，所以服裝風格也是走這個調調，採用大量的繽紛色彩、自然圖騰或以不同的刺繡等技巧，以妝點服裝的特點。此外，倫敦店為了宣傳，曾推出怪招：店內前100位排隊的顧客能夠免費得到品牌服裝，重點是必須要半裸排隊等候，如果是穿著內衣的顧客，也能用對折買到當季服飾，這樣的行銷策略，也確實達到行銷效果、打響了品牌知名度。

INFO
地址：218 Regent Street
電話：020-7494-3773
營業時間：10：00〜20：00（Mon-Sat）、11：30〜18：00（Sun）

07 JAEGER
風格多樣的高檔時裝

JAEGER是英國當地高檔時裝品牌，已有超過150年的悠久歷史，至今在全球一共擁有130多家門市，JAEGER最令人印象深刻的是麥桿標紋logo，主要的產品為男女時裝，後來還推出羊毛衫、裙裝、褲裝、頭巾等；20世紀初開始推出各類外套、裙子、套裝等，1996年推出運動品牌線。目前JAEGER的銷售市場仍以歐美為主，但也在全球許多地區均有銷售。值得一提的是創立於2007年的JAEGER副牌（Jaeger London），在服裝設計上使用更多活潑明亮的色彩，也常用鈕扣和羽毛的細節來裝飾服飾，風格吸引年輕族群，也跟JAEGER有了市場區隔。但JAEGER服飾仍是稍微正式的上班族風格，也有些是較休閒，如果你想多了解這個英國著名的品牌，來到倫敦時記得去逛逛。

INFO
地址：200 Regent Street
電話：020-7979-1100
營業時間：10：00〜20：00（Mon-Sat）、11：30〜18：00（Sun）

08 HACKETT LONDON
迷人英倫紳士風

英國男士風尚品牌HACKETT LONDON，憑著對服裝細節的敏感度與獨到品味，所推出的服飾，都成功營造出瀟灑、幽默的時尚感，讓人一看，就覺得一整個帥呆了！

HACKETT LONDON創立於1979年，當時Jeremy Hackett與友人一起，在倫敦的波特貝羅市集附近擺攤創業；時至今日，這品牌已從二手服飾供應商搖身一變，成功轉型為在歐洲知名度頗高的服裝精品。走進店內，一股迷人的紳士風情飄出；登上手扶梯，看見掛在牆面上的許多海報，紀錄著過往的歷史，商品陳列更是井然有序。我想HACKETT LONDON所設計的襯衫、背心、毛衣等等，就是有辦法做出真正英國紳士風格的典雅調調，那種懷舊卻又優雅的氛圍，也成功塑造出現代英國男性的魅力。

INFO
地址：193-197 Regent Street
電話：020-7494-4917
營業時間：10：00～21：00（Mon-Sat）、
12：00～18：00（Sun）

09 Hamleys
大人小孩都盡興的玩具天堂

位於攝政街上的Hamleys可說是遠近馳名，是不論當地人或遊客、大人或小孩都喜歡造訪的地點。這棟7層樓高的大型玩具店是由William Hamley所創辦，他從小就希望能開一家最棒的玩具店，並在1760年時就完成了這個夢想。超過255年歷史的Hamleys，如今已是倫敦最有名的玩具店，一到門口，就有裝扮可愛的店員在招呼兒童們，將這些小貴賓迎接進入玩具城堡。店內所販賣的玩具，從一樓可愛的絨毛玩具、益智類玩具、女孩辦家家酒類玩具、各類型芭比娃娃、男孩科技類玩具到大型玩偶都有；重點是，裡面的工作人員個個都相當投入，超熱情的呼招孩童試玩玩具，甚至還會唱歌、跳舞，歡樂氣氛縈繞在整間玩具店裡頭。我個人對於德國Steiff熊及帕丁頓熊十分喜愛，每次來都不會錯過，所以也在店內採購得不亦樂乎。

INFO
地址：188-196 Regent Street
電話：020- 371-704-1977
營業時間：10：00～21：00（Mon-Sat）、12：00～18：00（Sun）

10 BOSS
就是這麼MAN！

INFO
地址：184-186 Regent Street
電話：020-7734-7919
營業時間：10：00～19：00（Mon-Sat）、
12：00～18：00（Sun）

BOSS（Hugo Boss）是個大部分男人都知道，也喜歡的德國時尚品牌，是由Hugo Ferdinand Boss於1923年創立。70年代早期以銷售男裝為主，當時的設計風格就是要展露男性陽剛的一面，所以版型及風格上走的是一絲不苟的路線；到了80年代時，產品才開始多樣化，像倫敦這家店內所販賣的，就有高檔的男女裝、皮件、配件、手錶及香水等。

目前BOSS已於全球100多個國家開設專賣店，他們的成功哲學就如同他們所設計的服裝：「為成功人士塑造專業形象。」所以客群仍鎖定白領階級上班族。BOSS還依照風格區分成：風格正式的黑標（Black Label）、運動休閒的（Orange Label）及戶外功能性的（Green Label）。

11 Calvin Klein Jeans
凸顯線條、求新求變的牛仔品牌

我想喜歡CK Jeans的朋友應該都是迷上風格簡約的設計，還有那注重剪裁、彰顯線條的美感。這個品牌，也正因表現充滿活力與自信積極的形象，營造出摩登時髦的感受，而大受青睞。全美最具知名度的時裝設計師Calvin Klein，1942年出生於美國紐約，1968年創辦同名品牌，以高單價的時裝聞名。至於品牌又可區分成Calvin Klein（高級時裝）、ck Calvin Klein（高級成衣）、Calvin Klein Jeans（牛仔），所以可依照顧客喜愛選購。除了服飾類，我個人也極偏愛Calvin Klein的內衣褲、睡衣、泳衣、香水、眼鏡、家飾用品等，因為都有著摩登時尚的好風格。喜歡Calvin Klein Jeans的朋友記得來攝政街這家剛好位於轉角處的店面逛逛，由於圖案和色彩經常推陳出新，來到店裡總會發現新鮮貨。

INFO
地址：170 Regent Street
電話：020-3100-2900
營業時間：10：00～20：00（Mon-Sat）、12：00～18：00（Sun）

12 GUESS
給你最性感的曲線

最早從牛仔褲起家，由Marciano四兄弟成立於1981年的GUESS，也是大家耳熟能詳的服裝品牌。早期他們從法國南部來到美國發展，想不到卻碰上美國經濟蕭條；可是他們首次推出的「夢露式」緊身牛仔褲，穿起來翹臀又性感，竟銷售一空，而GUESS也因此而成立。因此GUESS牛仔褲才會在一般人的印象中，有著不可動搖的魅力。如今，GUESS已成為囊括男女時裝、童裝、泳裝、鞋款、香水、包包、行李箱的時尚品牌，至今GUESS的海報仍喜歡以性感的男女模特兒完美曲線，以及富性暗示的肢體互動為主，火辣辣的，也讓許多消費者永遠記住GUESS性感的一面。

INFO
地址：160-168 Regent Street
電話：020-7292-2830
營業時間：10：00～20：00（Mon-Sat）、12：00～18：00（Sun）

13 ANTHROPOLOGIE
藝術品般的櫥窗設計

美國時尚品牌ANTHROPOLOGIE，它的櫥窗設計總是吸引遊客的駐足，而進入店內宛如進入一家有著裝置藝術的商店一般，絕對會令你更加吃驚！身為URBAN OUTFUTTERS旗下的ANTHROPOLOGIE，成立於1992年，當初就是希望能走嬉皮摩登的風格來吸引大眾，所以創建者Richard Hayne將兩者的風格區別開來。ANTHROPOLOGIE店內所銷售的商品，以女裝、珠寶、配件及家具等為主，店內總帶有藝術氣息，希望能吸引對藝術偏愛的女性，進而將市場需求一網打盡。

INFO
地址：158 Regent Street
電話：020-7529-9800
營業時間：10：00～20：00（Mon-Sat）、12：00～18：00（Sun）

14 BROOKS BROTHERS
美國總統也穿這款

1818年4月7日，Henry Sands Brooks於美國紐約開設了一間名為H. & D. H. Brooks & Co.的服裝店；在他過世後，他4個兒子Elisha、Daniel、Edward和John順理成章地繼承了店的生意，並在1850年時將店名改為BROOKS BROTHERS（布克兄弟），所以招指一算，這個品牌已經有近200年的悠久歷史。BROOKS BROTHERS所販賣的服裝，包括男女裝及童裝，設計風格以商務人士為設計主軸，都是選用質感較好的布料，做出簡約大方的設計，而深受美國政治人物喜愛；像前總統羅斯福、布希及克林頓等人，也都喜歡穿BROOKS BROTHERS。

 INFO
地址：150 Regent Street
電話：020-3238-0030
營業時間：10：00～19：00（Mon-Sat）、12：00～18：00
（Sun）

15 KARL LAGERFELD
時尚界的傳奇

INFO
地址：145-147 Regent Street
電話：020-7439-8454
營業時間：10：00～20：00（Mon-Sat）、
12：00～18：00（Sun）

巴黎知名時尚設計師，同時也是藝術家及攝影家的Karl Lagerfeld（卡爾‧拉格斐），其知名度之所以那麼高，主要是因為他曾擔任法國時裝品牌CHANEL（香奈兒）與義大利時裝品牌FENDI的創意總監。1983年時他成為CHANEL品牌設計師，那時外界普遍不看好他，沒想到他硬是讓品牌大復活，令CHANEL成為目前最賺錢的時裝品牌之一，隔年就自創同名時裝品牌。在同名品牌中，Karl Lagerfeld將個人的喜好與個性，極盡的表現在他的創作上，像是合身、窄身、窄袖等特色，以及古典風情與街頭情趣相互結合而成的創新風格，全是它最大的特色與賣點。想一睹Karl Lagerfeld的設計風采，就不能不造訪一下這家店囉！

16 TOMMY HILFIGER
展現自我青春活力

INFO
地址：138 Regent Street
電話：020-7287-2843
營業時間：10：00～20：00（Mon-Sat）、12：00～18：00（Sun）

我個人超愛TOMMY HILFIGER，它曾經是歐洲年輕貴族的最愛品牌，設計中充滿陽光般的風采，有個性卻不張揚，只在部分細節作變化，就能讓人眼睛一亮。

美國時裝設計師Tommy Hilfiger於1985年創立自己的同名品牌，因為其自然不做作、簡約的時尚風格，與主打的青春動感活力，與美國的本土特色吻合，深受年輕朋友喜愛；加上品牌標誌與美國國旗雷同，也使得該品牌在美國民眾中有著正義良好的形象，成為時尚圈大家追逐的風格品牌。目前TOMMY HILFIGER旗下商品有男女服飾、牛仔褲、鞋子、配件、香水寢具等等，都有濃郁的美國特色；這裡也有多種台灣難得一見的款式，值得來店內採購一番。

17 ZARA HOME
讓你的家溫暖又時尚

記得第一次遇見ZARA HOME是在米蘭，當時就對店內價格平實的寢具、家飾及香氛十分喜愛，買了不少回國；如今來到倫敦的攝政街，再度遇見ZARA HOME，同樣令我滿心喜悅。ZARA HOME於2003年面世，設計團隊內共有3,500多位專業精英，緊跟室內設計潮流，每季都能設計出不同主題、且令人驚艷的各類商品；雖然只是日常用品，卻巧妙地融入時尚元素，讓喜歡玩玩居家布置的我，總能選到自己心動的商品。

攝政街上的ZARA HOME位於兩條路的轉角處，大門帶有拱門風格。我走到餐具區，看著風格各異的杯盤器皿，或擺在櫥櫃、或陳列在餐桌，營造出居家溫馨的視覺感受；我也喜歡它們的寢具，各種富異國情調的風格光看就覺得舒服。這家兩層樓的店總是會不斷地推出新商品，就等待喜歡居家布置的朋友來選購。

INFO
地址：129 Regent Street
電話：020-7432-0040
營業時間：10：00～19：30（Mon-Wed）、10：00～20：00（Thu&Fri）10：00～19：00（Sat）、12：00～18：00（Sun）

18 PENHALIGON'S
大文豪也為之傾倒的浪漫香氛

由William Henry Penhaligon所創立的
PENHALIGON'S（潘海利根），是英國著名的百年香水
品牌，或許我們對它有些陌生，但這個香水可是擁有皇
室貴族的優雅氣息。跟英國許多知名的經典品牌一樣，
在昔日輝煌的維多利亞時代，當時的紳士與淑女都喜愛
使用PENHALIGON'S的香水來增添個人的魅力，為生
活帶來更多的樂趣。大家千萬不要以為香水都是女性使
用，其實在那個年代，男性也是十分重視身體香味，那
代表禮儀與身分地位；為此，PENHALIGON'S除推出香
水外，還有香氛乳液、爽身粉、沐浴油、刮鬍膏等等多
種跟香有關的商品，項目齊全，在當時可是首屈一指。
PENHALIGON'S曾推出當時全世界第一套為男士設計的
梳洗配件，讓英國首相邱吉爾及大文豪王爾德都愛上這
套商品。由於受到皇室貴族的青睞，PENHALIGON'S曾
數度獲頒英國皇室御用狀，更成為英國皇室御用的理髮
師及調香師，所以來到倫敦當然值得一探究竟，畢竟這
是專屬於英國才有的特殊香氛品牌。

INFO

地址：125 Regent Street
電話：020-7434-2608
營業時間：10：00～19：00（Mon-Sat）、10：00～20：00（Thu）、12：00～18：00（Sun）

19 Superdry
英籍日系街頭潮流

近幾年休閒服飾大流行，昔日一些經典的國際品牌有退燒情形，取而代之的是設計風格強烈，更能表現自我性情的品牌。創建於2003年的Superdry（極度乾燥）就是箇中佼佼者，到目前為止，Superdry已經在全球超過20個國家銷售。許多朋友誤以為Superdry是來自日本的服裝品牌，原因出自於他們所設計的T恤或POLO衫，喜愛使用大量日文，濃濃的東洋味常讓人誤以為Superdry來自日本，其實它是純英國血統，只不過喜歡將日本街頭元素加入設計。在設計理念上，Superdry致力於創作「屬於未來經典」的服飾，採用優良的布料、重視剪裁，並講究合理的售價；集結以上的諸多優點，Superdry果然殺出一條屬於自己的大道，成為街頭潮流一隻猛獸，在服裝市場上以獨特姿態橫行，讓年輕人穿上Superdry字樣就是種漂亮的標誌。

INFO
地址：129 Regent Street
電話：020-7432-0040
營業時間：10：00～19：30（Mon-Wed）、10：00～20：00（Thu&Fri）
10：00～19：00（Sat）、12：00～18：00（Sun）

20 Clarks
英國百年好鞋

INFO
地址：203 Regent Street
電話：020-7734-1339
營業時間：10：00～20：00（Mon-Sat）、
12：00～19：00（Sun）

來到攝政街上會遇到一家英國百年皮鞋品牌，那就是大名頂頂的Clarks。這家於1825年以羊皮鞋起家的英國皮鞋品牌，也是英國女王的御用品牌，以舒適耐穿聞名於歐洲。當我第一次來到這家門市時，自然是毫不猶豫的進去逛逛！雖然這家Clarks不是倫敦最大，但是店內鞋款從男女用皮鞋、休閒鞋、靴子、涼拖鞋都有，樣式齊全，重要的是價廉物美，當下看到超興奮的，立馬買了一雙休閒鞋來現穿。雖然Clarks已有百年歷史，可是在追求最新設計及功能上仍不遺餘力，所以想找到一雙適合自己的鞋款並不難，只怕行李箱塞不了太多雙倒是真的；如果喜歡Clarks好穿耐操的品質，而且你想要的鞋款正在打對折，那就請立刻帶回台灣吧！我相信Clarks絕對是值得擠進你行李箱裡的第一雙英國鞋。

21 HOLLISTER
陽光衝浪風格，幽暗夜店風情

INFO
地址：83-97 Regent Street London
電話：0800-859-5920
營業時間：10：00～20：00（Mon-Sat）、12：00～18：00（Sun）

　　喜歡美國休閒服飾A&F的朋友，衣櫃裡應該也會有幾件HOLLISTER的海鷗T恤或襯衫吧！因為是A&F的副牌，所以在價位上相對低一些，HOLLISTER主要走著南加州海灘的衝浪風格，將沙灘上的陽光、藍天與海洋一網打盡成為創意元素。當我走進這家位於攝政街上的HOLLISTER專賣店，這隻從美國飛來這裡的海鷗果然很張揚，一進店內只見一盞大水晶燈垂掛在大門口，店內風格走著「A&F」那種幽暗的夜店風情，震耳欲聾的舞曲，讓人恍如來到夜店裡購物，大型液晶看板播放著翻滾的海浪與浪花聲響，在在強調HOLLISTER主打的衝浪風格。走在如迷宮的購物空間，幾乎讓人迷失了方向；在摸索中我也看上了一件T恤，只是價格還真是不便宜，不過台灣畢竟沒有這服裝品牌，如果想要這隻海鷗，也只能忍痛刷卡了。

22 Caffe Concerto
嚐塊精緻蛋糕再出發

INFO
地址：79 Regent Street
電話：020-7494-6842
營業時間：10：00～20：00（Mon-Sat）、12：00～18：00（Sun）

　　來倫敦逛街購物最重要的就是體力，因為購物大街很寬很長、想逛的店家又多又密，腿酸了就得找家咖啡店休息後再戰。這家位於街上的Caffe Concerto，販賣各種尺寸的義大利奶油蛋糕，從櫥窗擺飾可見到多款麵包，及風格優美動人的結婚蛋糕，應有盡有。Caffe Concerto內所販賣的蛋糕都是手工製作，只要你有什麼想法，能跟店家溝通，店家就能盡全力滿足顧客的需求。當然，我們來旅遊不是來訂結婚蛋糕，只要到氣氛優雅的店內，享受一杯濃郁的義式Lavazza咖啡或吃塊現烤三明治或麵條，就是恢復體力的好方法。不過這家店不算大，總是一位難求，如果想要一嚐好滋味，可得等待些時間了。

23 Whittard
英式茶品種類最多

　　英國名茶品牌Whittard自1886年在英格蘭創立，至今已有近130年的歷史，是世界唯一一家可提供400至600款不同口感的茶葉製作公司。Whittard在斯里蘭卡等地擁有許多大型茶園，除了大家最愛購買的茶葉伴手禮之外，還販賣多款製作細膩的茶具。目前在英國擁有130家的專賣店，也擁有許多擁護者。

　　Whittard非常著名的茶品有8種口味，分別是為錫蘭茶（Ceylon）、肯亞茶（Kenya）、英式早餐茶（English Breakfast）、大吉嶺茶（Darjeeling）、格雷伯爵茶（Earl Grey）、綠茶（Green Tea）、茉莉茶（Jasmine）、俄羅斯大篷車（Russian Caravan）。其中最值得一提的錫蘭茶為產自斯里蘭卡紅茶的統稱，錫蘭紅茶由於口感濃郁渾厚、風味絕佳，單喝或煮奶茶

都很香濃，也是最多人喜愛購買的茶款。至於大吉嶺茶產自印度，因為沖泡後淺金色的色澤與好口味而受到歡迎，也是值得購買的茶款。

　　店內擺滿各式各樣的茶款，超專業的，著實令人不知所措；我深怕店員跟我聊起茶經，所以自己繞到一旁去欣賞茶禮盒，有的還附泡茶器具，令人超醉心。我發現有些茶具、馬克杯，某些款式有打折，讓你不掏錢也難。對Whittard有興趣的人，不妨來店內多看看比較一下，哪種茶才是最適合自己喝的。

INFO
地址：65-67 Regent Street
電話：020-7437-4175
營業時間：09：30～20：00（Mon-Sat）、11：00～18：00（Sun）

24 THE STING
清新荷蘭風情

INFO
地址：55 Regent Street
電話：020-7292-9870
營業時間：10：00～22：00（Mon-Sat）、12：00～18：00（Sun）

　　THE STING是來自荷蘭的服裝品牌，目前在荷蘭、比利時與德國就有76家分店，品牌有著女裝與男裝，這家店的女裝主要陳列在地下室與一樓地方，男裝主要放在二樓區域，有牛仔褲、T恤、內衣褲、POLO衫、襯衫、西裝外套。我看上了風格很活潑的運動鞋，原本50英鎊下殺到35英鎊，但今天行程很滿，而且手裡已提太多東西，只好等下次來再說。至於女生的T恤我也逛了一下，設計風格很清新，許多款式都印上了漂亮的人物或碎花圖案，價位大約為1,000元新台幣（為折扣時），所以想買來自荷蘭風情的服裝，我很推薦來THE STING逛逛，或許會有意想不到的收穫。

如果説攝政街是貴婦們最愛採購的購物大道，那平行的卡納比街就是一條青少年朋友最愛尋寶及聚首的小天地。在多年前剛到倫敦時，因為總愛在大街小巷穿梭，無意間發現了卡納比街；對我而言，這條購物步道不算長，卻是倫敦街頭潮流的縮影，而它輕鬆活潑的氣氛，也讓我更加喜愛。

年輕一代的的小天地

卡納比街雖然沒有其他知名的幾條購物大道的寬闊氣勢與知名度，遊客也不及大街上面多，但它自成一格的舒適感，散發著獨特的魅力與韻味。我也觀察到，喜歡來這裡逛街的人們，多半是年輕族群，年齡約在20歲至30歲左右，他們的穿著打扮與逛大街的遊客有顯著差異，通常是T恤、牛仔褲與球鞋；但再仔細觀察就會發現：創意都藏在他們身上的細節處。我想倫敦市府當初並沒有刻意將卡納比街規劃成為特色購物街，應該是喜歡聚集在這裡的年輕朋友們，以他們的活潑個性及創意朝氣，慢慢地讓這條街有了自己的獨特風采吧！

卡納比街左右兩側全都是商店，建築物不高，別有一番特色，它彷彿是個自我封閉的年輕人天地，販賣著屬於年輕世代風格的服飾及生活用品。它的入口處設有直立式電子地圖，運用搶眼的鮮豔色塊，標明地店家的區域位置，讓人更容易了解這條街的全貌。街旁的露

卡納比街
Carnaby Street

天咖啡座上，正坐著許多打扮時髦的青少年們，大夥一派輕鬆地聊天喝咖啡；為了能真正體會那份悠閒，我也會點杯熱拿鐵，再選了張椅子休息。這條街上沒有過多擁擠的人群，讓我也能悠哉的研究一下接下來的行程。

小街輕鬆逛，盡享購物樂趣

由於卡納比街禁止車輛通行，行人不用閃躲汽車，逛起來格外安心舒適，我仔細研究了一下街上的店鋪，清一色都是主打年輕人的品牌。MISS SIXTY、Dr. Martens、Energy、VANS、G-STAR RAW、LEVIS、THE NORTH FACE、PUMA、CAMPER、DIESEL、Lyle &Scott、REPLAY等國際知名潮流品牌全來這裡湊熱鬧。街上也有許多英國當地設計師的店鋪，像是Pepe Jeans London、MONKI、EL GANSO、WeSC等等。此外，還有許多瞄準年輕族群的創意生活用品店，與街外的諸多國際品牌有些差別。由於這條街並不長，能容納的店面有限，所以逛起來不會像牛津街那般費體力，更能夠一家一家的慢慢品味，在倫敦享受不一樣的逛街樂趣。

隨著卡納比街名氣愈來愈響亮，為了跟其他外頭的購物街較量，每到特別的年節期間，街道上就會出現別出心裁的裝飾；它們常利用繩索懸掛玩偶或耀眼字樣於空中，所以我遠遠就能望見卡納比街張燈結綵的熱鬧情況，彷彿來參加氣氛愉悅的嘉年華會，逛起街來也更有動力。在卡納比街除了購物，還常會遇到街頭藝人的表演，他們特殊另類的表演方式，總能引起我的好奇；如果逛街逛累了，就挑選街上的咖啡廳與餐廳，吃個漢堡或嗑份甜點，就是很棒的消遣。

◇◇◇◇◇◇◇◇◇◇◇◇◇◇◇◇◇◇◇◇◇
卡納比街

交通：搭乘Central線、Bakerloo線、Victoria線於Oxford Circus下車，步行約4分鐘抵達。
時間：需視店家而定，大部分約10：00～19：00（週一至週六）、10：00～18：00（週日）
網站：www.carnaby.co.uk/

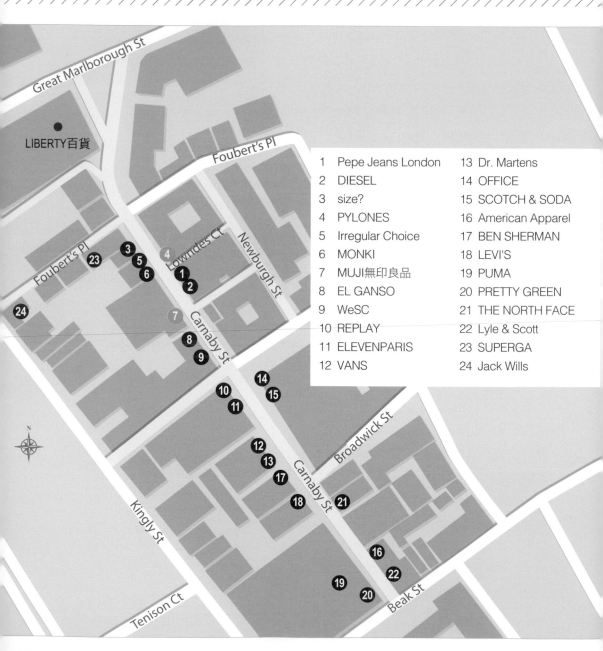

LIBERTY百貨

1	Pepe Jeans London	13	Dr. Martens
2	DIESEL	14	OFFICE
3	size?	15	SCOTCH & SODA
4	PYLONES	16	American Apparel
5	Irregular Choice	17	BEN SHERMAN
6	MONKI	18	LEVI'S
7	MUJI無印良品	19	PUMA
8	EL GANSO	20	PRETTY GREEN
9	WeSC	21	THE NORTH FACE
10	REPLAY	22	Lyle & Scott
11	ELEVENPARIS	23	SUPERGA
12	VANS	24	Jack Wills

01 Pepe Jeans London
風格獨具的龐克牛仔褲

INFO
地址：26-27 Carnaby Street
電話：020- 7439-0512
營業時間：10：00～19：00（Mon-Wed）、10：00～20：00（Thu-Sat）、11：00～18：00（Sun）

在1973年誕生於英國倫敦的Pepe Jeans London，是由三兄弟所創，早期在倫敦知名的波特貝羅市集上，運用傳統技術幫客人量身打造個人風格牛仔褲；由於添加個人創意，而受到當地英國青年們的歡迎，之後與友人開了第一家專為顧客量身打造的牛仔褲專賣店。Pepe Jeans London服裝風格承襲英國傳統的高雅，並巧妙添加龐克、前衛、叛逆的設計因子，以這般獨特的個人風格而走紅；1983年首先在愛爾蘭開設分店後，又進軍歐洲其他城市和美國。其牛仔褲厲害處，在於以高品質的丹寧布料、繁複的手工刷洗處理技術，並不斷開發新版型，至今高達數十種；搭配上手工處理如刷白、磨損、抓皺、破洞等作法，使看似千篇一律的牛仔褲成為獨一無二的個人商標。

02 DIESEL
狂野風格，展現動人魅力

由義大利設計師Renzo Rosso於1978年創立的DIESEL，目前為Genius集團旗下品牌；1979年推出男裝後，童裝和女裝也陸續上市。DIESEL字面上指「柴油」，剛開始還真有人誤以為該品牌是賣柴油機，其實是創辦人想比喻穿上該品牌服裝，就擁有活力四射的動人魅力。其狂野時尚的風格，深獲名人喜愛；他們生產的男女裝、牛仔褲、T恤、襯衫或包包，總是能吸引許多熱愛休閒時尚顧客的青睞，目前全球已有超過一千個銷售據點。自1991年開始，為了增加品牌在消費者心中的形象，DIESEL在每一季的廣告都打上了「For Successful Living」，利用故事來包裝新一季的服裝風格。而破洞、汙漬、漂白等狂野風格的牛仔褲，是來DIESEL必定要採購的代表商品。

INFO
地址：23-24 Carnaby Street
電話：020-7734-3113
營業時間：10：00～19：00（Mon-Sat）、12：00～18：00（Sun）

03 size?
限量鞋款來這搶！

看著大大的店名「size?」覺得很有趣，讓人想一探究竟賣些什麼商品。原來是家專門販賣國際品牌的年輕潮流服飾、配件及最新款運動鞋的店；有兩層樓，一樓是專賣球鞋商品，服飾相關商品則位於地下室。自2000年開幕以來，深受當地年輕朋友及遊客喜愛。店內銷售的運動品牌，包括adidas Originals、Nike、Carhartt WIP、New Balance、Converse、Stussy、Vans、Lyle & Scott、Puma、The North Face等等，幾乎所有我們熟知的運動或潮流品牌都有。你可以在店裡買到最新款、甚至是限量版的商品；當看到一大群人在店門外排隊，你就知道今天又有特殊的限量鞋款登場了。有興趣的人，不妨去看看。

INFO

地址：33-34 Carnaby Street
電話：020 -7287- 4016
營業時間：10：00～20：30（Mon-Sat）、10：00～18：00（Sun）

04 PYLONES
為你的生活注入繽紛色彩

這是一家讓人無法不駐足且一看再看的小店，櫥窗內擺滿各式各樣可愛小玩意！來自法國的生活雜貨創意店PYLONES於1985年開始營運，主要販售色彩鮮豔、造型很卡哇伊的生活用品，光看到櫥窗裡的陳設就令我很心動，心想這設計也實在太有創意囉！一進入色彩繽紛的店內，宛如來到童話世界，鍋碗瓢盆這些廚房用具似乎都有靈魂一般，被做成了可愛的人物造型，千變萬化的逗趣表情，真令人好奇這是用的還是擺飾，但我心想絕對捨不得用才對。還有一些辦公室桌上的文具用品，也都充滿創意，鉛筆、夾子、馬克杯、墊子都長得超趣味，怎麼看都很適合買回家當紀念品送朋友的東西；後來才知道台灣有許多女生都很喜歡這品牌，如果來到這裡發現這家專賣店，就進去挑選一下吧。

INFO
地址：28 Carnaby Street
電話：020-7287- 3916
營業時間：10：00～19：00（Mon-Sat）、10：00～18：00（Sun）

05 Irregular Choice
古靈精怪的潮流鞋款

INFO
地址：35 Carnaby Street
電話：020- 7494-4811
營業時間：10：00～19：00（Mon-Sat）、10：00～18：00（Sun）

不曉得大家是否知道Irregular Choice這個英國鞋子品牌，它是由英國年輕的設計師Dan Sullivan在1999年創立。之所以受到注意，是因為以童話可愛般的圖案與古靈精怪的設計風格聞名，甚至連鞋底、鞋盒也都很用心的設計，色彩豐富、天馬行空的創意令人讚賞；雖然屬於二線品牌，卻是英國喜歡潮流的女性朋友的最愛，我想大家可能就是迷上這鞋的怪吧！該品牌的主要客群為18至35歲的女性，除了令人會心一笑的鞋款外，Irregular Choice還賣衣服、包包及配件和日常用品。當你來到這裡，是否想為自己挑選一雙與眾不同、風格獨特可愛的鞋子呢？位於卡納比街上的Irregular Choice一定可以達成你的願望。

06 MONKI
創意混搭，揮灑個人色彩

創立於2006年的瑞典品牌MONKI，目前屬於H＆M的副牌，與WEEKDAY及CHEAP MONDAY同為姊妹品牌。而位於街上的MONKI，正是該品牌在倫敦的第一家門市，你可以在這家店裡體驗到，該品牌所要傳達的形象與概念為何。

有「北歐精靈」之稱的MONKI，因富有自我風格、創意及獨立個性走紅，這些獨特調調就是MONKI服裝所呈現出的意涵。穿著他們家的服裝，可以是居家風情，也能是時尚風格，它們想要表達：服裝款式，是街頭潮流、是趣味，是獨特不受拘束的。所以在歐洲深受7、8年級生的喜愛，其與眾不同的混搭就是這般的充滿迷人風情。

INFO
地址：37 Carnaby Street
電話：020-7287-0620
營業時間：10：00～20：00（Mon-Sat）、12：00～18：00（Sun）

07 MUJI無印良品
竟比台灣還便宜

或許有人會好奇，怎麼可能會跑來倫敦買無印良品呢？很不好意思呢！我就是那一枚。因為個人對於該品牌的偏好，所以前往世界各地只要看到無印良品，就一定會好奇進去瞧一瞧，主要是比較商品種類和價格。不比還好，一比傷心，因為高物價的倫敦的售價，竟然比台灣要便宜些，還有令人驚訝連連的商品。這家無印良品店面不大，但櫥窗裡展示的年輕服裝人偶，卻跟周邊店家既融合又突出，自有其獨特的東洋味道，所以逛進店裡的老外可真不少。無印良品最早為1980年日本西友公司的自有品牌，意思是「沒

INFO
地址：41 Carnaby Street
電話：020 –7287- 7323
營業時間：10：00～19：00（Mon-Sat）、12：00～18：00（Sun）

有印上品牌標誌的好物品」，商品種類從最初的40項，發展至今已有近6,000項，包括：文具、服飾、保養品、寢具、食品、廚具等，產品設計注重簡潔、環保、以人為本。當初因為接近耶誕節，我在店內發現了一棵在台灣從未見過的木製耶誕樹，而且價格才1,000多元，如今每當耶誕節到來時，這耶誕樹就成為我桌上的動人擺飾，每每看到這株迷人的樹，就不禁感謝當初自己買得真好！

08 EL GANSO
貴族氣勢，雅痞格調

INFO
地址：42 Carnaby Street
電話：020-7287- 6491
營業時間：10：00～20：00（Mon-Sat）、
12：00～19：00（Sun）

紳士男裝品牌EL GANSO，是西班牙兄弟Alvaro和Clemente Cebrian所創， EL GANSO其實是西班牙語「鵝」的意思。目前在歐洲許多都會都可見到EL GANSO門市，2012年還在巴黎開設新店，以精緻細節打破古板的傳統設計，價格上也有優勢，比起同類商品，硬是便宜許多。經過位於卡納比街的店面，很難不令人矚目，主要原因是英式復古情調，卻揉合了鮮豔活潑的色彩，看起來像是販賣英式紳士服裝的店，從商品西裝外套、襯衫、休閒褲都有，設計外觀看似傳統卻又透露活潑的青春氣息，有點雅痞的調調。雖然EL GANSO為休閒男裝為主，但店內也有販售女性及小朋友的服飾，同樣重點藏在細節裡，就等你仔細觀察才能知曉。

09 WeSC
充滿活力的瑞典街頭潮流

WeSC是由5名擁有滑板和滑雪背景的同好共同創立的瑞典品牌，成立於1999年，主要風格是將滑板、藝術、音樂等元素和時尚結合在一塊。WeSC是「We Are the Superlative Conspiracy」的英文縮寫，品牌店面的最大特色是使用鮮豔的黃色，給人活潑的感受，目前在全球超過25個國家都有據點。

如果你也想感受瑞典街頭的潮流文化，不妨進去WeSC看看男女服飾、各類型的包包、運動鞋、鴨舌帽、耳機、配件、手機殼及滑板。許多顏色鮮豔的T恤上都有大大的WeSC品牌Logo，可以感覺到設計師所欲傳達給消費者的鮮活概念。若想體驗一下瑞典街頭風的自在、快樂感受，就快來店裡選購一件漂亮鮮豔的衣服。

INFO
地址：43 Carnaby Street
電話：020- 7287-5792
營業時間：10：00～19：00（Mon-Sat）、10：00～18：00（Sun）

10 REPLAY
酷炫丹寧精品

　　來自義大利的休閒服飾品牌REPLAY，是在1978年時由義大利設計師Buziol Claudio所創立，因崇尚自然的設計風格與舒適好穿的材質，而深受青少年朋友的喜愛。在品牌創造初期，設計師知道外頭的牛仔服飾盡是使用便宜牛仔布料製作，他覺得消費者需要的是品質更好、設計更棒、更耐穿的牛仔褲。本著這個理念，他推出的牛仔褲售價比其他品牌貴了一倍，但這大膽嘗試，也讓消費者對牛仔褲有了全新概念。他強調每件自家的每件褲子都可以連續洗滌12小時，正代表他的牛仔褲擁有其他品牌難以企及的品質。REPLAY的服裝風格總是簡單俐落，充滿活力的視覺感受，走著復古卻又不失革新的風格，吸引全球的年輕消費者。店內所販售的商品包括最暢銷的男女牛仔褲、T恤、襯衫、配件、鞋子、童裝等等，而店內酷酷的風格，也與這條街的調性不謀而合。

INFO
地址：44-45 Carnaby Street
電話：020 –7287- 8192
營業時間：10：00～19：00（Mon-Sat）、12：00～18：00（Sun）

11 ELEVENPARIS
富幽默感的個性服飾

INFO
地址：46 Carnaby Street
電話：020-7434-1171
營業時間：10：00～19：00（Mon-Sat）、10：00～18：00（Sun）

　　來自花都巴黎的ELEVENPARIS，於2003年由Oriel Bensimhon 與Dan Cohen二位好友共同創立。品牌精神主要是搖滾與街頭的融合，以簡單設計表現出獨特韻味，服裝總是富有自我風格，因而深受許多歐洲女性喜愛。他們喜歡將一些流行的符號設計在服裝上頭，帶些創意、趣味與幽默感，那正是該品牌對於生活的態度，也讓許多藝人愛上他們家的商品。T恤上印有詼諧逗趣的手勢，或用翹鬍子圖案來KUSO名人，令人會心一笑。來這裡挑件T恤，配件牛仔褲，就很能凸顯個人的風格。

12 VANS
滑板玩家必備鞋款

　　這是VANS位於倫敦最大的旗艦店，看到擺在櫥窗前款式眾多的帆布鞋，很難不令人動心。走進店內一瞧，一雙大大的鞋子印在牆面上，所有熱賣及最新的款式則擺在裡頭，是種很趣味的裝潢方式；店裡同時也販賣童鞋、服裝及配件等等。VANS品牌名稱來自創辦人Paul Van Doren，1966年時他與兄弟James Van Doren以及三位合夥人在加州開了第一家店，以街頭滑板品牌起家，創立至今50餘年。第一雙鞋款Authentic採簡單膠底設計，因為當時許多滑板玩家都穿這款鞋而大紅，也讓VANS成為滑板玩家第一品牌。如今，VANS更以街頭潮流品牌席捲全球青少年市場，甚至還跟時尚品牌合作，展現企圖心與巨大魅力。

INFO
地址：47 Carnaby Street
電話：020- 7287-9235
營業時間：10：00〜19：00（Mon-Sat）、10：00〜18：00（Sun）

13 Dr. Martens
台灣買不到的龐克配件

　　曾幾何時，馬汀鞋是男生必備的鞋款之一，圓頭厚底的造型，不僅有設計感，更造就它的好質感。馬汀鞋是由德國醫生Klaus Märtens設計，當初就以「彈跳鞋墊」的氣墊鞋底出名。這位在二次大戰期間的德國醫師，發現當時的軍靴長時間穿會引起腳底疼痛，所以他選用柔軟皮革，並改良氣墊，才有了今天好穿、暢銷的馬汀鞋。1960年代，馬汀鞋相當受歡迎，當時的光頭黨、龐克族都相當推崇。但之後開始沒落，在英國甚至一度停產，07年才恢復重振旗鼓。這家店裡除了著名的長筒與短筒靴款外，也有龐克風格的服裝、包包。喜歡的朋友，可以來這多多挑選，因為在台灣除鞋款外，其它服裝周邊配件就很少了。

INFO
地址：48 Carnaby Street
電話：020 – 7734- 4751
營業時間：10：00〜19：00（Mon-Sat）、12：00〜18：00（Sun）

14 OFFICE
最齊全的鞋款、最驚人的折扣！

一向走在潮流趨勢前端的鞋子品牌
OFFICE，希望能滿足每一個顧客所需、
所想，甚至更多。1981年創立於倫敦的
OFFICE，這家鞋店目前也遍布歐洲；為了
給顧客更強烈的吸引力，櫥窗總是極具創
意。鞋店裡所販賣的鞋款，包括女生最愛的
娃娃鞋、長統靴、短統靴、高跟鞋、涼鞋，
男生想要的皮鞋、休閒鞋，還有一些風格獨
特的牛津鞋等，或青少年需要的諸多運動鞋
品牌，真的可說是款式齊全，應有盡有；而
且這裡下殺折扣時也是很驚人，不少2折的
商品，讓人不買會捶心肝的。

INFO

地址：16 Carnaby Street
電話：020- 7434-2530
營業時間：10：00～19：00（Mon-Sat）、10：00～
18：00（Sun）

15 SCOTCH & SODA
結合經典時尚的歐式休閒情懷

SCOTCH & SODA是一家總部位於荷蘭阿姆斯特丹
的服裝品牌，品牌設計的初衷，就是希望人們能夠熱愛
它們的衣服，並開心的穿它們上街；希望能以高品質、
注重細節，獨特率性的風格和優惠的價格吸引消費族
群。設計服飾時，設計師總是不疑餘力地注重細節與設
計風格，參考許多經得起時光考驗的經典服飾，並且添
加來自世界各地的靈感再創新，搭配一絲不苟的用心剪
裁，希望全世界的朋友穿起它們的商品時，也能感受好
穿、耐穿且歷久彌新的感受。SCOTCH & SODA第一家
店於2008年問世，目前已經超過8,000個銷售點，絕對
值得一看。

INFO

地址：13 Carnaby Street
電話：020-7734-9813
營業時間：10：00～20：30（Mon-Sat）、10：00～18：00（Sun）

16 American Apparel
簡單俐落，盡展自我風格

主打美國精神、每次推出新廣告或海報，都極富爭議性的American Apparel，當然很適合選在此購物街落腳。創立於1989、最早以設計T恤出名的它們，一直到2003年才開第一家店，強調服飾設計到製作都在美國洛杉磯完成，吸引喜愛美國風的青少年族群。除了服裝的價格平實誘人外，就屬超有話題性的海報令人印象深刻，無論是充滿性暗示的動作或模特兒大膽的肢體表現，在在強調出強烈自我風格，像是它們的廣告詞「Be yourself / Stay your own style」，所以不論是簡單俐落的襯衫、T恤，甚至內衣，都充滿率性。

INFO
地址：3-4 Carnaby Street
電話：020 -7734- 4477
營業時間：10：00~19：00（Mon-Sat）、10：00~18：00（Sun）

17 BEN SHERMAN
披頭四也愛穿！

創立於60年代蘇格蘭的BEN SHERMAN，可說是當時Mods（摩德族）的祖師級品牌，早期就已在這條街上開了第一家展示店，可說是英國年輕文化的一部分；其魅力大大影響了英國樂團與歌手，Beatles也是它的忠實客戶。到了今天，BEN SHERMAN已發展為男女服裝品牌，設計上除了保留原有的經典味道外，又添加了新創意，表現出聰明、強悍、氣派及街頭等風格，體現多元文化風情。想體驗一下BEN SHERMAN獨特的設計嗎？那就記得一定得進去這家外觀充滿復古的BEN SHERMAN店內走走。我對於那整齊排列的襯衫架驚艷不已，既復古又時尚；這麼說或許抽象，但等你走進店內就能明白我的驚訝了。

INFO
地址：50 Carnaby Street
電話：020-7437-2031
營業時間：10：00~20：00（Mon-Sat）、12：00~18：00（Sun）

18 LEVI'S
高科技的購物體驗

　　這家位於街上的LEVI'S專賣店，你一定可以
選購到自己最喜歡的款式，無論是最經典501、最
復古512、還是最潮流527，這家門市一定可以滿
足你對牛仔褲的想望。這個美國最有名的牛仔褲品
牌，於1853年創立，創始人Levi Strauss，將原本
用來製作帳幕的粗布，拿來替礦工製作第一條牛仔
褲，因為耐穿而廣受歡迎。

　　在這家300坪的店面裡，各種型號的牛仔褲陳
列整齊，清楚好尋找；店內的電視還不斷地播放
著LEVI'S的最新資訊，你還可以藉由電腦螢幕的互
動，選擇出最適合自己的牛仔褲款式，省去了一件
件試穿的麻煩，也為消費者提供新鮮的購物體驗與
樂趣。

INFO
地址：51 Carnaby Street
電話：020-7287-0629
營業時間：10：00～19：00（Mon-Sat）、10：
00～18：00（Sun）

19 PUMA
新款商品搶先看

　　走在街上很難不被PUMA顏色超鮮豔的建築物所吸
引，藍色與粉紅的強烈對比，視覺效果搶眼。這頭來自
德國的美洲獅，就是由Rudolf Dassler於1948年在德國
赫佐格奧拉赫（Herzogenaurach）創立的PUMA運動
品牌，也是目前全球第三大的運動品牌。早在1999年，
PUMA就提出了「跨界合作」（Crossover）的概念，
當時與德國高檔服飾品牌JIL SANDER合作推出高檔休
閒鞋，也成為後來大家學習跟進的對象。它在嘻哈文化
方面投入甚多，曾經陪伴球王比利進軍世足冠軍大賽，
也曾幫網球好手Boris Becker在溫布敦的草地球場上稱
雄，並不斷與知名的球星及運動員合作，是一個不斷向
前走的運動品牌。街上這家PUMA專賣店所販賣的商品
也是全方位，當然有我們最熟悉的球鞋、運動服裝、背
包、毛巾、襪子、手錶、配件等等都有，而最吸引人的
當然是大量新款商品囉！

INFO
地址：52-55 Carnaby Street
電話：020-7439-0221
營業時間：10：00～19：00（Mon-
Sat）、10：00～18：00（Sun）

2010年時，PRETTY GREEN在卡納比街上開了第一家旗艦店，這個男裝品牌是英國樂團Beady Eye創立，並由前Oasis樂團主唱Liam Gallagher操刀設計，不難想像這個潮流品牌的設計風格與走向。Liam曾表示他設計這個服裝品牌並不是想賺錢，而是在高街上找不到適合他的服裝來穿。

明亮的櫥窗展示著強烈英國風服飾，玻璃上貼著大海報，上頭綠色的標誌就是該品牌的象徵，店內風格T恤或褲子整齊陳列在桌面，整體酷炫的感覺令人想一探究竟。如果你也喜歡音樂及創意，那或許PRETTY GREEN店內所販賣的服飾會適合你。

20 PRETTY GREEN
Oasis主唱親自設計

INFO
地址：57 Carnaby Street
電話：020-7287-3122
營業時間：10：00～19：00（Mon-Sat）、10：00～18：00（Sun）

21 THE NORTH FACE
實用、美觀兼具的登山品牌

隨著登山愛好者人口攀升，知名的登山服飾品牌THE NORTH FACE也受到矚目。THE NORTH FACE在1966年時，原是兩位年輕登山家在美西舊金山北部濱水區開的一家小型登山用品店，並開始設計生產專業登山服裝與裝備；由於商品設計精良，得到許多登山客的支持。過程中THE NORTH FACE持續發展多功能的登山服飾，到了80年代末期，更成為可提供高功能戶外服飾、鞋款、睡袋、背包及帳棚的登山專業品牌。之後又陸續開發包括攀岩、健行、慢跑等戶外運動相關商品，擴大了品牌的客群。如今，喜愛挑戰自我的年輕族群，自然是THE NORTH FACE的鎖定目標，其重視實用與美觀的設計，讓它成為年輕人眼中的熱門品牌。

INFO
地址：8 Carnaby Street
電話：020- 7734-9223
營業時間：10：00～19：00（Mon-Sat）、10：00～18：00（Sun）

22 Lyle & Scott
經典學院風

　　我相信許多男生都喜歡購買英國服裝品牌Lyle & Scott 的POLO衫或襯衫，那隻耀眼的老鷹正是這個服裝品牌的商標。Lyle & Scott 是在1874年 William Lyle 和 Walter Scott 創立於英國蘇格蘭高地Hawick，距今有140多年的歷史，該品牌當初以高品質菱格針織毛衣聞名，更是英國皇室御用的品牌，現今則是經典學院風格代表。而知名的精品品牌 Christian Dior曾在50年代委託它們生產旗下所有羊毛製品，可見在當時羊毛商品多麼受到推崇。由於Lyle & Scott 走向一直是低調沈穩的英國古典主義風，不像其他服飾品牌潮流花俏。這家位於街上的Lyle & Scott ，店內設計也是走著簡約溫暖調性，如果你還沒有Lyle & Scott 服裝，不妨進來看看這百年歷史品牌的老鷹魅力所在。

INFO
地址：1-2 Carnaby Street
電話：020-7287-8307
營業時間：10：00〜19：00（Mon-Sat）、
12：00〜18：00（Sun）

23 SUPERGA
鮮為人知的帆布鞋鼻祖

　　或許大家都知道CONVERSE，卻沒聽過SUPERGA；但堪稱創造帆布鞋風潮始祖之一的義大利國民鞋SUPERGA在歐洲可是超有名！這個品牌名稱以義大利蘇佩加聖殿為名，誕生於1911年，創始人為 Walter Martiny，在當時以橡膠鞋底的產品為主要特色。1925年起，因為發明經典款 Classic 2750，就是所謂的硫化膠底鞋，為之後歐洲製鞋產業帶來福音。除成功研發史上第一雙橡膠鞋底網球鞋外，也為推動歐洲帆布鞋時尚立下汗馬功勞。大家之所以會喜歡SUPERGA，主要是它的帆布鞋低調且舒適，穿起來很有個性，許多的好萊塢明星超愛它的。所以想要自己的腳下有個性點，不如就來雙SUPERGA吧！

INFO
地址：20 Foubert's Place
電話：020- 7287-3817
營業時間：10：00〜19：00（Mon-Sat）、10：00〜18：00（Sun）

24 Jack Wills
積極推廣文化的英倫生活精品

想要穿出道地的英倫風，Jack Wills是個不錯的選擇。為了體現「Fabulously British」註冊商標的背後理念，其所設計的服裝皆有濃濃英式風情，這裡頭可是蘊含了英國的歷史、傳統與文化。談起Jack Wills，是由Rob Shaw及Peter Williams兩位好友創立，並以Peter祖父Jack Williams的暱稱命名。Jack Wills以學院風格出名，以新穎的方式呈現英倫傳統的概念，深受當地高中及大學生喜愛。雖然是服裝品牌，Jack Wills也注重全年季節性的社交活動，常贊助法國阿爾卑斯山滑雪裝備，或瑪莎葡萄園島及楠塔基特兩地的沿海地方推廣生活文化，又如劍橋與牛津大學的許多活動。目前Jack Wills全球超過100間門市，商品有男女裝、配件及家居飾品，是喜歡英國文化的朋友，更深入了解當地的一種方式。

INFO
地址：6-8 Foubert's Place
電話：020-7434-2048
營業時間：10：00～19：00
（Mon-Sat）、10：00～18：00
（Sun）

萊斯特廣場

萊斯特廣場周邊的人潮，只能用「多」來形容，因為這裡聚集了遊客最喜歡的事物，劇院多、餐廳多、酒館多、飯店多、商店更多，甚至連街頭表演也夠多。就是這麼多樣化的多，讓萊斯特廣場從白天到夜晚，都一直被人群所包圍。

坐下來，享受陽光、看場戲吧

從Leicester Square站到Piccadilly Circus站這一段路稱為倫敦西區（West End），也是倫敦最著名的戲院區。東面是查令十字路（Charing Cross Road），西面是韋特孔街（Whitcomb Street）、南面是奧倫治街（Orange Street）、北面是儷人街（Lisle Street），這裡聚集了包括ODEON、VUE等將近40家的電影院與劇院，又大又搶眼的廣告看板，讓這地區充滿了讓人想要花錢玩樂的魅力，所以無論是想看戲或閒逛購物的人潮，就像潮水般不斷地湧入萊斯特廣場。

說萊斯特廣場是個廣場，不如說它是個有著漂亮綠地的小公園。在天氣晴朗的時刻，許多逛累的遊客，就會搶張椅子休憩，享受倫敦難得露臉的陽光。更多的旅人則跟我一樣，就在草地上隨意休息，手

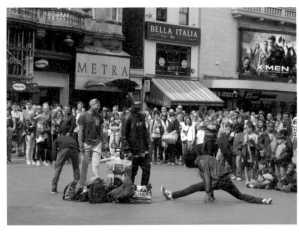

拿礦泉水或書本，認真研究接下來的倫敦行程。

◇◇◇◇◇◇◇◇◇◇
萊斯特廣場

交通：搭乘Piccadilly
或Northern線地鐵於
Leicester Square站下
車，徒步2分鐘抵達。

　　廣場的特色，首推中央矗立的莎士比亞雕像，他一派輕鬆地倚靠在石柱上，四周有多隻海豚圍繞，左手指著一張羊皮紙，上頭寫著：「沒有黑暗，只有無知（There is no darkness but ignorance）。」講述的是當時社會氛圍，但放在這裡，卻又似乎在告誡著在園區玩樂的人們。除此莎士比亞雕像，廣場的四個角落也有其他名人雕像，像是現代外科之父約翰・亨特、英國繪畫之父威廉・荷加斯、科學家艾薩克・牛頓、英國皇家藝術學院首任院長約書亞・雷諾茲，甚至連國際知名諧星查理・卓別林也進駐到廣場裡頭了。

享受平價美食的好地方

　　萊斯特廣場除了氣氛很悠哉，這附近也常是我填飽肚子的地方。為了應付大量遊客的需求，廣場周邊的餐廳也很多樣化，所以來這裡找吃的遊客也特別多。法式、義大利式、美式、日式等高級餐廳外，還有更多小店鋪販售著邊走邊吃的食物，像是我熱愛的現烤披薩及義大利麵，只要再加點一杯熱咖啡，就能簡單解決一餐。

　　雖然萊斯特廣場人潮絡繹不絕，但我也觀察到某些行為可疑的人在人群中出沒，可能是扒手之類；建議來這裡閒逛玩樂的朋友，一定要特別注意自身包包與安全，畢竟人在外地，一切安全第一。雖說倫敦治安算不錯，但掉東西的朋友大有人在，還是得時時提醒自己。

萊斯特廣場
Leicester Square

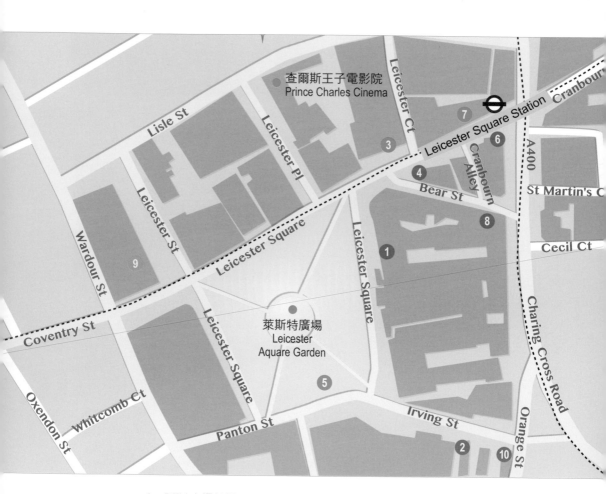

查爾斯王子電影院
Prince Charles Cinema

Leicester Ct

Leicester Square Station

Cranbourn

Lisle St

Leicester Pl

③

⑦

⑥

A400

Cranbourn Alley

④

St Martin's C

Bear St

Leicester St

⑧

Leicester Square

❶

Cecil Ct

Wardour St

⑨

Leicester Square

Charing Cross Road

萊斯特廣場
Leicester
Aquare Garden

Coventry St

❺

Oxendon St

Whitcomb Ct

Panton St

Irving St

Orange St

❷

⑩

1 BELLA ITALIA

2 L'ulivo

3 VUE

4 ESPRESSO-BAR

5 折扣售票亭（Half Price
   Ticket Booth）（簡稱tkts）

6 FIORI CORNER

7 HIPPODROME CASINO

8 THE BEAR & STAFF

9 M&M'S WORLD

10 STEAK & CO.

01 BELLA ITALIA
多樣化的義式料理

這家位於萊斯特廣場附近的義大利料理，店內充滿活潑又溫馨的布置，令人感受到濃濃的義大利風情。其販賣的義式料理時也十分多樣化，並且從早餐就有，

INFO
地址：22 Leicester Square
電話：020-7321-0016
營業時間：09：00～23：00

可以來店內享受一份美味又道地的披薩，或來盤海鮮義大利麵或義式燉飯，義大利烤肉拼盤、義大利風味烤豬肋排、沙朗牛排、漢堡也有，當然想吃清新一點也有蔬菜沙拉與美味的開胃菜。如果你肚子不餓，點杯咖啡坐在外面位置上歇歇腿也是不錯的選擇。

02 L'ulivo
享受舒適氣氛，品嘗道地義式美食

位於街上的義大利餐廳L'ulivo，店家最大心願就是烹飪正宗道地的義大利美食，藉由美味料理，照顧每一位想吃的顧客。店內紅色的磚牆營造出義大利家鄉味，深色的木製座椅，讓氣氛顯得自在舒適。顧及大量遊客的需求，餐廳也販賣早餐，可來份英式早餐或歐姆蛋，補充一天所需的元氣。當然在主餐部分，一定會有美味的義大利麵來迎接貴賓，點份沙拉、來份麵包、喝碗熱湯、再吃份義大利麵或酥脆披薩，就是件相當幸福的事了。

INFO
地址：15 Irving Street
電話：020-7930-3279
營業時間：10：30～00：00（Mon-Thur &Sun）、
10：30～01：00（Fri-Sat）

03 VUE

設備一流，觀影無障礙

　　VUE是歐洲電影的領導營運商，光在英國就有80個電影院。之所以要特別介紹位於Leicester Square心臟地帶的這家，是因為我在倫敦第一次看電影就在此地；當時見這裡人潮擁擠川流不息，為了滿足好奇心，也跟著入場。但在英國看電影價格不斐，票價約為14.79英鎊，（大約台幣740元），所以電影算是不能常來看的高級享受。不過電影院內的設備很棒，高品質的SONY 4K電影大螢幕、杜比環繞音響、有如體育場般的階梯式舒適座位；更酷的是，電影院還會提供給許多視聽上有些障礙朋友特殊的觀賞環境。

▌INFO
地址：3 Cranbourn Street
電話：08712-240-240（24小時訂位）
營業時間：依照電影播放時間

04 ESPRESSO-BAR
現烤披薩帶著走

逛啊逛啊，肚子餓了，坐在萊斯特廣場附近，卻聞到濃濃的現烤披薩的香氣，原來是位於轉角的ESPRESSO-BAR。這家小小的店面販賣現烤的美味披薩，我也買過幾次，重點是相當方便，買了就能帶走吃，所以也吸引了許多遊客。超小的店面裡，頂多只能站下兩位服務人員，要做披薩還要煮咖啡，十分忙碌。所有美味的義大利披薩全放在透明玻璃櫃內，你只要稍微瞄一眼，就會知道哪一片披薩（每片2.5英鎊）你最感興趣。如果你也是趕時間一族，就來這裡挑一片現烤披薩再走吧。

INFO
地址：49 Cranbourn Street
電話：020-7437-2694
營業時間：08：30～23：00（Mon-Fri）、10：00～23：00（Sat）、10：00～22：30（Sun）

05 折扣售票亭（Half Price Ticket Booth，簡稱tkts）
想撿便宜，其實沒那麼簡單

由於萊斯特廣場周邊有許多劇院聚集，想看各類型表演的遊客一定都會在此聚集，所以廣場周邊就會見到許多販賣表演票的店家。首先，要推薦的是簡稱「tkts」的折扣售票亭，它是由倫敦戲劇協會所經營，主要銷售當天在西區上演的票券，通常以半價出售（需外加手續費用£3），但實際價格仍須以當天售出的情形而定。「tkts」的建築外觀是棟外型有些奇特的建築物，傾斜的屋頂上還掛了一枚鐘，由於位於廣場旁邊，明顯易找。

大家都知道倫敦的戲劇很有名，湧入倫敦、來自世界各國的觀光客，也都抱持看「好戲」的心情，所以知名戲碼總是一票難求或只剩下昂貴位置，如果你也是喜歡看那種知名度很高，像《歌劇魅影》、《女巫》、《悲慘世界》等熱門音樂劇的話，想要撿到便宜就更加困難。

過去我也曾在此排隊想購票，但我必須說，這裡的票價真的沒有比較便宜，有些甚至比親自登門到戲院購票還貴，所以誠心建議，如果你是很早就打算來倫敦看戲的朋友，可先上一些知名的售票網站訂購，越早訂、就越能撿到便宜，還能在網站上挑選到好位置，來到倫敦劇院後，只需要出示購票證明就能輕鬆看戲。當然人有時候就會突然一時興起，那就來這裡碰碰運氣囉！除了「tkts」外，萊斯特廣場附近還有多家小型的半價店，但其實都不太便宜，也是一樣得當天去碰運氣，畢竟來到倫敦看劇，至今仍是相當熱門的休閒活動。

▚ INFO

交通：搭乘Piccadilly或Northern線地鐵於Leicester Square站徒步3分鐘。
網站：http://www.tkts.co.uk/

06 FIORI CORNER
省錢的好選擇

INFO
地址：40 Cranbourn Street
電話：020-7437-2694
營業時間：07：00～01：30（Mon-Thu &Sun）、
07：00～02：30（Fri）、07：00～04：00（Sat）

　　FIORI CORNER大紅色的鮮豔招牌，象徵了熱情，店外頭簡單圍起的欄杆內，滿坐著喝咖啡、吃簡餐的遊客。由於強調能提供道地義大利料理的餐廳，所以無論是各類型的義大利麵、披薩、湯品、麵包等都能吃得到，重點是這家餐廳價位平實（這一點對於來倫敦旅行的我很重要），所以只要選個簡單的主餐，再搭配一杯熱咖啡，就能搞定一餐！如果是多位朋友一起來吃，也可以點更多道美味料理一起分享。這家的披薩餅皮薄，餡料又多，剛出爐時美味可口，相當推薦。店內還有些甜點蛋糕類，是愛吃甜食朋友的好選擇。

07 HIPPODROME CASINO
廣場旁的不夜城

INFO
地址：Cranbourn Street
電話：020-7769-8888
營業時間：24小時

　　這一棟位於街口、風格古典的雄偉建築，是倫敦西區大名鼎鼎的HIPPODROME CASINO，也是英國最繁忙的賭場，至今有超過400萬名遊客到裡頭去大顯身手。裡頭可玩的賭法種類不少，賭馬、吃角子老虎或21點這裡都有；除了贏錢當富翁外，賭場裡頭也有其他娛樂，看戲劇表演也是一項；還有可吃到美味牛排的餐廳Heliot Steak House，不僅裝潢豪華氣派，重點是桌上佳餚令人動心。到了夜晚，整棟HIPPODROME CASINO發出光芒，如果不仔細看還會以為是豪華酒店，對這方面有興趣的朋友，不妨來逛逛。

08 THE BEAR & STAFF
來嘗嘗炸魚薯條的經典滋味

INFO
地址：10-12 Bear St
電話：020-7321-0814
營業時間：09：00～23：00（Mon-Thu）、09：00～00：00
（Fri-Sat）、09：00～22：30（Sun）

餐廳外觀是英式傳統酒吧，也是每天午後都會大客滿的熱門地點；一入店內就令人興奮，因為整間木製風格的餐廳，搭配舊式的吊燈，營造出濃濃英式風情。來到店內可以吃吃最有名的英式炸魚薯條及喝喝沁涼的啤酒，這是你來到倫敦必須要體驗的Pub滋味。除了炸魚薯條外，也可以點份特製漢堡，香氣濃郁的烤牛肉入口令人驚豔，或是來份炸洋蔥圈或綜合沙拉都很推薦。當然，店家還是掛保證自己的炸魚薯條美味又最道地，每份約12英鎊，如果你還沒嚐過這款英國最有名的餐點，那就來這裡試試看吧。

09 M&M'S WORLD
生動的大公仔，怎能不拍照留念？

M&M'S巧克力應該沒人不知道吧？為了讓全世界的大小孩都能發現他們的存在，這家M&M'S WORLD開在倫敦菁華地段，一整棟巧克力世界有4層樓高，空間十分寬敞。一進店內迎面而來的是紅色的大門，往裡面逛進去，果然是充滿豐富色彩的巧克力王國。我看見了不同顏色的巧克力及相關商品，有可愛的T恤、抱枕、馬克杯、袋子等等，不同顏色的巧克力有著各自生動的表情。往前走，來到了另外一區，商品都結合了英國元素，像是頭戴黑高帽的英國騎兵，彩色短褲與坐墊等，全都超級可愛，勾起想大買的慾望。

而一旁的紅色倫敦巴士也十分吸睛，許多遊客都擠在這裡，爭相搶拍這輛特製的雙層巴士。在超大英國國旗當設計花樣的M&M'S字

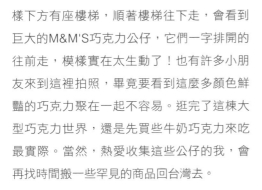

樣下方有座樓梯，順著樓梯往下走，會看到
巨大的M&M'S巧克力公仔，它們一字排開的
往前走，模樣實在太生動了！也有許多小朋
友來到這裡拍照，畢竟要看到這麼多顏色鮮
豔的巧克力聚在一起不容易。逛完了這棟大
型巧克力世界，還是先買些牛奶巧克力來吃
最實際。當然，熱愛收集這些公仔的我，會
再找時間搬一些罕見的商品回台灣去。

INFO
地址：Swiss Court, 1 Leicester Square
電話：020-7025-7171
營業時間：09：00～23：00（Mon-Thu）、09：
00～00：00（Fri-Sat）、09：00～22：30（Sun）

10 STEAK & CO.
高質感石板牛排，便宜好吃又管飽

在倫敦想吃好質感的美味牛排，可以來
這裡嘗嘗看。餐廳提供多樣化的佳餚，鮮嫩
的牛排放在滾燙的石板上，藉由石板的高溫
炙燒牛排，稍微烤一烤，就香氣四溢，令人
食指大動。相較起晚餐，這裡午餐會有特別
的優惠價，售價大約8英鎊，看你想吃雞肉、
鮭魚或沙拉都有，是可以吃到肚子飽飽的餐
點！STEAK & CO.服務不錯，出菜速度也挺
快，重點是這家餐廳位於熱鬧的Leicester廣
場附近，店內氣氛很舒適；當然，如果你想
坐在外頭人看人，也是不錯選擇。

INFO
地址：3-5 Charing Cross Road
電話：020-7839-8100
營業時間：10：00～23：00

中國城
China Town

人在外地總會寂寞，而撫慰寂寞心靈最好的方式，當然就是靠吃來填補！這一向是我個人的習慣；來倫敦旅行絕不是一天兩天的事，剛到的頭幾天還好，到了後面幾天，就會開始思念故鄉食物的味道，這時我就會鎖定位於蘇活區的中國城，來搶救我的思鄉之情。

中式口味，療癒思鄉之情

去過許多不同國家中國城的我，覺得倫敦的中國城規劃完善、十分乾淨。穿過頭上寫著「敦倫華埠」的大牌坊後，就正式進入蘇活區的中國城。裡頭的每家餐廳都將招牌擦亮，還會請專人到門口拉客（推薦菜色）。這裡的中式美食以廣東菜為主，想吃點炒飯、炒麵或燒臘三寶飯等，全都有中文菜單可看，還能用國語點餐，真是說不出的幸福。有時我還會去自助餐廳大快朵頤一番，只要花上約£10（台幣500元左右）就能享用那種吃到飽的中式自助餐。這類型的餐廳檯面上有多樣的菜可選擇，琳瑯滿目的菜色裡，總會有炸雞翅、炒飯、炒麵及炒牛肉。雖然我感覺這邊的料理方式有點太油膩，但花這個錢在倫敦吃飯，總是能吃得心滿意足（怪怪，在倫敦嘴巴都不刁了）。畢

竟人在異地，能吃飽就好，更何況這裡的費用跟吃一片簡單披薩差不多。

除了吃飯，中國城裡的商店也會賣些我們熟悉的食物，像是「東方美味」專賣糖果、餅乾類，還會進口一些台灣的飲料，但價錢就是好幾倍，讓人碰都不敢碰，所以我只是逛逛，體會「他鄉遇故知」的感動；真的想吃喝，就忍耐到回台灣再說吧。這裡的中國餐廳很多，討論度最高的有旺記、文興酒家、大排檔、金滿樓等，每一家餐廳所獲得的評價各有優劣，但吃過幾家後，我覺得其實口味都不差，份量也足夠，畢竟在倫敦能吃到家鄉味，就已經是種福氣了。

◇◇◇◇◇◇◇◇◇◇◇◇◇◇◇◇◇◇◇◇◇◇◇◇◇◇◇
中國城

交通：搭乘Piccadilly或Northern線地鐵於
Leicester Square站下車，徒步8分鐘抵達。
網站：http://www.chinatownlondon.org

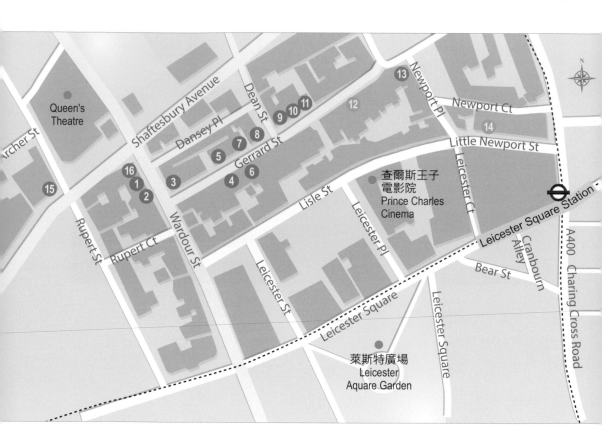

1 旺記（Wons kei）
2 陽城小菜館（Young Cheng）
3 九龍酒店（Kowloon Restaurant）
4 金龍軒（Golden Dragon）
5 正斗（The Black Bean）
6 東方紅大酒店（Oriental Dragon）
7 小籠皇（Dumplings' Legend）
8 金滿樓（Golden Pagoda）

9 東方美味（ORIENTAL DELIGHT）
10 新界奇華餐廳（Far East Restaurant）
11 福臨門（New Fook Lam Moon）
12 龍鳳行（Loon Fung Market）
13 中華樓（New China）
14 一剪髮（1ST CUT）
15 wasabi
16 COSTA COFFEE

01 旺記（Wons kei）
大份量的中式速食

這家位於中國城內的中國料理餐廳，所賣的餐點
樣式超多，價格便宜（以當地物價來說），除了有豐
富菜色外，還有適合獨享的炒飯或炒飯。我最推薦燒
臘飯，價格約莫都在台幣300元，份量挺大，口味也不
差，許多好友都強力推薦。旺記空間陳設簡單，坐好位
子後，店員就會端杯熱茶給你，這裡服務一切講求迅
速，上菜特別快、收盤子也很迅速；所以網路上有人罵
服務差，正反兩面評價都有，我個人覺得口味算不差，
而且份量頗多，是家很適合獨自用餐，或不想花太多時
間及錢吃飯的地方。

INFO
地址：41-43 Wardour Street
電話：020-7437-3701
時間：12：00～23：00

02 陽城小菜館（Young Cheng）
不到10英鎊，讓你吃到飽

INFO
地址：39 Wardour Street
電話：020-7734-1572
時間：11：30～22：30

這家餐廳是我來到倫敦都會造訪的餐廳，也是家可
以大快朵頤、吃到飽的自助餐餐廳，費用不到10英鎊。
每回來到倫敦，幾乎天天吃義大利麵、沙拉或冰冷三明
治，腸胃總會特別思念暖暖中國味，所以陽城小菜館裡
自助餐的炸雞翅、炒麵或炒蝦，就特別能安慰我的思鄉
之情。這家餐廳最大特色就是餐點款式多，能滿足長時
間留在倫敦的遊客或學生，菜色換來換去不容易吃膩，
而且價位平實。唯一問題是餐點有些太油，但這似乎是
各家中國餐館共有的現象。由於餐廳距離倫敦音樂劇劇
場很近，所以音樂劇開演前店內總會擠滿老外，看來想
大吃痛吃的心理，每個遊客都是一樣的。

03 九龍酒店（Kowloon Restaurant）
正宗港式糕點

九龍酒店是家可讓遊客吃得過癮的餐廳，菜色多樣化且超澎湃，餐台上有炒飯、炒麵、多款青菜及炒雞肉、炒海鮮等等；雖然全都是重口味料理，但熱騰騰的滋味，在寒冷的倫敦還真是誘人。除了香氣四溢的中式餐點外，九龍酒店也販賣令人懷念的鬆軟蛋糕及麵包，或許跟台灣麵包店比起來，款式略嫌遜色，不過能在倫敦吃到正宗港式口味的麵包，也應該感到滿足。除了麵包外、店內還有自製多款蛋糕，無論是生日蛋糕、捲心蛋糕或小蛋糕都有，全都是能一解思鄉之情的好選擇。

INFO
地址：21-22 Gerrard Street
電話：020-7437-1694
時間：12：00～23：00

04 金龍軒（Golden Dragon）
道地廣州滋味

餐廳外觀以深綠色為主色的金龍軒，是當地居民舉行婚宴常會前往的廣式餐廳，也是許多遊客會一再前往用餐的地點；因為這裡中國餐點道地的好滋味，讓許多吃過的顧客都會再光顧，回客率挺高，可見其受歡迎的程度。兩層樓的舒適用餐空間，不會顯得擁擠，可滿足許多遊客同時用餐。店內除了最知名的廣東菜外，各類港式點心、自製小菜也很受到遊客歡迎。這裡的多樣甜點及水果盤也很不賴，如果有機會來，可以試試。

INFO
地址：28-29 Gerrard Street
電話：020-7734-2763
時間：12：00～23：00

05 正斗（The Black Bean）
黃金燒臘，讓人口水流不停

這家中式餐館專賣華人喜歡的道地餐點，包括多種燒臘、點心等等。門口站著一隻石獅子，營造出濃濃的中國風情；從櫥窗就能看見燒烤成金黃色、令人垂涎的烤鴨、色澤誘人的燒肉，全掛在架上，光看就令人口水直流。

來到倫敦幾天後，就開始會思念中國菜，所以來到正斗，點份烤鴨、烤牛雜、烤墨魚就太過癮了！這裡的料理口味很道地，半隻烤鴨價格將近10英鎊，價位還算平實，為了讓許多還沒入內吃過的遊客放心，餐廳將菜單體貼的直接放在外頭，讓人一目了然，讓想吃的朋友先有想法。想大啖這些港式料理的朋友，可以來這裡吃吃看港式的滋味。

INFO
地址：18 Gerrard Street
電話：020-7734-2763
時間：11：00～23：00

06 東方紅大酒店（Oriental Dragon）
菜系最多，説中文嘛ㄟ通

充滿中國喜氣的紅色招牌上，採用燙金的字樣，讓東方紅大酒店呈現濃濃中國味。為了讓更多遊客能多了解餐廳內所販賣的美味餐點，餐廳找來年輕的中國服務生在門口解說菜單。這家餐廳以中國三大菜系佳餚為主，主要賣上海江浙菜、東北菜，以及我們最常吃的川菜。我個人最推薦糖水蓮藕片、小蔥拌豆腐、口水雞、蟹黃豆腐等。因為店內多為大圓桌，很適合和朋友聚餐；許多精彩的餐點也都寫在外頭的菜單平台上，你也可以直接用中文詢問哪些菜色值得推薦，至於價位則跟其他家差不多。

INFO
地址：31 Gerrard Street
電話：020-7287-6660
時間：12：00～23：00

07 小籠皇（Dumplings' Legend）
皮薄餡多、選擇豐富

如果你跟我一樣，也很醉心皮薄餡多的小籠湯包，那就必得來中國城內的小籠皇嘗嘗看！這一家餐廳風格外觀清爽高雅，跟其他走濃郁中國風的店家差異很大。大門招牌上寫著「小籠皇」字樣，看來頗有氣勢。透過玻璃窗，顧客可以看見廚師們如何巧手捏製出美味的小籠包，就像是看秀一般，常讓老外看得入神。除了小籠包，店內還提供上海、台灣、香港、馬來西亞等地的佳餚，是來到倫敦旅行的華人或外國朋友，品嘗中國特色美食的好地方。

INFO
地址：15-16 Gerrard Street
電話：020-7494-1200
時間：12：00～23：00

08 金滿樓（Golden Pagoda）
讓人意想不到的美味港點

這家餐廳是住在倫敦的朋友向我極力推薦，因為可吃到美味道地的港式茶點，讓人再三回味。個人很推薦三寶腸粉，口感Q彈的麵皮裡包著不同餡料，有鮮蝦、干貝及叉燒，三種滋味都不同，卻同樣美味。此外，烤鴨也是店內必嘗的美味料理，烤鴨外皮烤得金黃酥脆，鴨肉肥美；我還喜歡點些蒸餃類，特別推薦鮮蝦韭菜蒸餃，外皮有嚼勁而內餡飽滿；至於蛋香濃郁的蛋塔，也是可口甜點。這一切美味料理竟然全在倫敦都吃得到，令人十分感動，還有來這點壺茶不收錢，所以別忘了點一壺鐵觀音或香片來解解油膩。

INFO
地址：15A Gerrard Street
電話：020-7434-2888
時間：11：00～23：00

09 東方美味（ORIENTAL DELIGHT）
家鄉零食，溫暖你的心

INFO
地址：14 Gerrard Street
電話：020-7439-1183
時間：11：00～22：00

　　在台灣對於小點心或零食沒什麼特別興趣，想不到來到倫敦一段時間後，竟會想念起台灣小點心，而這家位於街上的東方美味，就是能滿足我想念台灣的口味。商店外觀以墨綠色調為主，上頭有著燙金商店招牌，販賣的食品整齊陳列在玻璃窗前，一目了然。我看見多款台灣賣的餅乾、洋芋片、各種口味的巧克力棒等等，鮮豔的餅乾外盒，將玻璃窗點綴得搶眼動人，甚至連最常吃的鳳梨酥也有賣。說句實在話，人在異鄉看到這些食品，內心有種由衷的溫暖；只不過餅乾運到這裡賣，價格自然不能跟台灣比，所以貴一倍以上的售價也屬自然，如果真的嘴饞，買一包來吃，滿足一下味蕾也無妨，畢竟開心最重要。

10 新界奇華餐廳（Far East Restaurant）
值得推薦的港式蛋塔

　　在倫敦旅遊，常因物價或當地民眾用餐習慣，只能以冰冷的三明治解決一餐，吃久後實在有些乏味，開始渴望吃些中式料理（重點是需要是熱食），所以我就選了新界奇華餐廳來吃。這家店主要販賣港式餐點，我曾到店內吃過乾炒牛河，河粉很有嚼勁，牛肉片也算多，口味不賴，價格也一般。在這裡還能買到多樣化的麵包，包括我最愛的蛋塔，正統的港式口味，也吸引了不少華人來這裡購買。如果你也想吃些麵包，相信這裡會給你不一樣的感受。

INFO
地址：13 Gerrard Street
電話：020-7437-6148
時間：12：00～01：00

11 福臨門（New Fook Lam Moon）
不可錯過的馬華娘惹美食

INFO
地址：15-16 Gerrard Street
電話：020-7494-1200
時間：12：00～23：00

　　這一家港式餐廳的外觀或許沒有街上其他餐廳來得吸引人，但福臨門就是靠著櫥窗裡誘人的烤鴨與烤雞、燒肉、臘腸等等，放肆地吸引著行人，光看就令人口水直流，進而走進店內，點份燒肉飯或烤鴨飯，安慰一下飢餓的慾望。除此之外，福臨門還專賣娘惹類的美食，這種融合了中國和馬來西亞的技術和原料的好味道，在此也深受歡迎，像是娘惹咖哩雞、娘惹阿薩姆和什錦海鮮等特色料理，都頗受好評，店內還有另一道明星——排骨砂鍋，湯頭美味濃郁，十分誘人。

12 龍鳳行（Loon Fung Market）
買些水果解解饞吧

　　每回走過龍鳳行，眼光很自然地就會往攤位上面瞧，因為這家店門口擺放了多樣的水果。為何這些看似平凡的水果會有這般吸引力？因為在倫敦，你會發現自己很少有機會吃到水果，感覺水果在這幾乎成為罕見聖品，而且價格都不便宜，所以中國城內的這家龍鳳行，就特別引起我的注意。這家店除了外頭是專賣新鮮水果的攤位，店內也有蔬菜及一些做菜用的中式調味品，還賣些像粽子類的年節食品，是家在當地每天生意都很好的中國小超市。

INFO
地址：42-44 Gerrard Street
電話：020-7437-7332
時間：10：00～20：00

13 中華樓（New China）
愛吃辣嗎？來這準沒錯！

　　位於兩條路轉角處的中華樓，紅色外牆搭配上墨綠色的中國風屋簷，寶塔般的雄偉建築，讓人每回經過都會多看它幾眼。餐廳內賣的是多樣化的中國美食，像藥膳料理，粵式點心及四川火鍋。這裡多以五香辣椒等食材入菜，對於愛吃辣的朋友，絕對是一飽口福的好機會。如果想體會濃濃中國風情美食的話，這家有著漂亮屋簷的中華樓，會是不錯的選擇。

INFO
地址：48 Gerrard Street
電話：020-7287-9889
時間：10：00～20：00

14 一剪髮（1ST CUT）
體驗英式快剪

INFO
地址：9 Little Newport Street
電話：020- 7287-2893
時間：11：00～20：00

在中國城大部分都是販賣港式為主的美食，但來這裡除了吃吃喝喝外，也有一間價位平實的理容院，叫做「一剪髮」，店名簡單明瞭。這家店外觀以鮮豔黃色來吸引顧客上門，為避免遊客擔心價格問題，男子理髮10英鎊，女生12英鎊，價格清清楚楚的寫在門邊。店內不大，只放上簡單的理髮椅，理髮師就在那揮灑技藝。為了體驗英國文化，我也曾跑去剪髮，雖然剪出來的髮型普通，但至少體驗了在倫敦剪髮的滋味，如果你也想試試看，就大膽走進去吧。

15 wasabi
英國的「爭鮮」

INFO
地址：33 Shaftesbury Avenue
電話：020- 7734-8556
時間：11：00～23：00

來到倫敦旅遊由於天數較長，吃飯常會成了問題，腦中總不斷思索下一餐該吃什麼，幸好有wasabi。這是家販賣日本餐點的連鎖速食店（有點類似英國的爭鮮），目前光倫敦就超過30家，許多地方都能發現它的身影；如果你吃膩美式速食，不妨來這試試。店的外觀設計清爽，淺綠與白色搭配，招牌清楚。店內採自助式，除了一般三明治外，也有熱食，像是湯麵及飯類，陳列架上則有多款握壽司便當，外帶方便，如果你也吃膩了冰冷的三明治，就來這吃碗暖呼呼的湯麵吧，價位不到5英鎊，可說是最善解人意的店了。

16 COSTA COFFEE
歇腳好所在

這是家英國的連鎖咖啡店，每當我走到鐵腿時，就會發現它可愛的身影，進去點杯冰咖啡或冰沙來喝，真的能助我體力大恢復。COSTA很多地方都有，紅底白字大大的招牌，相當醒目。這裡店內位子很多，許多年輕朋友喜歡在此聚集聊天；除了有飲料喝，也賣麵包及三明治，如果我懶得去找吃的，就會在這買個三明治，外加一杯熱咖啡就打發一餐，省錢又省時。

INFO
地址：62 Shaftesbury Avenue
電話：020 -7734-3050
時間：07：00～23：00

柯芬園
Covent Garden

柯芬園是我不知來過幾回的地方，這個區域充滿了歡樂的氣息，像是塊磁鐵般強烈吸引我。聚集了購物、觀賞戲劇、欣賞街頭藝人表演及美食饗宴等諸多特色的柯芬園，是來到倫敦旅行絕不容錯過的地點。早在12世紀時，柯芬園只是西敏寺附近的一片果園，當時被稱為「修道院和女修院的花園」，園裡種植了大片果樹，滿眼盡是田園景致。16世紀時，因宗教改革而將此區域沒收，隨著後來不斷興建與改建，17世紀時，廣場開始出現小型露天蔬果市場而吸引了人潮聚集，附近也陸續開了咖啡店、餐廳及劇院，爾後的300年，這個區域就成為人聲鼎沸的綜合果菜市場。許多倫敦居民都到此採買日常生活食用的蔬果，也成為居民聚集用餐的地點，柯芬園的規模也逐漸向外擴散，而有了今日人潮絡繹不絕的榮景。

每次造訪，都有新鮮感

雖然來過多次，踏著石板路的我仍像個初次造訪的遊客，東張西望這裡滿滿的人潮及林列的商店，最後走到柯芬園指標性的新古典建築建物前方，這裡同樣聚集一大群人，正欣賞著街頭藝人的演出。這棟建物建於四角廣場中央，整個區域呈現一個回字形，玻璃帷幕建築物是市場購物中心，一樓又可區分成北中南三區的漂亮商店

街，每一家店面都不大，卻都被妝點的摩登漂亮，頗具特色；我喜歡慢慢欣賞這些賣著服裝、香水、配件及紀念品的小店鋪，甚至連CHANEL、Dior、BURBERRY等國際精品也搶來進駐，在古典優雅的建築物中展現時尚潮流，可見柯芬園在倫敦是多麼受到遊客重視的商圈。

來柯芬園玩最有趣之處，除了商店多很好買外，還能欣賞街頭藝人精彩演出，那些宛如人肉模型般的藝人，在太陽下強忍汗珠，始終不動如山，讓人動容。看完後再去露天攤位吃片披薩、喝杯咖啡後繼續逛。在柯芬園裡的小商店尋寶，看著一家緊鄰一家的特色商店，玻璃櫥窗裡陳列著充滿誘惑

柯芬園

交通：搭乘Piccadilly線於Covent Garden站徒步3分鐘抵達。
時間：10：00～19：00（按各店家而異）

蘋果市集

地址：The Apple Market, Covent Garden
電話：020-7836-9136
網站：http://www.coventgardenlondonuk.com/

朱比利市集

地址：South Piazza, Covent Garden
電話：020-7836-2139
網站：www.jubileemarket.co.uk

力的商品，真的樂趣無窮，但這也突然勾起了我某次傷痛。那是頭一回來到倫敦柯芬園，我看上幾款手工製作的泰迪熊，對其細緻工藝十分驚豔；沒想到標價竟硬生生少看了一個0，直到結帳時才大驚，但木已成舟，只好裝酷刷卡，結果4隻小熊一共花了我新台幣1萬5千元，它們也成為我在柯芬園最貴重的紀念品。

除此之外，柯芬園還有兩個精彩的市集，一個是蘋果市集（Apple Market），另一處為朱比利市集（Jubilee Market），兩個都大受遊客歡迎，攤位上皆是漂亮的手工藝品及紀念品，如果想體驗尋寶樂趣，那就千萬不能錯過。

充滿創意的手作市集——蘋果市集

柯芬園裡的兩個市集中，我較常逛的是蘋果市集，它位處於柯芬園建築物裡，你一走進去就會看見寫著「APPLE MARKET」標誌。在藍色拱形鐵架下的市集，氣氛十分熱鬧，攤位井然有序，完全不似一般露天市集那般雜亂無章。

這個市集之所以吸引了那麼多的遊客造訪，主要是攤販所販賣的原創風格商品，不僅種類眾多，還頗具創意。我繞了一圈發現攤販老闆多為年輕人，在他們的攤位上所販賣的商品，從手染絲巾、木雕

品、手繪畫作、手工餐瓷、自製香水、手繪T恤、手工皮件、自創蠟燭、模型玩具等都有。雖然我已來過數回，但每次逛進來，所賣的商品都不一樣；因此我來到市集，都會花上許多時間，體驗東翻西找、尋寶的樂趣，這也是蘋果市集最吸引人之處。

天天都有不一樣的驚喜——朱比利市集

柯芬園另一頭的是朱比利市集（Jubilee Market），這個市集位置較不明顯，裡頭的光線也較暗。週一主要賣的商品多以古董類型、值得收藏的商品為主，營業時間從上午5點到下午5點。放眼商品從古董、瓷器、風景畫到各種老式家用品，大部分看來都是二手商品，其中還有英國傳統家中使用的鐵桶、掃把、器具也被拿出來賣。

如果你是對陳舊商品充滿興趣的人，就能在這市集裡尋找到倫敦的往日回憶，市集從週二至週五會賣一些一般性的商品，週末則又推出一些手工藝品及創作類型商品，整體來說，這個市集所賣的商品會比蘋果市集更加多樣化。但我想無論週幾來，你都會發現人聲鼎沸，因為來自世界各地的遊客，全都聚集在此、共享尋寶的樂趣。

人氣店家 柯芬園
Covent Garden

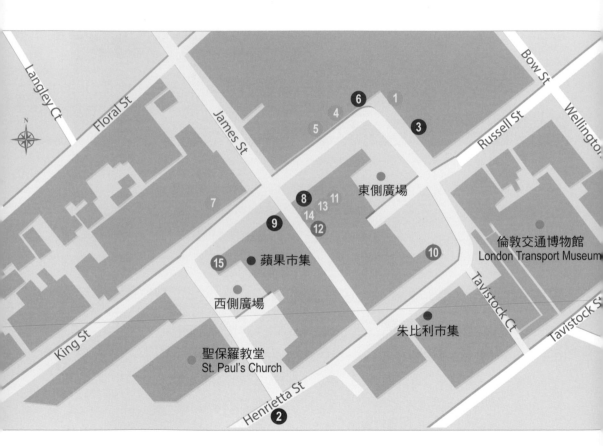

1　Paperchase
2　FRED PERRY
3　EAST
4　BUILD-A-BEAR WORKSHOP
5　Disney Store
6　bobbies
7　Apple Store
8　LINKS OF LONDON

9　CHANEL COSMETICS
10　ANDRONICAS
11　TEA PALACE
12　Jamie's UNION JACKS
13　RWC 2015 OFFICIAL STORE
14　JOY
15　LADURÉE

01 Paperchase
給親朋好友寄張明信片吧

這是家每回我都會逛進來的店，位於柯芬園迴廊商店街上，因為店內販售許多造型幽默可愛的明信片、筆記本以及一些遊客喜歡的紀念品，所以逛起來很有趣。像是特別樣式可愛的情人節、母親節、父親節及生日等款式眾多的卡片。我喜歡藉由這些卡片的設計來觀察英國的文化，因為卡片或筆記本上的圖騰或花樣設計，都代表了當地風土人文，來到這裡，不妨花點小錢買張明信片，寄給遙遠的台灣好友，相信他們一定會非常感動。

INFO
地址：13 The Piazza Covent Garden
電話：020-7836-5440
營業時間：10：00～20：00（Mon-Sat）、12：00～18：00（Sun）

02 FRED PERRY
英國網球傳奇，開創休閒服飾潮流

如果你也喜歡着溫布頓網球公開賽，應該對英國FRED PERRY這個品牌不陌生。FRED PERRY創立於1940年代，是第一個由生產運動服裝發展到休閒服飾的品牌。當時市面上沒有專為運動員設計的護腕，於是奧地利足球員Tibby Wegner就幫網球選手Fred Perry設計了一款，並印上他的名字；這個行銷策略十分成功，帶動了護腕風潮。後來它們開始生產服裝，並贊助當時的運動員，漸漸打開知名度。我很早就喜歡FRED PERRY服裝，特別是POLO衫，簡單大方的風格，無過多的裝飾或花俏設計，單純繡上一枚漂亮桂冠，就很有運動特色；除了運動服款式，FRED PERRY也針對年輕族群設計較流行的服飾。這家店內除了令人心動的POLO衫外，還有帽子、腰帶、皮件等商品，我一眼就看上一個大提包，火速購入。如果你也喜歡FRED PERRY，就來這家店慢慢挑選吧！

INFO
地址：9 Henrietta Street
電話：020-7836-3615
營業時間：10：00～19：00（Mon-Sat）、11：00～17：00（Sun）

03 EAST
奔放設計，柔美氣質

　　EAST是一個女性服裝品牌，店面也位於柯芬園購物廣場，從1994年開幕至今。EAST服裝設計靈感來自於設計師旅行時，對於不同文化衝擊而發揮其創意，特別是針對許多東方文化的特色，全被運用到服裝的裝飾上。像是刺繡工藝、點綴綴珠設計，或是利用手工印染等方式來呈現服裝特色，展現出EAST服裝自由奔放、又帶有東方濃郁色彩的風格；無論是套裝或是襯衫，都能表現女性的婉約柔美。

INFO
地址：16 The Piazza Covent Garden
電話：020-7836-6685
營業時間：10：00～19：00（Mon-Wed &Sat）、10：00～20：00（Thu-Fri）、11：00～17：30（Sun）

04 BUILD-A-BEAR WORKSHOP
輕鬆製作屬於自己的小熊玩偶

　　這是柯芬園內一家專賣可愛熊的玩具店，每回經過商店，都會被櫥窗裡各式各樣造型的小熊所吸引。為了獲得各國遊客的青睞，店家刻意挑選可愛版小熊，將它穿上印著英國國旗的衣服或鞋子，我看了好幾回實在很心動，但擔心行李塞不下，最後都只能放棄，相當可惜。這家店比較特別的是，除了買現成的熊外，你還能在店內親手製作、一隻專屬於自己的熊，從挑選外觀、填充棉花到選衣服，不用花太多時間就能完成，想要自製一隻玩具熊的人，可以來試試看。

INFO
地址：9 The Piazza Covent Garden
電話：020-7240-2372
營業時間：10：00～20：00（Mon-Sat）、10：00～19：00（Sun）

05 Disney Store
不可錯過的倫敦系列商品

　　我來到倫敦必逛的另一家Disney Store，位處熱鬧的柯芬園，人潮比起牛津街上那家更擁擠，但身為鐵粉的我，還是得硬擠進去看看有何新鮮貨。大櫥窗裡，展示著一款真人比例的蜘蛛人，模樣生動，可見裡頭蜘蛛人商品肯定不少。進入店內，光線不太明亮，但看見一整櫃迪士尼主角的絨布玩具，令我十分開心，裡面還有許多公主系列，吸引了不少小女孩在一旁虎視眈眈。

　　我習慣繞店一圈後再研究要買什麼。逛著逛著，走到英國風味的倫敦米奇櫃位，發現T恤與帽子都不賴，乾脆連一旁印有倫敦國旗的米奇旗幟也帶走，逛了快半小時，才拎著滿滿一袋、心滿意足的離開。

INFO
地址：10 The Piazza Covent Garden
電話：020-7836-5037
營業時間：09：00～21：00（Mon-Sat）、10：00～20：00（Sun）

06 bobbies
舒適、百搭的浪漫鞋款

　　來自法國、擁有繽紛誘人馬卡龍色系的鞋子品牌bobbies，成立於2010年，由法國設計師Antoine Bolze 和 Alexis Maugey所成立，兩人將浪漫優雅的法式設計因子，注入鞋款外觀外，並結合來自葡萄牙的手工技術，採用義大利柔軟皮革，讓bobbies鞋款不僅外觀漂亮，穿起來也很舒適。我覺得它們家的豆豆鞋很好穿、好看，設計上也是充滿紳士風與幽默感，重點是穿起來很舒服，平底皮革又很軟，整體造型容易搭配，十分推薦。

INFO
地址：7 The Piazza Covent Garden
電話：020-7836-6878
營業時間：10：00～20：00（Mon-Sat）、11：00～19：00（Sun）

07 Apple Store
藏在老建築裡的尖端科技

INFO
地址：1 - 7 The Piazza Covent Garden
電話：020-7747-1400
營業時間：10：00～20：00（Mon-
Sat）、12：00～18：00（Sun）

位於柯芬園的這家Apple Store，佔地不小，是一家可以讓遊客盡情試用所有蘋果商品的店，這裡的店員都站在一旁，等待顧客詢問商品資訊；無論你的蘋果商品是手機或平板電腦，他們都會提供熱切協助。蘋果電腦在倫敦很多地方都有，但這一家門市真的比較特別，它位處在柯芬園有著歲月痕跡的老舊式建築裡面，看起來斑駁的磚牆，卻掛上了大型海報，而且店裡販賣最新科技產品，兩者呈現出很強烈的對比，令我覺得頗有趣，也感受到那種很獨特的氛圍。如果你也是蘋果迷，很建議來這家門市逛逛，因為跟其他蘋果門市的風格真的與眾不同。

08 LINKS OF LONDON
奧運指定珠寶品牌

位於柯芬園內的LINKS OF LONDON， 2012年開始營業，店面雖不大，但卻很有英式復古情調。LINKS OF LONDON創於1990年，以高品質的珠寶工藝獲得了許多讚賞，格調高雅的店裡銷售著風格優雅的項鍊、戒指、手鍊、耳環及手錶等珠寶，是喜歡高品質珠寶朋友值得花大錢的地方。同時它也是奧運官方指定的珠寶品牌，兩層樓的小店裡所販賣的珠寶首飾，跟倫敦奧運有著密不可分的關係。走到這，不妨一同來體會這歷史性運動賽事榮耀吧！

INFO
地址：5A The Market Building Covent Garden
電話：020-7240-7391
營業時間：10：00～19：00（Mon-Wed & Fri-
Sat）、10：00～20：00（Thur）、12：00～
18：00（Sun）

09 CHANEL COSMETICS
最時尚的彩妝品牌

Chanel包款早已是女性的夢幻逸品,除了精品,使用香奈兒的彩妝及香水,也被視為時尚象徵,特別是經典款香水ChanelNo.5,是許多女性的摯愛。1921年,香奈兒女士請俄羅斯調香師為她製作一款「聞起來像女人的香水」,ChanelNo.5就此誕生。

之後香奈兒在1924年推出第一款化妝品系列,主打唇彩與粉蜜,並成立香水公司。除了香水,眼影、腮紅、唇膏、指甲油全都是熱賣商品。位於柯芬園的門市,即以銷售彩妝商品為主。像熱賣的最愛山茶花輕透蜜粉餅、香奈兒花園浮雕眼影盤、星沙幻彩眼影、水吻我唇蜜等燙手商品,都可在此漂亮選購。

INFO
地址:3 The Market Building Covent Garden
電話:020-7836-8478
營業時間:10:00～20:00(Mon-Sat)、11:00～19:00(Sun)

10 ANDRONICAS
美好早晨,從這裡開始

這家位於柯芬園建築物外頭的露天餐廳,是許多遊客喜歡休息用餐的地方。大夥坐在巨大白色陽傘下的座位,點杯氣泡水或冰咖啡,就能愉快的用餐聊天;但由於廣場的遊客實在很多,所以ANDRONICAS的位置,總處於客滿狀態。至於餐點,有多款沙拉及三明治,且從早晨就開始營業。如果你也想嘗試一下在柯芬園吃早餐的感受,來到這家店吃塊麵包、搭配杯熱咖啡,欣賞人群,就是很特殊的新體驗。

INFO
地址:27B The Market Building Covent Garden
電話:020-7749-4794
營業時間:07:00～21:00(Mon-Thur)、07:00～23:00(Fri-Sat)、08:00～20:00(Sun)

11 TEA PALACE
開啟你對英式午茶的浪漫幻想

這是家英國茶葉專賣店，位於柯芬園市場建築裡，品牌強調能提供最多種類及豐富的茶品給消費者。以紫色為店面設計的TEA PALACE（茶葉殿堂），營造出一股優雅氛圍，除了店面設計，所販賣的茶也以紫色調來做包裝，以凸顯自己品牌的典雅形象。TEA PALACE所販賣的商品，除了多種口味的茶葉外，還有各式各樣、精緻美好的瓷器茶壺、純白浪漫風格的馬克杯、泡茶使用的濾茶器、多種類型禮盒、茶葉籃等等，包裝全都十分精美，光看就令人心動，想著想著，不如就買些回台灣，再來慢慢體驗英式紅茶的魅力。

INFO
地址：12 Covent Garden Market Covent Garden
電話：020-7836-6997
營業時間：10：00～19：00（Mon-Sat）、11：00～18：00（Sun）

12 Jamie's UNION JACKS
傑米・奧利佛的英式經典

INFO
地址：5 North Hall Covent Garden
電話：020-7836-6997
營業時間：12：00～23：00（Mon-Sun）

位於柯芬園購物商場裡面的Jamie's UNION JACKS，因為餐廳位置很好，總是一位難求，若能在這個空曠場地用餐，體驗不一樣的用餐樂趣，絕對值回票價。這家餐廳是由知名英國廚師與烹飪推廣家Jamie Oliver與知名的披薩掌門人Chris Bianco共同經營，他們以令人興奮的飲食概念來設計菜單，讓能夠來到Jamie's UNION JACKS的顧客，都能夠享受到不同的飲食樂趣。店內值得推薦的餐點，像是英國扁麵包，它是種很有當地風味的披薩，並在現場以木炭窯烤上桌，香氣四溢、令人口水直流，店裡還提供多道美味的甜點，都是值得品嘗的好滋味。

13 RWC 2015 OFFICIAL STORE
橄欖球迷朝聖地

如果你也是渾身熱血的橄欖球世界盃（Rugby World Cup）迷的話，那切記得來這家小店逛逛，因為在這裡，你能找到任何你想要支持球隊的多種商品；RWC 2015 OFFICIAL STORE所販賣的商品種類齊全，從頭上戴的鴨舌帽、身上穿的T恤及背心及POLO衫，還有運動長褲，甚至連雨傘及配件都有。或許台灣打橄欖球的人不多，但在歐洲卻是相當火紅的運動，不如就藉由這個機會瞭解一下橄欖球世界也不錯。

INFO
地址：10, The Market Building Covent Garden
電話：020-7397-0096
營業時間：10：00～20：00（Mon-Sat）、12：00～18：00（Sun）

14 JOY
暢銷可愛家飾

這是間專賣Lifestyle商品的店，店內主要賣的是復古風的女裝、造型酷酷的配件、可愛的小禮物及家飾生活用品，像是外形獨特有趣的廚房用品，還有不少瓶瓶罐罐。為了給顧客與眾不同的感受，每件商品都獨一無二，所以你眼前的商品，如果現在不買，待會兒可能就被別人選走，如果有看上眼的，可得抓緊機會！

INFO
地址：11 The Market Building Covent Garden
電話：020-7836-8011
營業時間：10：00～20：00（Mon-Sat）、12：00～19：00（Sun）

15 LADURÉE
繽紛馬卡龍

擁有百年歷史知名精緻的法國甜點品牌LADURÉE，將奢華、放縱與魅力的甜點風格帶到了柯芬園，店內最有名氣的就是顏色漂亮的馬卡龍，其堆疊而成的馬卡龍塔讓人光看就口水直流。店內有著法國宮廷般的優雅風格，也設有戶外座位區，讓遊客能喝點飲料吃點點心。由於它的營業時間很長，所以找個空檔時間體驗一下法式浪漫也不錯。

INFO
地址：1 The Market Building Covent Garden
電話：020-7240-0706
營業時間：08：00～23：00（Mon-Thur）、08：00～23：30（Fri-Sat）、08：00～22：30（Sun）

整個柯芬園的區域不算小，除了柯芬園有吃有玩外，喜歡採購的人們，千萬不能錯過柯芬園附近的購物街，周邊街道有著許多值得採購的品牌。由於柯芬園週末人潮洶湧，「Covent Garden」這站因人潮過多常會關閉不開放通行，遊客就必須從前一站「Leicester Square」或後一站「Holborn」徒步前往柯芬園。

我習慣從「Leicester Square」站下車後一路閒逛走到柯芬園，途中會經過商店街Long Acre，這條商店街道雖不寬，但是條好買好逛的購物天堂。一路上會經知名的品牌BANANA REPUBLIC、COS、Jack Wolfskin、PANDORA、GAP、H&M、REPLAY、Russell& Bromley、無印良品、M&S等品牌，光看我列出這一拖拉庫的品牌，是否心動了呢？那就能理解為何我每次走次走過Long Acre時，總得花上2個鐘頭了！如果你選擇從另一頭走過來，則會經過像FRENCH CONNECTION、ZARA等大品牌，從頭到尾的逛完Long Acre大道，就能愉快的一路順暢的買下去。

走到柯芬園以前就已收穫滿滿

柯芬園周邊熱門購物街除了Long Acre外，另一條Floral Street也是我超推薦口袋巷弄。在這條安靜的小巷裡，有我喜歡的CAMPER、

MULBERRY、Paul Smith、Dune、TED BAKER、agnes b.、THE TINTIN SHOP、H&M等品牌。怎麼樣！是不是很吸引人呢？而且這條小巷氣氛好幽靜、超有購物刷卡的fu，在這裡購物不會有壓迫感，可以慢慢挑、慢慢穿、慢慢買，包君滿意。

與Floral Street平行的King Street，因位處柯芬園區域，許多品牌也延伸開到這條街上，像是英國精品BURBERRY的副牌BURBERRY BRIT，店內散發學院風格的服飾吸引了不少各國年輕遊客的駐足，此外，還有喜歡文具用品的朋友，都曾買過的義大利經典筆記本MOLESKINE，店內不只筆記本，還有周邊相關商品，想要增添生活樂趣，此店必逛。

至於柯芬園前方的James Street人潮洶湧，街上的商店不少，主要品牌有THE BODY SHOP、Boots、FOSSIL、SWAROVSKI等，還有些像THE WHITE LION、Maxwell's等風格獨具的英式小酒館，只是每間幾乎都爆滿。最後貼心提醒，來這裡購物別忘了欣賞街頭藝人表演，多給他們一些鼓勵與喝采，再繼續血拚也不晚。

◇◇◇◇◇◇◇◇◇◇◇◇◇◇◇◇◇◇◇◇◇◇◇
Long Acre等購物商店街

交通：搭乘Piccadilly線於Covent Garden站出即抵達，或由Leicester Square 出站Floral Street、James Street都是出站1分鐘即抵達。

柯芬園附近購物街
Long Acre

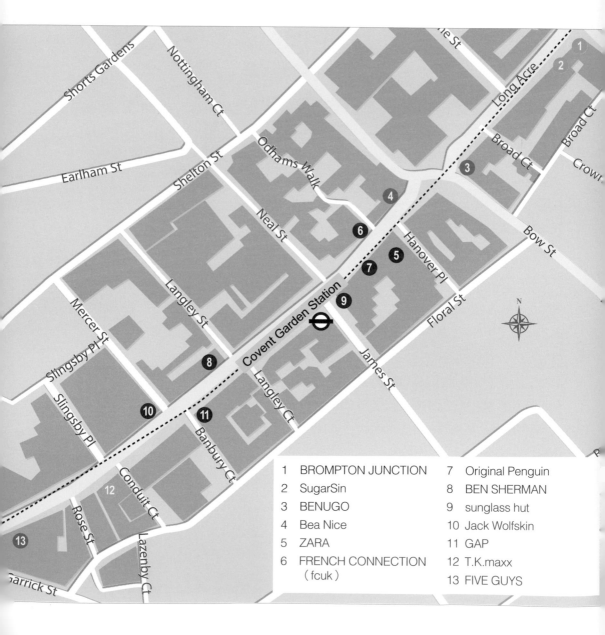

1	BROMPTON JUNCTION	7	Original Penguin
2	SugarSin	8	BEN SHERMAN
3	BENUGO	9	sunglass hut
4	Bea Nice	10	Jack Wolfskin
5	ZARA	11	GAP
6	FRENCH CONNECTION（fcuk）	12	T.K.maxx
		13	FIVE GUYS

01 BROMPTON JUNCTION
時尚都會小折

　　當全球都在講求環保、減碳的議題時，倫敦這個國際都會當然不能置身事外，鼓勵民眾騎自行車上下班，也蔚為風潮。英國知名的折疊自行車品牌BROMPTON，因重量輕且容易折疊而深受倫敦客的歡迎；甚至連英國首相卡麥隆也迷上它，宣稱用騎自行車來為環保盡份心力。BROMPTON自行車採用16英吋的小型輪胎，重量約10公斤左右，折疊起來體積很小，女生也能單手拿起。此外，為迎合消費者需求，還推出自由選擇車架、車座及握把顏色的服務，幫顧客打造專屬個人風格的自行車。位於柯芬園附近的這一家店，從2013年開始營業，有兩層樓，包括自行車的製作、配件及展示位置。如果你也好奇BROMPTON的魅力，不如就親自到店內來試騎。

INFO
地址：76 Long Acre
電話：020-7836-5700
營業時間：09：00～19：00（Mon-Sat）、12：00～17：00（Sun）

02 SugarSin
包裝精美的糖果禮盒

　　如果你也喜歡吃各式各樣的糖果，那就得來SugarSin走走。這一家糖果專賣店裡，販賣了超多款式的糖果，像是巧克力、牛奶軟糖、手工水果軟糖、杏仁焦糖、咖啡榛果糖、樹莓鑽石糖、草莓軟糖、耐嚼口香糖、各類的棉花糖、棒棒糖等等，而且每一款糖果的外包裝都很漂亮，超有吸引力。你可以先選擇糖果種類，再挑選是放在透明禮品袋、玻璃罐、甚至包裝精美的禮盒裡都行，好吃又有趣，值得入店嘗試看看。

INFO
地址：70 Long Acre
電話：020-7240-9994
營業時間：10：30～20：00（Mon-Sat）、12：00～17：00（Sun）

03 BENUGO
輕鬆解決餐飲需求

　　這是家位於柯芬園附近的咖啡店，也是提供溫飽與體力的好去處。在BENUGO店內，你能挑選自己喜歡的沙拉種類，也能到櫃台點選不同類型的三明治，再搭配杯熱咖啡，一切就很完美囉！在倫敦，我常常這樣就解決一餐，因為我發現當地人也是如此，輕鬆方便吃一頓。這家咖啡店三餐都有賣，早餐可選份bagel或是水果鬆餅，中午及晚餐則能來份沙拉加三明治，至於飲料就喝熱巧克力或拿鐵，輕鬆度過愉快又省錢的一餐。

INFO
地址：63 Long Acre
電話：020-7836-9773
營業時間：07：30～19：30（Mon-Fri）、09：00～20：00（Sat）、10：00～18：00（Sun）

04 Bea Nice
嗜甜不是罪

　　來到人潮擁擠的柯芬園，突然興起了想吃冰淇淋的念頭，那就去Bea Nice解饞吧！來到這家店，不僅能大啖美味冰淇淋，還有香酥的可麗餅，以及香濃熱咖啡。這家餐廳咖啡拉花挺厲害，總能將皇冠、花朵、雪人等造型的可愛圖案畫在奶泡上；而且這家店很容易找，因為櫥窗上就是會發光的冰淇淋，以及鬆餅造型的裝飾，完全不會讓人搞不清楚，這家店賣些什麼？人家説女生有第二個胃，就是專門用來吃甜食，那想必這一家甜食店一定很適合推薦。

INFO
地址：98 Long Acre
電話：020-7240-2459
營業時間：07：30～19：30（Mon-Fri）、09：00～20：00（Sat）、10：00～18：00（Sun）

INFO
地址：53 Long Acre
電話：020-7438-9900
營業時間：10：00～20：00（Mon-Sat）、
12：00～18：00（Sun）

05 ZARA
不買對不起自己的折扣價

在ZARA還沒進台灣前，每一回來到倫敦，這家店絕對是我會採購的品牌；2011年ZARA正式進駐台灣後，我反而買的不多，可是來到倫敦卻仍是照買；歸納原因，不外乎是款式與價格。這家創立於1975年的西班牙服裝品牌，每年發布超過一萬套的新款服飾，在全球75個國家銷售，共有上千家分店，目前是全球銷量排名第三的服裝零售商。雖然總覺得ZARA設計風格有其它精品的影子，但價錢硬是差了好幾倍，讓人很難不下手。當你來到倫敦看見ZARA的身影時，記得要進去逛逛，比較比較，就會明白我的意思了。畢竟以平實的價格就能讓自己煥然一新，誰不愛呢？此外，倫敦ZARA在下折扣時可是相當猛烈，幾乎都是對折以下！即使大衣很厚、皮鞋很重，本人照樣扛回台灣，因為那種價格，買到就像撿到一樣開心。

06 FRENCH CONNECTION（fcuk）
縮寫很故意的英倫風時裝

1969年時，一名對時裝擁有無限熱情的英國青年Stephen Marko，他想設計出風格簡約、充滿都會氣息的服裝，FRENCH CONNECTION就此誕生。FRENCH CONNECTION的服裝走素色風格，很少使用圖案，十分簡潔，一如設計師對都會的印象；其簡約風格的西裝、襯衫或洋裝也廣受消費者青睞。至於fcuk則是「FRENCH CONNECTION UNITED KINGDOM」的簡稱，總有朋友將它顛倒亂唸成FXXK。目前FRENCH CONNECTION在全球25個國家，超過1,500銷售點，產品種類包括男女時裝、內衣褲、眼鏡、鞋款、香氛等，想要擁有真正的英倫風情，fcuk不容你錯過！

INFO
地址：99-103 Long Acre
電話：020-7379-6560
營業時間：10：00～20：00（Mon-Sat）、
12：00～18：00（Sun）

07 Original Penguin
傳統老牌新崛起

Original Penguin是以企鵝為標誌的服裝品牌，相信很多人都認得它；由於許多上了年紀的朋友喜歡穿，讓人覺得似乎有些老派。其實這個品牌緣起於美國50年代，最早是一家專門生產內衣與軍裝的服裝公司，真正走紅是在1955年，因尼克森總統穿著它們出產的高爾夫球衣，引起風潮。公司易主後，在21世紀再度翻紅，而且將目標瞄準年輕族群，從高爾夫球專業服飾領域，跨足到流行市場。目前推出的服裝款式多為簡單大方的服裝款式，無論是POLO衫、T恤或襯衫，都大大擄獲年輕人的心。

INFO
地址：49 Long Acre
電話：020-7836-6878
營業時間：10：00～20：00（Mon-Sat）、11：00～19：00（Sun）

08 BEN SHERMAN
款式實穿，把握打折機會！

運氣真好，我又遇上了BEN SHERMAN在下殺折扣了，貼在櫥窗上是大大對折的搶眼字樣。BEN SHERMAN是英國中價位的服飾品牌，成立於1963年，店內裝潢走著年輕潮流風格，設計大方、卻不過份花俏的T恤全掛在陳列架上。如今BEN SHERMAN全方位發展服飾商品，從T恤、襯衫、牛仔褲、外套、鞋款及包包都有，我個人還挺喜歡的，因為較為中規中矩的設計風格，就很實穿。如果你們不是很熟悉這個品牌，來到倫敦時進去看看就能明瞭了。

INFO
地址：119 Long Acre
電話：020-7240-6511
營業時間：10：00～20：00（Mon-Wed）、10：00～21：00（Thu-Sat）、12：00～18：00（Sun）

09 sunglass hut
眼鏡也是時尚的一環

INFO
地址：15 James Street
電話：020-7290-1700
營業時間：10：00～20：00（Mon-Sat）、11：00～
19：00（Sun）

強調永遠了解年輕人喜歡什麼眼鏡的sunglass hut，是家專門販售各大國際精品太陽眼鏡的眼鏡行；店內摩登搶眼的款式，絕對能符合顧客的需求。其販售的國際品牌包括RALPH LAUREN、DOLCE & GABBANA、GUCCI、PRADA、Ray-Ban、COACH、VERSACE、DKNY、OAKLEY等等，此外還會不定時提供各品牌最新的訊息，對待眼鏡如同對待精品時裝般態度慎重。位於街上的sunglass hut門市，總會將精品太陽眼鏡海報高掛於櫥窗，吸引路人眼光，除了精品太陽眼鏡，一般民眾所需要的圓形、方形、復古、摩登款式的眼鏡也都有賣；創業40多年的sunglass hut，已成為倫敦民眾購買眼鏡的首選。

10 Jack Wolfskin
這也是台灣之光！

Jack Wolfskin（飛狼）是個專賣戶外運動休閒的品牌，成立於1989年，也是台灣的服裝品牌，能在這裡看見這家門市，真是由衷的佩服。創辦人徐鴻煥，堅持以優良品質及不斷研發創新的精神，來設計製作服飾，更無數次前往高山測試產品，才打造出好口碑，讓這個品牌揚名國際。Jack Wolfskin的產品主要是登山愛好者所使用的夾克、保暖衣、排汗衣、休閒衣褲等，也有背包、帳篷、睡袋等登山產品。如果你也是登山愛好者，來到這裡看見這家店，別忘了走進去看看，有什麼適合自己的東西。

OUTFITS FOR GLOBETROTTERS

INFO
地址：124 Long Acre
電話：020-7836-5118
營業時間：10：00～20：00（Mon-Sat）、12：00～18：00
（Sun）

11 GAP
美式都會潮牌

INFO
地址：30-31 Long Acre
電話：020-7379-0779
營業時間：09：00～19：00（Mon-Sat）、12：00～17：00
（Sun）

GAP是美國最大的服裝公司之一（與H&M及ZARA並列為國際三大服裝品牌），於1969年建立，早期公司只有幾名員工，現在則是全球擁有4,200家門市、16.5萬名員工的大企業。GAP是由Donald Fisher和Doris F. Fisher在舊金山創立，創業的初衷，只是單純想讓消費者更容易找到滿意的牛仔褲，給大眾更輕鬆的購物體驗；而這個理念發揮到商品上，果然奏效，商品在全球大熱銷。位於柯芬園的購物街Long Acre上目前有兩家GAP專賣店，一家賣成人服飾，店內有我最喜歡的T恤及牛仔褲；街上還有另一家GAP Kid（121～123 Long Acre），則專賣可愛的GAP童裝，如果身為GAP粉絲不妨兩間都逛，因為店內常會出現誘人折扣，絕對可現省不少摳摳。

12 T.K.maxx
過季精品通通四折以下

現在要來推薦倫敦很火紅的一家店，名為T.K.maxx折扣商店，它在英國很多地方都有開，所有商品全都下折扣，很多人來這裡就殺紅了眼。T.K.maxx裡頭有男裝區、女裝區、童裝區、包包區、配件區、美容用品區及生活用品區。店內販售許多國際知名大牌的過季或斷碼類商品，大部分的價格都砍到四折，甚至更低，根本就是淘寶者的購物天堂。由於這裡的衣服都是按照尺寸陳列，而不按照品牌分類，所以直接衝向自己的尺寸區去找就對了。看大家很起勁的東翻西找，因為商品很多，但搶購的人更多，搶購祕訣就是看上的先拿起來，結帳前再慢慢考慮，這種方法最妥當。

INFO
地址：15-17 Long Acre
電話：020-7240-8042
營業時間：09：00～21：00
（Mon-Thu）、12：00～18：00
（Sun）

13 FIVE GUYS
歐巴馬也愛吃

究竟發生什麼事？一群人排在街頭轉角處，這實在不太像在倫敦。原來，大家耐心排隊是為了想吃來自美國FIVE GUYS的美味漢堡啊！這餐廳人氣實在很旺，據說連美國總統歐巴馬也超愛吃，徹底打敗了麥當勞成為當地漢堡品牌大亨。最大原因出在這裡的漢堡，個頭不小，

餡料一層一層疊得高高的，而且還瘋狂淋上醬汁，光看就令人凍未條；若要我啃下整個漢堡，肚子一定會很飽。這裡賣的漢堡款式不少，最受歡迎的有培根漢堡、起司漢堡及培根起司漢堡，也可以選擇製作成小漢堡。除了漢堡外，這家餐廳也賣熱狗，同樣分成起司、培根等多種口味，而三明治及薯條也有很多人愛。只見所有員工都穿著紅色制服，超賣力的在弄漢堡，如果你也喜歡吃漢堡又不怕排隊，倒是可以來這裡嚐嚐看。

INFO
地址：1-3 Long Acre
電話：020-7240-2057
營業時間：11：00～23：30（Mon-Thu）、11：00～00：00（Fri-Sat）、11：00～22：30（Sun）

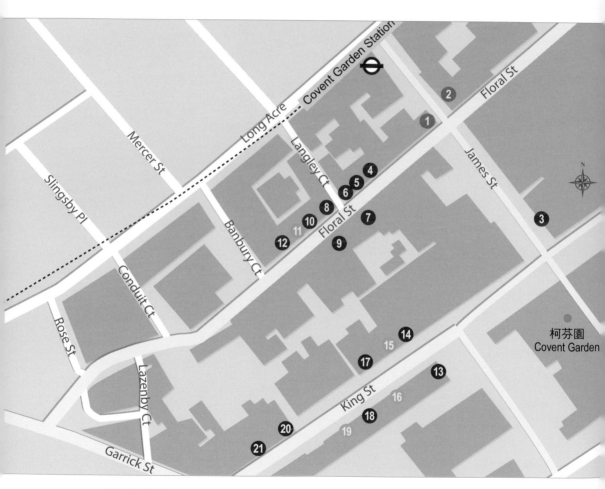

1 THE WHITE LION	8 RADLEY	15 MOLESKINE
2 NAGS HEAD	9 Y-3	16 Aésop
3 KURT GEIGER	10 agnes b.	17 HACKETT LONDON
4 Paul Smith	11 THE TINTIN SHOP	18 VILEBREQUIN
5 CAMPER	12 PAUL & JOE	19 JO MALONE
6 MULBERRY	13 OAKLEY	20 sandro
7 ORLEBAR BROWN	14 BURBERRY BRIT	21 Moss Bros

01 THE WHITE LION
體驗酒館文化的好選擇

眼前這一棟位於轉角的建築，是英國傳統酒吧THE WHITE LION，距離柯芬園地鐵站很近，走路只要1分鐘，是家擁有悠久歷史的大眾酒吧。THE WHITE LION 的歷史可追溯至1873年，酒館裡有著英式傳統吧台，上頭擺滿各類生啤酒，橘黃色的燈光營造出微醺感，木質光滑地板以及深色系列的木頭家具，氣氛很好，也頗受好評。酒吧裡提供啤酒、葡萄酒以及多款烈酒；吃的部分，除英國傳統的炸魚薯條外，還有多道美味可口的餐點，是來倫敦旅遊時，體驗大眾酒館文化的好選擇。

INFO
地址：24 James Street
電話：020-7240-1064
營業時間：10：00～23：30（Mon-Thu）、10：00～00：00（Fri-Sat）、10：00～23：00（Sun）

02 NAGS HEAD
各類啤酒，濃淡自選

這家位於James Street上另一家人氣很旺的大眾酒吧NAGS HEAD，一看它位於轉角處的建築就知道頗有來頭。它最早於1927年開始營業，除了建築外觀吸引人外，內部陳設也非常迷人，我個人就對這種類型的英式酒吧十分鍾情。整家酒吧採用木頭裝潢，從吧台、地面以及所有家具，整體呈現協調又質樸的美感。來到酒吧當然是來喝酒的，這裡除了提供超多樣式的啤酒外，也販賣威士忌及葡萄酒；但我仍建議喝啤酒最過癮，你可以自選口味較淡或較濃的啤酒，喝的開心最重要。這裡也賣餐點，但大部分人來大眾酒吧純粹是為了喝酒放鬆，至於吃東西，就不一定會選在這裡。

INFO
地址：10 James Street
電話：020-7836-4678
營業時間：10：00～23：00（Mon-Thu）、10：00～23：30（Fri-Sat）、10：00～22：30（Sun）

03 KURT GEIGER
上千種鞋款設計，超乎你的想像

KURT GEIGER位於柯芬園的旗艦店，從櫥窗看不出什麼特別，但裡頭竟有超過1,000款以上不同設計風格的男女鞋履，數量真的很驚人。我知道許多女生都把KURT GEIGER鞋款列在自己的購物清單上，的確，它們家的紅色細跟高跟鞋相當出名，很多女性都想擁有一雙。這個創立於60年代倫敦的鞋牌，自1963年在倫敦龐德街開了第一家門市後，始終秉持不斷創新的精神，引領鞋款風格潮流。所以如果你也想腳踩時尚，來自倫敦的KURT GEIGER，是不錯的選擇。

INFO
地址：1 James Street
電話：020-7836-8478
營業時間：10：00～20：00（Mon-Sat）、11：00～19：00（Sun）

04 Paul Smith
富英式幽默的必逛時尚精品

位於這條安靜的巷弄裡的英國時尚品牌Paul Smith，是街內必逛的品牌；Floral Street上有兩家店，一家是男裝，另一家女裝位於對面。Paul Smith雖以男裝起家，後來在女裝上也獲得掌聲。我覺得Paul Smith令人印象深刻的經典設計仍是鮮豔線條的組搭，最讓人讚賞的地方，是表面看起來紳士、骨子裡卻充滿反叛精神，這被稱為Paul Smith的英式幽默。店內商品種類繁多，從帽子、T恤、牛仔褲、皮帶、襪子都有，來到倫敦記得購買一件屬於自己的Paul Smith！一同融入這幽默又叛逆的英式精神。

INFO
地址：40-44 Floral Street
電話：020-7379-7133
營業時間：10：30～18：30（Mon-Wed）、10：30～19：00（Thu-Sat）、12：30～17：30（Sun）

05 CAMPER
款式豐富又便宜，大推經典基本款

　　西班牙知名鞋履品牌CAMPER，也開在這條巷子裡，風格簡約素雅的店面，以及櫥窗裡只用幾款當季鞋子做裝飾，簡單不做作的風格，正是CAMPER的調調。在倫敦有許多地方都能見到CAMPER鞋店，店內的款式真的比台灣多，價錢也便宜不少，我就曾在倫敦買過好幾雙。雖然每年CAMPER都會推出新款，但個人偏愛基本款，只是挑選不同的色系，因為不管怎看，仍覺得基本款最好看。

INFO
地址：39Floral Street
電話：020-7399-8678
營業時間：10：30～19：00（Mon-Sat）、12：00～19：00（Sun）

06 MULBERRY
名模最愛的時髦包款

　　MULBERRY是在英國知名度很高的品牌，相信也是很多朋友來倫敦購物時，必買的經典款之一。自1970年代成立的MULBERRY，創辦人為Roger Saul，其包款因採用真材實料的皮革材質又富原創性而走紅。當然，這個超過40年的名牌，過程中也遭遇低潮，但經品牌年輕化後，多口袋、多扣環及多鉚釘的創意實用設計，讓全球女性再度愛上MULBERRY。2004年MULBERRY榮獲British Fashion Council所頒發的「Best Accessory Designer 2004」，是對它的一大激勵。近幾年最受歡迎的包款除了Bayswater外，還有風格時髦、功能性十足的Roxanne；由於數量不多，所以撞包機率也就大為減低。MULBERRY風靡至今，跟名人、藝人的推波助瀾很有關係，像是名模凱特摩斯就是愛用者，難怪大家會不斷追隨。

INFO
地址：38 Floral Street
電話：020-7379-9065
營業時間：10：00～19：00（Mon- Sat）、12：00～18：00（Sun）

07 ORLEBAR BROWN
時尚性感泳裝，搶眼熱帶風情

英國攝影師Adam Brown，於2007年創立了自我風格強烈的泳裝品牌ORLEBAR BROWN。為了能讓更多居住在都會裡的人，興起度假的念頭，他特別重視細節，並運用動物、植物、沙灘等海灘元素去設計，充滿熱帶度假風情，增添吸引力。他還刻意找來身體線條完美的模特兒，拍一系列性感海報，讓人看了眼睛一亮。我覺得ORLEBAR BROWN店內的海灘褲確實很迷人，無論是顏色或版型都透露時尚感，讓人覺得穿上他家的衣服，就真能快樂度假去！除了服裝，店內還有鞋子及配件，全都是搶眼且帶有熱帶風情的熱銷產品。

> **INFO**
> 地址：11 Floral Street
> 電話：020-3638-0493
> 營業時間：10：30～18：30（Mon-Sat）、12：00～18：00（Sun）

---

08 RADLEY
作工精緻、實用又百搭的必備皮包

> **INFO**
> 地址：37 Floral Street
> 電話：020-7379-9709
> 營業時間：10：00～18：00（Mon-Sat）、11：00～17：00（Sun）

以經典銳利的皮革包，搭配許多鮮豔色系的英國品牌RADLEY，風靡英國當地與日本。它的包包之所以如此火紅，在於包包摸起來皮質柔軟，車縫線的部分也相當細緻；至於包款設計走著簡單大方不花俏，就更容易搭配服裝。此外，為了上班族女性的需求，RADLEY包包內部還會刻意多設計些小口袋，以方便放手機或零錢包，這般貼心設計，難怪會受到不少女性青睞。柯芬園的門市時常會有折扣，所以記得來這家店逛逛看，我相信買個RADLEY包包給自己，應該相當實用。

09 Y-3
山本耀司的運動風精品

Y-3這個時尚服飾品牌是由日本設計師山本耀司（Yohji Yamamoto）取其名字「Y」與運動品牌adidas的經典三條線結合而成。品牌成立於2002年，主要走前衛風格。山本耀司擔任該品牌的創意總監，其極簡約、低調的設計風格正是Y-3給人的印象，呈現出一種前所未見的高檔運動品牌的氣質。目前Y-3有男女裝、鞋款及配件類。這家位於街上的門市，風格一樣低調簡約，對於這個品牌有興趣的朋友，可在店裡尋找最適合自己的款式商品。

INFO
地址：12 Floral Street
電話：020-7240-1282
營業時間：11：00～19：00（Mon- Sat）、12：00～17：00（Sun）

10 agnes b.
俐落風格，優雅自現

法國時尚服飾品牌agnes b.，是我很喜歡購買的牌子，沒有過份花俏的設計，總能自然地帶出質感與品味；就如同位於街上的門市，無論是門市外觀或是內部設計，統一以白色為主調，復古磚牆讓整個購物空間充滿優雅氛圍。新一季的服飾、包包與鞋款，則平放在低矮櫃上，讓購物空間顯得舒適不擁擠，也讓消費者體驗到另一種輕鬆的購物環境。

INFO
地址：35-36 Floral Street
電話：020-7240-1282
營業時間：10：30～18：30（Mon- Sat）、12：00～18：00（Sun）

11 THE TINTIN SHOP
一起加入丁丁的冒險吧！

INFO
地址：34 Floral Street
電話：020-7836-1131
營業時間：10：30〜19：30（Mon-Sat）、12：00〜16：00（Sun）

在這條巷子尾端，我發現了THE TINTIN SHOP，令我喜出望外。以前就很喜歡《丁丁歷險記》這個漫畫的主角，這部漫畫其實很久以前（1929年）在比利時的報紙上刊登，故事主角是樂觀且富有冒險精神的記者和他的小白狗，內容相當幽默，也隱含了反戰及和平和人道主義思想，是在歐美國家膾炙人口的漫畫。而這家店即是銷售THE TINTIN相關周邊商品，有漫畫書、人物公仔、馬克杯、盤子、鑰匙圈及購物袋等，全是主角超級可愛的形象，讓人想全部擁有。

12 PAUL & JOE
純真優雅的法式品味

成立於1995年的法國品牌PAUL& JOE，是設計師Sophie Albou以兩個兒子的名字來命名。早期以生產男裝為主，爾後女裝跟著推出。PAUL& JOE風格最大特色就是那濃濃的法式風情，展現出輕盈、品味、優雅，並能穿出快樂的感受，看似復古風格主義的設計，卻是透露純真的感受，因此品牌服飾受到許多年輕人的歡迎。

INFO
地址：33 Floral Street
電話：020-7836-3388
營業時間：10：30〜19：00（Mon-Sat）、12：00〜17：00（Sun）

13 OAKLEY
創新科技獨步體壇的運動品牌

美國知名運動品牌OAKLEY在街上位置明顯，很難不注意到。店內銷售眼鏡、運動鞋、運動服、手錶、帽子等。早期它以獨特花紋設計及新型材料Unobtainium，增強選手賽車時把手的手握感和排汗功能，榮獲兩項專利，一砲而紅。OAKLEY至今已擁有600多項專利，並不斷發現問題、尋找突破。如果對創新技術的商品感興趣，就去看看它們究竟在賣什麼吧！

INFO
地址：1-4 King Street
電話：020-7836-6685
營業時間：10：00〜20：00（Mon-Sat）、11：00〜17：00（Sun）

14 BURBERRY BRIT
不只風格，價格也很「年輕」

英國時尚精品BURBERRY氣勢無法擋，副牌BURBERRY BRIT也趕緊出來搶人氣。以年輕活力的設計風格來詮釋英國經典風格，無論是針織衫、經典大衣或是緊身牛仔褲，全都散發學院風情；由於是針對年輕族群所設計的路線，所以價位上也較便宜些，我們才買得起。位於柯芬園國王街上的這家店，就以漂亮服裝來吸引更多年輕族群愛上BURBERRY BRIT，光看櫥窗裡那鮮豔的黃色及綠色服飾，不難理解BURBERRY BRIT想向年輕族群靠攏的心意了。

INFO
地址：41-42 King Street
電話：020-7425-7020
營業時間：11：00～20：00（Mon-Wed）、10：00～20：00（Thu）、11：00～20：30（Fri-Sat）、12：00～18：00（Sun）

15 MOLESKINE
深受藝文界喜愛的精品筆記本

INFO
地址：40 King Street
電話：020-7836-4432
營業時間：10：00～20：00（Mon-Wed）、10：00～21：00（Thu-Sat）、12：00～18：00（Sun）

小小的店面，卻塞滿了顧客，可見品牌名稱源自法語「鼴鼠皮」的MOLESKINE在倫敦當地有多受歡迎。應該有很多朋友買過MOLESKINE這家義大利經典筆記本才對，過去總在誠品看到，今日來到門市非得仔細瞧瞧。MOLESKINE可說是筆記本中的精品，20世紀時，大文豪海明威與人畫家畢卡索都是該品牌的愛用者，如果能跟這些藝術家使用同款筆記本，想必是件很令人雀躍的事！MOLESKINE除了筆記本風靡國際，也賣周邊文具商品，像筆、手機殼、閱讀燈、背包等，自然吸引了一票重視生活品味的族群，在此積極選購。

16 Aésop
將美學帶入你的生活

走在King Street上，我又遇見一家讓我很衷情的保養品牌Aésop，這家來自澳洲的保養品牌，以「伊索寓言」來命名，至今已有近30年歷史。Aésop令人著迷之處，除了植物精油洗手乳外，它們還有些獨特觀點；像是認為美就應該從生活、閱讀及旅行去培養，這點讓我很認同。Aésop不像其他化妝品牌猛打廣告，而是透過獨特風格的店面來推廣，讓消費者感受品牌想法。像店內設計為純白色調，商品整齊陳列在上方，下方為洗手台，給人一種時尚結合實用性的視覺感受。

INFO
地址：7 King Street
電話：020-7836-8389
營業時間：10：00～19：00（Mon-Sat）、12：00～19：00（Sun）

17 HACKETT LONDON
你的門面，它來把關

我覺得住在倫敦的男性很幸福，因為有眾多風格的服飾可選擇。HACKETT LONDON是英國很有名的男裝品牌，注重細節又有豐富的歷史。開在柯芬園區的這家門市很特別。從外觀看來，或許會以為它只賣花俏的街頭潮流服飾；其實店內很酷，一樓賣休閒風格款，二樓則提供合身剪裁的西裝，頂樓更提供男性專業的皮膚保養及傳統理髮，所以男人來到這裡，就能從頭到腳通通搞定。

INFO
地址：37 King Street
電話：020-7240-0240
營業時間：09：30～18：30（Mon-Sat）、12：00～18：00（Sun）

18 VILEBREQUIN
最用心的海灘褲

看到商店大門漆成藍色的VILEBREQUIN，就讓人想要放下工作、輕鬆放假玩樂去，這也是法國男性泳裝品牌VILEBREQUIN最主要的想法。短褲風格採用色彩繽紛的圖案，或精緻印染技術，搭配獨特剪裁，讓這條來自法國的海灘褲，成為全球知名的海灘褲。這家店空間雖然不大，但陳列出的海灘褲都很暢銷，也賣海灘巾及鴨舌帽，是家很可愛的小店。

INFO
地址：9 King Street
電話：020-7836-8673
營業時間：10：00～19：00（Mon-Sat）、12：00～19：00（Sun）

19 JO MALONE
英國夢幻香氛品牌

喜歡香氛的朋友怎能錯過JO MALONE！在英國，優雅夢幻的香味不僅是個人特色表徵，也是最迷人的禮貌。簡約明亮的店裡以純白色調為主，搭配黑色線條的家具，呈現出英式復古情調，香水一字排開，更令人難擋其誘惑。在JO MALONE，除香水是必買款外，沐浴凝露、潤膚乳液、乳霜等商品也都是暢銷商品；該品牌也推出精油蠟燭，最適合抒壓放鬆。

INFO
地址：10-11 King Street
電話：0807-192-5771
營業時間：09：30～19：30（Mon-Wed &Fri-Sat）、09：30～20：00（Thu）、12：00～17：00（Sun）

20 sandro
寬闊購物空間、精選優質布料

這家法國高級時裝品牌sandro的旗艦店，共有兩層樓，400平方英尺，空間設計簡潔俐落，如同該品牌一慣的的服裝風格，是個能讓人能輕鬆挑選衣服的地方。sandro的設計注重時尚優雅態度，給人一種濃郁法式浪漫的視覺感受，沒有多餘繁雜的圖案，純粹以優良的布料材質呈現，這就是為什麼sandro擁有看似平凡卻又獨特的魅力。

INFO
地址：30-31 King Street
電話：020-7240-3101
營業時間：10：00～20：00（Mon-Sat）、12：00～18：00（Sun）

21 Moss Bros
訂製西服百年老店

位於街上的Moss Bros（莫斯兄弟），是家提供男性顧客想要尋找任何襯衫、領帶或西裝款式的好地方。無論你是想要找一套燕尾服把自己變成007，或只想單純挑選一套簡單俐落的西裝去參加派對，讓自己更稱頭點，來到以專業訂製西服著稱的Moss Bros就對了。它擁有超過160年英式剪裁的專業知識，一定能為男性顧客量身打造出，專屬個人的造型西服。

INFO
地址：27-28 King Street
電話：020-7632-9700
營業時間：09：00～19：00（Mon-Sat）、11：00～17：00（Sun）

搭乘倫敦地鐵皮卡地里線到騎士橋（Knightbridge）出站後，就來到了飄著摩登奢華氣息的騎士橋區域了；眼前這條繁華的布隆普頓路，正是前往最知名百貨公司Harrods（哈洛德百貨）的必經之路。這條路東起倫敦騎士橋站，向西南方穿過直到埃傑頓花園，那是倫敦名流貴族居住的豪宅區，然後經過南肯辛頓站以東地區。

出站後，首先會看見HARVEY NICHOLS（哈維尼可斯百貨），這家創立於1813年的老字號百貨公司，主打設計師服飾品牌，一旁則是五星級的喜來登飯店。布隆普頓路兩側全是散發英式古典風情的紅磚建築，我往哈洛德百貨方向緩緩前行，發現了不少值得逛的品牌。首先印入眼簾的是英國知名的精品BURBERRY，它位於漂亮的建築物裡，大型的看板吸引著路過的行人，接著還會看見UGG、KAREN MILLEN、BOSS、BALLY、L.K.Bennett、LACOSTE等時尚品牌。所以常在還沒逛到哈洛德百貨時，體力已耗費不少，但如果要直接放棄這一段不少商品可買的店家，似乎又說不過去，所以走走看看、純欣賞也不賴。

人氣店家 布隆普頓路 Brompton Road

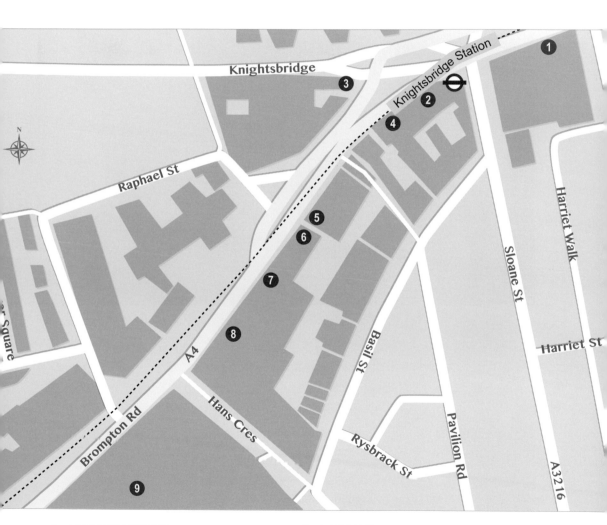

1　HARVEY NICHOLS
2　UGG
3　BURBERRY
4　KAREN MILLEN
5　BALLY
6　L.K.Bennett

7　LACOSTE
8　TED BAKER
9　Harrods

01 HARVEY NICHOLS
精緻簡約的時尚百貨

　　Knightsbridge站一出站，就會看見以銷售時尚女裝為主的HARVEY NICHOLS（哈維尼可斯）百貨，這棟以紅色磚牆的英國傳統建築，是一棟地下兩層、地上六層的高級百貨。百貨一樓主要是銷售化妝品的專櫃，當初我還不太明白這百貨，是搭上手扶梯才發現異狀，因為直到4樓，賣的全是女性服飾！5樓開始才有咖啡廳、餐廳及超級市場。

　　看了導覽才發覺，這家百貨主打設計師品牌，包括：Chloé、ALEXANDER McQUEEN、DONNA KARAN、PRABAL GURUNG、PETER PILOTTO、HELMUT LANG、CHRISTOPHER KANE、MICHAEL KORS、ALTUZARRA等等，哇賽！全都是超大品牌，喜歡這些設計師服裝的女性朋友，能來這裡考驗一下自己的消費能力了。

INFO
地址：109-125, Knightsbridge
電話：020-7235-5000
營業時間：10：00～20：00（Mon-Sat）、11：30～18：00（Sun）
網站：www.harveynichols.com/store/knightsbridge/

本以為自己來到這裡，根本就是走錯門路，後來才發現原來男裝是位於地下樓層，我東看西逛了一下，看到了LANVIN、POLO RALPH LAUREN、DIESEL BLACK GOLD、JOHN SMEDLEY、DSQUARED^2、MARNI、VERSACE、NEIL BARRETT、DOLCE & GABBANA、GIVENCHY等牌子，心想挖勒，都沒有打折喔！這下子看看就好了。雖然服務人員很親切，但我仍是刷不下去。整體來說，哈維尼可斯百貨風格精緻，規模雖沒有哈洛德那種貴族氣勢，但堅持走簡約風格的百貨，可能正對你的胃口也說不定。

02 UGG
冬季必備的溫暖雪靴

每到冬天，就有不少女生穿著UGG的靴子上街。這品牌是1978年時，一位澳洲的年輕衝浪家Brian Smith所創，他帶著自製的羊皮靴到美國，在加州找到了屬於自己的天地。在這幾十年的時間裡，UGG所出產的靴子廣受消費者喜愛，其以頂級羊皮及工匠手法所製作的靴子，至今仍是許多女性的最愛。除了鞋款，UGG店內還有許多男女包款、童裝、服裝、配件、居家用品等，服飾風格全走著自然清爽的調性，是UGG粉絲不能錯過的一家店。

INFO
地址：5-7 Brompton Road
電話：020-7112-7772
營業時間：10：00～20：00（Mon-Sat）、
10：00～18：00（Sun）

03 BURBERRY
經典時尚，只買手帕也甘心

來到倫敦，怎麼能不逛英國最知名的時尚精品BURBERRY，這家位於哈洛德百貨附近的旗艦店，更是來倫敦必逛的名店。1856年，Thomas Burberry開了他的第一家店，其經典之作——以防水紗線布料製成的風衣，於20世紀問世，更曾被指定為高級軍服。令人想不到的是，套用於雨衣襯裡的格紋，竟成為BURBERRY後來聞名於世的經典格紋。

走訪這棟古典紅磚外牆的建築時，記得一定要在櫥窗前拍下巨大BURBERRY字樣留念。進入旗艦店

INFO
地址：2 Brompton Road
電話：020-3402-1600
時間：10：00～19：00（Mon-Sat）、12：00～18：00（Sun）

內，令我們印象深刻的時裝、風衣、配件及圍巾等經典款商品，都能在店裡找得到；當初我也是抱著無比興奮的心情來閒晃，逛了又逛後，發現最吸引我的商品，還是經典的駝色系列；手中撫摸著高級的羊毛圍巾時，心中有股說不出的感動。

怎麼說BURBERRY都是英國最經典的時尚品牌，雖買不起動輒十幾萬的昂貴風衣，但若能買買小手帕之類的商品，也能平衡一下失落的情緒，所以來到這家店的朋友，記得不要空手而回喔！一定要提個BURBERRY紙袋才能優雅的離開！

04 KAREN MILLEN
英倫輕奢時尚

英國服裝品牌KAREN MILLEN，是英國成功的女性品牌之一，屬於中高價位，品牌主要生產女裝、包包、配飾，全都很有自我風格，也是許多來英

國旅行的遊客必買的品牌。品牌創立於1981年，Karen Millen與她的伙伴Kevin Stanford，開始設計一些很有特色的T恤賣給朋友，之後他們將衣服發展為較為成熟的系列，1983年於肯特郡開了第一家店。由於KAREN MILLEN的服裝充滿女性知性美，而且每一款衣服都是位於東倫敦地區的團隊所設計及製作，穿起來有股英倫女性特有的氣質，值得一試。

INFO

地址：23-27 Brompton Road
電話：020-7589-8411
營業時間：10：00～20：00（Mon-Sat）、12：00～18：00（Sun）

05 BALLY
求新求變的英倫傳統鞋牌

遠近馳名、以鞋靴起家的BALLY，是家經營超過160多年的瑞士經典品牌，目前在瑞士還有間自己的博物館，收藏中外古今的鞋子與相關歷史外，也保留了BALLY每一個重要時期所製作生產的皮鞋。BALLY除了皮鞋受到消費者喜愛，現在皮件商品眾多，包括皮包、皮帶、皮夾等，而象徵傳統歐洲風格的「B」字標誌，也成為消費者喜歡的符號。近年來BALLY在風格上不斷求新求變，並增添更摩登的元素，期望年輕的消費者，也愛上這個擁有悠久歷史的時尚皮件品牌。

INFO

地址：37 Brompton Road
電話：020-7491-7062
營業時間：10：00～19：00（Mon-Sat）、12：00～18：00（Sun）

06 L.K.Bennett
凱特王妃愛用鞋款

INFO
地址：87-135 Brompton Road
電話：020-7225-1916
營業時間：10：00～20：00（Mon-Sat）、12：00～
18：00（Sun）

英國服裝品牌L.K.Bennett，是由Linda K. Bennett於1990年在倫敦創立，偏向中高價位，專賣女鞋、女包、服裝和配飾等系列產品，在英國已發展成為一線的時裝品牌。L.K.Bennett在創業初期，以設計女鞋出名，當時鞋款皆深受王室與都會女性喜愛，公司到1998年才正式發行女裝，並持續拓展海外銷售業務。由於L.K.Bennett的服裝常被國際知名時雜誌報導，所以更增添了品牌知名度；至今在英國、美國及歐洲其他國家，共150多家店，都能購買到L.K.Bennett精緻漂亮的時裝。

07 LACOSTE
暢銷至今的經典鱷魚

INFO
地址：52 Brompton Road
電話：020-7225-2851
營業時間：10：00～20：00（Mon-Sat）、12：00～18：00（Sun）

位於布隆普頓路上的LACOSTE專賣店，建築物上頭是三匹奔馳的馬匹雕像，十分引人注目。雖然成立於1933年的它，如今已經是一條80多歲的老鱷魚，但對於這個品牌，我仍十分鍾情。LACOSTE最著名的標誌就是繡在衣服上頭，是一條綠色短吻鱷圖樣，代表了品牌的活力與運動品味。至於它的歷史，是來自於一名叫René Lacoste的網球選手，在他贏得1927年美國網球公開賽冠軍時，就穿著自己設計的透氣上衣，後來他的好友為他繪製了一隻鱷魚的圖案，他便將這個圖案繡在球衣上，這就是鱷魚標誌的由來。至今LACOSTE的商品不只有運動服飾，也生產包包、配件及香水。雖然這隻鱷魚會變色或變大變小，但深植人心的運動形象，讓它始終相當暢銷。

08 TED BAKER
不落俗套的都會風情

INFO
地址：75 Brompton Road
電話：020-7589-5399
營業時間：10：00～20：00（Mon-Sat）、
12：00～18：00（Sun）

　　TED BAKER是每回我來到倫敦必買的英國品牌，位於布隆普頓路上的這家旗艦店，兩層樓的購物空間，充滿了濃濃英式風情，彷彿走進古董家具店般；眼前當季最新的商品整齊排列，光看就令我十分心動。話說TED BAKER之所以受到歡迎，主要是它總能大膽詮釋服裝風格，並以細膩嚴謹的態度來對待產品，並不落俗套的展現獨特的英式幽默，而成為獨具一格的TED BAKER風格。我喜歡TED BAKER的服裝，但其他商品同樣吸引著我，像是包款、手錶、行李箱及配件等等，全都充滿趣味性。男裝走著休閒雅痞，女裝則散發清新與柔美風格，無論男裝或女裝，TED BAKER就是有辦法呈現不同的都會風情。如果運氣好，你還會遇上品牌打折，包款下殺到對折，怎能不採購？

09 Harrods
逛一整天也不膩的購物聖地

　　世界知名老字號百貨Harrods（哈洛德），位於倫敦騎士橋區域，它是倫敦最負盛名的百貨。哈洛德成立於1834年，創立者Charles Henry Harrod，起初他對茶葉有濃厚興趣，後來才開始在東倫敦經營一家小店鋪。最早期的店鋪只有一個房間，但他的兒子Charles Digby Harrod卻將生意經營的有聲有色，並開始販賣香水、藥品、水果、蔬菜等。隨著哈洛德生意越來越好，員工數量也從2位，增加到今天的5,000人。而廣大的佔地面積（4.5英畝），因而成為全世界最大的百貨公司。

　　哈洛德聲名遠播，每回只要來到倫敦，絕對會來這裡朝聖！因為逛完了哈洛德，就等於一網打盡所有英國知名商品，到此購物，絕對包準你買得滿足愉快。一出騎士橋站後，我就想加緊腳步火速前進，可是布隆普頓路上也是品牌眾多，耽誤了不少時間。我遙望哈洛德百貨建築外觀，是一大棟超氣派的英式建築，雖然建築高度為6層樓，但建築物的長度實在望不盡，如果你想走遍的話，包準你會鐵腿（根本不輸大英博物館），所以建議想來購物天堂的朋友，入門前記得先取得一份館內平面圖，先挑選想採購的位置，否則逛起來很費腳力。

　　我猶記第一次踏入哈洛德迷宮時，就因興奮過度而迷路，手提一堆紀念品東奔西跑，但館內濃濃的埃及風情裝潢，至今仍讓我不斷憶起。此外，1998年黛安娜王妃和Dodi Fayed（哈洛德百貨前持有人Al Fayed的兒子）

去世後，百貨內也設立紀念碑，讓到場顧客可懷念這對
已去逝的情侶。

　　哈洛德百貨目前共有330個部門，提供顧客豐富多
元的產品服務。百貨裡所販售的商品種類齊全，包括：
珠寶、精品、電器、結婚禮服、文具、家具、家電、食
品等，百貨裡還有20家以上的餐廳及個人化服務的沙
龍、SPA、服裝訂製、哈洛德銀行等等，應有盡有的服
務，只為滿足所有造訪的顧客。雖然這裡網羅了數不盡
的商品，但最令我著迷的仍是哈洛德自製商品，像是茶
葉、餅乾、果醬、手提袋，甚至可愛的哈洛德熊，全都
曾是我的戰利品。

　　由於哈洛德是倫敦購物聖地，同時也是超熱門的
觀光景點，人潮洶湧是必然，為了安全考量，百貨入口
處會有保全人員先行安檢，如果是背著背包，也會被要
求用手提著。由於百貨公司很人，建議安排當日採購行
程時，最好先將哈洛德百貨排為第一站，因為在裡頭閒
逛，至少也得花上3個鐘頭，只有養足精神與體力，才
能在這購物天堂裡盡情奮戰。

INFO
地址：87-135 Brompton Road
電話：020-773-1234
時間：10：00～18：00（Mon-Sat）、
11：30～18：00（Sun）

斯隆街 Sloane Street

位於騎士橋區域的斯隆街是倫敦一條非常出名的精品購物街，因為距離哈洛德百貨不遠，自然吸引前往百貨購物的貴婦，順道來此看看當季最新的時尚服裝或珠寶配件。這條大街上所聚集的國際精品，幾乎都是我們耳熟能詳的品牌，像BOTTEGA VENETA、VERSACE、roberto cavalli、Cartier、BVLGARI、CHANEL、Chloé、Dior、FENDI、GUCCI等等，最大特色就是每家店，都刻意營造出與眾不同的風格，讓人逛起來充滿驚喜。

雖然斯隆街上的各家精品也走獨立店面，但整體氣氛跟龐德街（Bond Street）那裡大張旗鼓的炫耀方式有所不同，這裡的精品店風格更顯低調，所以逛起來，似乎多了一分氣質與神祕感。兩條購物街唯一相同的就是漂亮的櫥窗展示，及各店家大門都會站了穿著西裝、體型壯碩的保全人員。

放慢腳步輕鬆逛

由於精品街上的品牌幾乎是櫛比鱗次，所以來這裡閒逛採購不需搭車，只要放鬆心情與放慢腳步就行；在眾多漂亮的門市中，義大利品牌DOLCE & GABBANA最吸引我的目光，它的門市是位於一棟新古典主義風格的挑高復古建築物裡，散發出攝人魅力，吸引了不少遊客駐足；而且街上這家D & G還推出童裝系列，光看櫥窗裡的小禮服與西裝，就讓人羨慕起能穿上這些華服的小貴族們。

為了滿足貴婦需求，在斯隆街上還有多家知名漂亮的餐廳，像是超摩登的FIFTH FLOOR AT HARVEY NICHOLS、氣氛典雅的BAR BOULUD、英式傳統酒吧風情的THE GLOUCESTER等，都是貴婦逛完街、可稍做休憩的地方。

◇◇◇◇◇◇◇◇◇◇◇

斯隆街

交通：搭乘Piccadilly線於Knightsbridge站下車，步行約1分鐘可抵達，或搭乘Circle線或District線於Sloane Square站下車，步行約2分鐘可抵達。
網站：www.sloane-street.co.uk/

人氣店家 斯隆街
Sloane Street

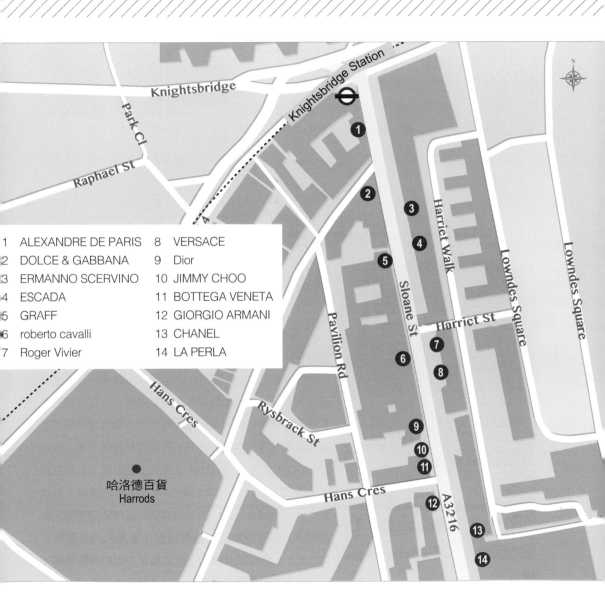

1 ALEXANDRE DE PARIS
2 DOLCE & GABBANA
3 ERMANNO SCERVINO
4 ESCADA
5 GRAFF
6 roberto cavalli
7 Roger Vivier
8 VERSACE
9 Dior
10 JIMMY CHOO
11 BOTTEGA VENETA
12 GIORGIO ARMANI
13 CHANEL
14 LA PERLA

哈洛德百貨
Harrods

01 ALEXANDRE DE PARIS
法國髮上珠寶

　　法國知名的髮飾品牌ALEXANDRE（亞歷山卓）是Louis Alexandre Raimon於1971年創立的，特別強調100%法國手工製造，所以從設計圖開始，每一款髮飾都受到最專業的對待，它以絕美設計與精湛工藝風靡時尚圈，不僅獲獎無數，也奠定「法國髮上珠寶」的盛譽；許多名媛貴婦都喜歡購買ALEXANDRE來做整體搭配，透過配戴不同風情的髮飾，變化出迷人風格，增添奢華風情。雖然價格不斐，但入內逛逛還是沒問題的。

INFO
地址：3a Sloane Street
電話：020-7235-4481
營業時間：10：00～19：00（Mon-Sat）、12：00～18：00（Sun）

INFO
地址：6 Sloane Street
電話：020-7235-4481
營業時間：10：00～19：00（Mon-Sat）、12：00～18：00（Sun）

02 DOLCE & GABBANA
來自地中海的獨特品味

　　喜歡時裝的朋友，絕不能錯過來自義大利的DOLCE&GABBANA。該品牌是由兩位設計師Domenico Dolce與Stefano Gabbana的名字所組成。在創業初期，他們不將服裝交給工廠代工，堅持自己設計版型、剪裁、縫製與裝飾所有服裝，還找來非專業的模特兒來走秀，在當時的時尚界可說是獨樹一格，也塑造出DOLCE & GABBANA強烈的自我形象。但品牌真正大放異彩是在1985年的時裝秀，他們以黑色天主教婦女穿著布料為主色，卻添加南歐宗教色彩的圖騰，並強調身體的性感曲線，創作出西西里島的風格服飾。DOLCE & GABBANA至今已成為全方位的服裝品牌，從男女時裝、童裝、珠寶、化妝品到香水及眼鏡，是品味獨特的顧客們的最愛。

03 ERMANNO SCERVINO
時尚運動風情

ERMANNO SCERVINO，是一家創立於1999年的義大利高級時裝品牌，設計師Frmanno Scervino以運動風格設計聞名，並透過精緻剪裁及內衣秀元素，一推出就獲得讚賞；2007年集團在佛羅倫斯設立了新的總部，隔年於米蘭成立大型購物門市。這家位於街上的門市，店內設計以純白為主調，分區放置男女時裝與包款；由於ERMANNO SCERVINO服裝是針對菁英人士所設計，特別重視設計細節及手工工藝，也強調實穿性，是家融合了諸多優點的服裝品牌。

INFO
地址：198-199 Sloane Street
電話：020-7235-0558
營業時間：10：00～18：00（Mon-Sun）

04 ESCADA
設計能量驚人的德國摩登女裝

創立於1978年的德國時裝品牌ESCADA，創辦人Margaretha Ley本身就是位模特兒，她對於時尚與服裝具有高敏感度，後來她以一匹愛爾蘭馬的名字，將自己設計的時裝命名為ESCADA。它的服裝風格充滿摩登都會氣息，並率先創作針織設計，還大量使用皮革印花營造率性風格，深受國際女性喜愛。但即使品牌已經成功，ESCADA仍堅持在每季推出 12 組不同主題的時裝，展現巨大的設計能量。ESCADA目前除了有服飾外，還推出香水、眼鏡、包包等周邊商品。

INFO
地址：194-195 Sloane Street
電話：020-7245-9800
營業時間：10：00～18：00（Mon-Sat）、12：00～17：00（Sun）

05 GRAFF
頂級名鑽精品

英國著名的珠寶品牌GRAFF，從最初的原石開發尋找到後續的經典設計及精密切割，全都不假他人之手，創辦人Laurence Graff曾自豪的說：「全世界7成以上的黃鑽，都來自於GRAFF。」自60年代起，GRAFF已擅長運用多種素材，來製作獨具風格的珠寶，因此GRAFF珠寶備受政經名流們的喜愛。位於街上的GRAFF店面充滿古典風格，營造出奢華卻溫暖的感受，至於內部裝潢一樣充滿個性及韻味，讓顧客來此購買珠寶時，能享受到最優越的服務。

INFO
地址：11 Sloane Street
電話：020-7584-8571
營業時間：10：00～17：45（Mon-Sat）、12：00～17：30（Sun）

06 roberto cavalla
復古華麗，貴氣逼人

來自義大利的知名時裝設計師Roberto Cavalli，摩登、大膽及貴氣就是該品牌最大特色。誕生於藝術世家、曾於佛羅倫薩藝術學院學服裝設計的Roberto Cavalli，以華麗且帶復古韻味的服飾聞名。最令人印象深刻的，是使用大量動物皮草及動物皮紋當創作的元素；除了動物皮紋，該品牌也著重絲絨綢緞或寶石、水晶材質的點綴，以呈現最貴氣的服裝風情。

INFO
地址：20-22 Sloane Street
電話：020-7823-1879
營業時間：10：00～18：00（Mon- Sun）

07 Roger Vivier
經典方扣鞋始祖

Roger Vivier是來自法國巴黎同名設計師的鞋子品牌，在台灣也擁有不少的女性支持。說到他的經典之作，絕對是60年代為YSL所設計的Belle de Jour方扣漆皮鞋。這款鞋最大的特色，在於鞋子上方有著大長形方扣，革新的設計，讓這雙鞋在當年創下12萬雙的銷售佳績，至今仍是Roger Vivier熱賣鞋款。此外，無論是絲絹、馬毛及其他物料的鞋身，搭配寶石或刻字的裝飾風格，都極富巧思，使Roger Vivier至今仍是引領女性鞋履潮流的重要品牌之一。

INFO
地址：188 Sloane Street
電話：020-7245-8270
營業時間：10：00～18：00（Mon-Sat）、12：00～17：30（Sun）

INFO
地址：183-184 Sloane Street
電話：020-7259-5700
營業時間：10：00〜18：00（Mon-Sat）、
12：00〜17：00（Sun）

08 VERSACE
走在潮流尖端的梅杜莎

義大利著名的時裝品牌VERSACE，創立於1978年，品牌經典象徵就是那美豔的梅杜莎，一看到這個標誌，就會立刻聯想起VERSACE。它的服裝風格鮮明，獨特前衛的美感令人驚豔，像是以金屬配件裝飾褲子，或採用皮革創造出介於鬥士與女妖之間的形象。此外，斜裁產生的不對稱領也是VERSACE最具魅力的設計。男裝的部分也大膽創新，故意讓尺寸略為寬鬆，呈現舒適感。無論男女，VERSACE就是要給人走在潮流最前端的印象。

09 Dior
優雅華麗的代名詞

法國服裝設計師Christian Dior，雖然從未受過正式服裝設計訓練，卻能精準掌握剪裁原則，年輕時就盡展設計長才。Dior的服裝打破當時女裝保守古板的印象，走向優雅的新女性美學，讓女性身體曲線更明顯。他的剪裁原則是「切線愈少，效果愈好！」他逝世後，許多知名設計師繼續為Dior操刀，讓這個品牌至今仍相當火紅。

INFO
地址：31 Sloane Street
電話：020-7245-1330
營業時間：10：00〜18：00（Mon-Sun）

10 JIMMY CHOO
黛妃御用鞋匠

　　JIMMY CHOO這個風靡全球的鞋子品牌，因《慾望城市》凱莉的加持後更加走紅。Jimmy Choo是馬來西亞裔的設計師，曾是黛安娜王妃的御用鞋匠與大英帝國勳章獲得者。1996年時，Jimmy Choo在倫敦開店，堅持以手工製鞋，設計出的高跟鞋總能展現女性最性感的一面。他認為4吋高的細跟高跟鞋，能讓女性雙腿更加修長，引領了細高跟鞋風潮。你也想要擁有一雙屬於自己的JIMMY CHOO嗎？來到店裡就能盡情試穿了。

INFO
地址：32 Sloane Street
電話：020-7823-1051
營業時間：10：00〜19：00（Mon-Sat）、12：00〜17：00（Sun）

11 BOTTEGA VENETA
好萊塢都拿這款

　　有「義大利愛馬仕」美稱的BOTTEGA VENETA，以其精湛手工的包包馳名，最令大家印象深刻的就是編織包款；無論是大包、小包或皮夾，全都採用皮革梭織法，展露出一流的編織工藝；拿在手上，散發歷久彌新的典雅氣質。由於BOTTEGA VENETA每款包包，製作皆耗時費工，自然價格不斐，成為許多好萊塢明星最愛拿上街頭、炫耀的包款。

INFO
地址：33 Sloane Street
電話：020-7838-9394
營業時間：10：00〜19：00（Mon-Sat）、12：00〜17：00（Sun）

12 GIORGIO ARMANI
夾克衫之王的帝國

　　這是我一直很崇尚的品牌，由義大利設計師Giorgio Armani於1975年創立。目前產品種類很廣。為了區隔不同風格的服裝，ARMANI集團分成GIORGIO ARMANI（GA）、摩登時尚EMPORIO ARMANI（EA）、商務風格ARMANI COLLEZIONI、牛仔系列ARMANI JEANS（AJ）、性感生活ARMANI EXCHANGE（AX），全由Giorgio Armani統籌。這些品牌在倫敦街頭都會遇到，多欣賞比較，才能瞭解每一系列的設計差異。

INFO
地址：37-42 Sloane Street
電話：020-7235-6232
營業時間：10：00〜18：00（Mon-Sat）

13 CHANEL
典雅雋永的黑色時尚

　　CHANEL（香奈兒）這家無人不知的法國國際精品，源自Coco Chanel在1909年創辦的巴黎女裝店。當初只是家帽子專賣店，如今卻成為時尚王國。熱愛山茶花的Coco Chanel女士，始終走著自己的路，可說是當時女性主義啟蒙的重要源頭。CHANEL最具知名度的服飾，就是風格典雅的CHANEL套裝，包括及膝短裙與短版上衣（毛線織成），再搭配上黑色裁邊和金色鈕釦和大串珍珠項鍊，就是大家印象深刻的CHANEL打扮。除了套裝風靡全球，Chanel N°5（香奈兒五號）香水自1923年問世後，也成為所有上流社會女性最愛的香水味道，自到今日仍擁有廣大女性支持者在使用。

INFO
地址：167-170 Sloane Street
電話：020-7235-6631
營業時間：10：00～18：00（Mon-Sat）

14 LA PERLA
內衣界的勞斯萊斯

　　出身義大利LA PERLA可說是夢幻的貴族品牌，其生產的內衣具有唯美的藝術氣息，將女人從裡到外的嫵媚徹底展露，深受歐洲女性青睞，因此有內衣界中「勞斯萊斯」的美譽。LA PERLA集團創立於1954年，名字取自義大利文的「珍珠」，形容將貼身衣物視如珠寶般對待。目前旗下產品包括：內衣褲、海灘裝、長筒絲襪、連衣裙、晚禮服、高跟鞋及香水。如果妳也想體驗不一樣的內在美，LA PERLA絕對是夢幻選擇。

INFO
地址：163 Sloane Street
電話：020-7245-0527
營業時間：10：00～18：00（Mon-Sat）

逛完了哈洛德百貨，如果你還有體力，請繼續往國際精品街Sloane Street前進，若逛完精品街還不嫌累，就能從Sloane大街直接走到Sloane Square這個捷運站。（如果雙腿已廢，請搭地鐵在Sloane Square站下車，就能抵達約克公爵廣場）這個位於雀爾喜地區的廣場，午後充滿閒適氣息，路上行人雖多，但未有其他購物商圈的匆忙感。民眾只是拿了本書坐在陽傘下，口中啜飲咖啡、慢慢推敲書裡的字句，還有些人正跟好友隨心所欲暢聊，輕鬆愜意。

享受倫敦慵懶午後

「約克公爵廣場」除了是用餐和喝咖啡的好地方，也是個風格獨具的購物地點，廣場區域附近的商店，不似Sloane Street大街上的精

品店家,大門總有西裝筆挺的保全緊盯著你,這裡的商店走得是種清新感受,讓人有種尋寶的樂趣。但可別以為這種小店,全都是名不見經傳的小品牌進駐,我逛了一圈後發現,這個區域的商店很多樣化,有服裝店、生活家飾、美妝美髮、花店等不同類型的商店聚集,是個兼具美食、時尚、彩妝及文化的全方位小天地。至於品牌細數有BOGGI、ZARA、LINKS、COS、MARY QUANT、JOSEPH、BANANA REPUBLIC等,所以想要慵懶度過倫敦午後,來約克公爵廣場逛逛,不會擔心會太無聊。

　　我發覺還有更多人來這,只想坐在地上休息,享受那倫敦暖洋洋的溫度,隨著和風吹動,一不小心就進入夢鄉去。此外,這個廣場在週末還會舉辦農產市集稱為Farmers Market,就在眼前廣場區域,攤販會賣些新鮮的食物,這對於難得造訪倫敦的我們,也是新鮮有趣;所以假如你

約克公爵廣場

交通:搭乘Piccadilly線於Sloane Square站下車,需走約3分鐘抵達
地址:Managoment Suite 80 Duke ot York Square
時間:10:00~18:00
網站:www.dukeofyorksquare.com/

PETER JONES百貨

地址：Peter Jones, Sloane Square
電話：020-7730-3434
時間：09：30～19：00
網站：www.johnlewis.com/our-shops/peter-jones

對於這類型東西有興趣，不妨找個空檔，來這裡走走看看，這個有吃有喝又能買機能完善的小天地。

為你的家增添簡約都會風格

來到Sloane Square，請記得到前往PETER JONES百貨走走，百貨從1864年開始營業，至今已超過150年。百貨建築外觀看似平實不花俏，但內部裝潢卻散發摩登韻味：白色簡約的風格印入眼簾，令人沒壓迫感；身旁一座別緻的迴旋樓梯，更令我印象深刻。PETER JONES百貨所販售的商品很齊全，從時尚精品、香水、電器、生活用具、裝飾到家具都有，但家居設計的商品仍是百貨強項。

逛過幾家倫敦的大型百貨後會發覺，對於生活品質的要求越來越高的現代人，也會花很多時間在妝點室內陳設，很注重生活居家用品這塊領域，因此會盡量推出大量商品來吸引消費者。像哈洛德百貨的居家商品傾向優雅奢華風，LIBERTY百貨則是著重在創意設計，而PETER JONES則偏重簡約都會，每家百貨各有所長。

走在PETER JONES百貨裡，我感覺整體空間明亮舒適，商品陳列整齊漂亮，我看到些造型獨特的廚具、燈具、沙發區與生活用品系列，都是充滿設計感的商品。逛了一會兒，正接近中午用餐時間，據說這個百貨的頂樓有個漂亮的餐廳可用餐，就決定來這裡吃點東西，我點了份簡單午餐後，挑選了一個靠窗位置，周邊典雅的建築風貌看來賞心悅目，用起餐來，心情也增添不少浪漫感。

人氣店家
約克公爵廣場
Duke of York Square

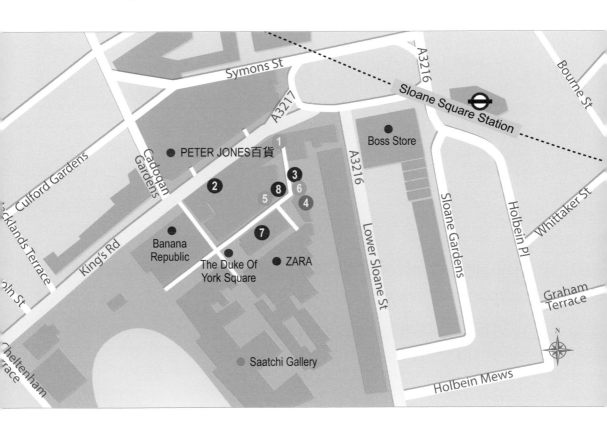

1 Jacques Flowers
2 BCBG MAXAZRIA
3 FRANCHETTI BOND
4 COMPTOIR LIBANAIS
5 LIZ EARLE
6 ORTIGIA SICILIA
7 NECK & NECK
8 BRILLIANT INC.

01 Jacques Flowers
蒔花弄草，妝點自己的生活

我發覺住在倫敦的當地居民，都很喜歡花花草草，從他們住家的陽台到公寓外面的小小綠意，花些巧思運用漂亮植物或盆栽來點綴，妝點原本沉悶的環境。這家位於廣場入口處的花店Jacques Flowers，將許多新鮮花材擺放在店門前，這裡除賣整束的鮮花外，還有不同種類的小盆栽，樣式都挺可愛，在還沒進入購物商圈前，就能先聞到花香，真是無價的享受。

INFO
地址：45 Duke Of York Square
電話：020-7823-5577
時間：09：00～18：00（Mon-Sun）

02 BCBG MAXAZRIA
歐風與美式的絕妙混搭

美國服裝品牌BCBG，是設計師Max Azria於1989年所創的品牌。他希望自創品牌的服裝風格，能融合「精緻的歐洲」與「輕鬆的美國」兩種不同生活型態，讓女性穿出自我風格，心態也舒服愉快。Max Azria專注世界上所有美好的東西，品牌發展至今，一直是配合著現代女性變化的理念來設計，滿足女性服飾上的需求。由於BCBG MAXAZRIA每季都會推出最新款式的服裝，無論是上班服飾、週末休閒或晚宴服等，皆會採用最適合的材質製作，設計上也充滿女性魅力，但往往數量有限，看到喜歡的就趕緊下手吧！

INFO
地址：23-25 King's Road
電話：020-7824-9840
時間：10：00～19：00（Mon-Sat）、12：00～18：00（Sun）

03 FRANCHETTI BOND
典雅大方的托特包

1986年，Nicholas Bond和Mariangela Franchetti設計出品牌的第一款手提包；一直以來，他們以高雅簡約的風格，與製作精美等優點，逐漸成為許多女性消費者喜愛的品牌。商品中最受歡迎的托特包，風格大方，沒有多餘的點綴，展現自然單純風情；而遮陽帽的設計，也同樣具有典雅氣質。FRANCHETTI BOND希望他們的創意構思，消費者都能喜歡，並期待顧客在使用這些包款、鞋子或配件時，心情自在愉悅，那就是FRANCHETTI BOND品牌創作的初衷。

INFO
地址：50 Duke of York Square
電話：020-7823-5550
時間：10：00～18：30（Mon-Sat）、11：00～17：00（Sun）

04 COMPTOIR LIBANAIS
讓人期待不已的黎巴嫩風味

這是家風格獨具的餐廳，從餐廳外觀充滿活潑色調的，及一張巨大人臉彩繪，就能知道裡頭所販賣的餐點，同樣令人感到好奇與期待。COMPTOIR LIBANAIS店內有豐富的健康菜餚，採用多種香料並精心配色以增添食趣，給遊客耳目一新的感官饗宴。店內的餐點相當多樣化，包括道地風味小吃、多種口味沙拉、美味蛋糕及剛烤出來香噴噴的熱麵包，而且三餐都有，就等顧客開心到此用餐！

INFO
地址：53-54 Duke of York Square
電話：020-7657-1961
時間：08：00～20：00（Mon-Sun）

05 LIZ EARLE
抒壓保養，享受自然氣氛

　　雖然來到倫敦旅行很有趣，天天都有新鮮事，但時間久了，也會感到有些疲累；這時選擇來英國知名的保養品牌LIZ EARLE，享受安靜舒適的氣氛，遠離惱人的都市繁囂，體驗自然氣氛以及放鬆身體壓力，就是最棒的選擇。LIZ EARLE所販賣的卸妝、化妝水及保養品等，皆強調自然環保風，所以商品包裝都很簡約；許多台灣遊客聽聞產品不錯，還會特別前往來選購。值得一提的，是這家店的服務，美容師會採用自家產品，藉由專業的按摩技術，以溫柔的雙手呵護你的肌膚，讓臉部及身體得到抒壓與放鬆，是來到倫敦值得體驗的好選擇。

INFO
地址：38-39 Duke of York Square
電話：020-7730-9191
時間：10：00～19：00（Mon-Sat）、11：00～17：00（Sun）

INFO
地址：52 Duke of York Square
電話：020-7730-2826
時間：10：00～18：30（Mon-Sat）、12：00～18：00（Sun）

06 ORTIGIA SICILIA
包裝精美的地中海香氛

　　ORTIGIA SICILIA是來自美麗地中海、奧提伽島的香氛品牌，品牌就以其發源地來命名；如同義大利西西里島美麗的傳說一般，充滿引人遙想的畫面。它們的產品系列包括香水、香皂、面霜、香氛蠟燭和乳液等等。男女香水都有不少種類，像是以果香族主香調：苦橙花、佛手柑、印度仙人掌；異域族主香調：香草、萊姆柑橘、木香等。此外，ORTIGIA還賣些迷人的家飾品。這個品牌的產品包裝很特別，設計像是古西西里島壁畫風格，風格新鮮值得一試。

07 NECK & NECK
款式最齊全的兒童服飾

可愛的店名NECK & NECK，是家西班牙童裝服飾專賣店，成立於1993年。品牌的產品特點，就是設計經典不過時、又能緊跟潮流的童裝款式。每季都會設計出800多款新品，從新生兒到14歲少年的服裝都有，提供給兒童在不同場合所需要的服裝款式。從運動、休閒和特殊場合，各種款式齊全，還有各種版型、材質與花色，NECK&NECK全都考量周全，適用於各種年齡的男童和女童。如果你也想買些童裝當禮物，這家店的眾多款式，應該能滿足你挑剔的需求。

INFO
地址：34 Duke Of York Square
電話：020-7881-0802
時間：10：00～18：00（Mon-Sat）、11：00～17：00（Sun）

08 BRILLIANT INC.
幾可亂真的人工寶石

這是家位於廣場上的珠寶店，你所喜歡的鑽石款式這裡幾乎都有，包括鑽石戒指、耳環、項鍊、手環。無論是結婚用的鑽石飾品，或是當作禮物餽贈朋友，這裡設計精美的風格，一定能讓你看上眼！如果你也心血來潮，想買一枚漂亮的鑽石戒指送給自己，也不是問題。從各種不同角度切割的鑽石款式，有方鑽、圓鑽及祖母綠等款式，重點是全都物美價廉，像一款水滴鑽戒，才售價約159英鎊（約台幣7,000多元），因為全是做工逼真且細膩的人工寶石，如果你心動心，就進來看看這些閃亮亮的鑽石商品吧！

INFO
地址：41 Duke Of York Square
電話：020-72590-9555
時間：10：00～19：00（Mon-Sat）、12：00～18：00（Sun）

波特貝羅市集

Portobello Market

來倫敦購物，除了高級百貨及國際精品名店外，另一種購物樂趣，就是逛市集。倫敦最有人氣的市集，就是位於諾丁丘（Notting Hill）的波特貝羅市集（Portobello Market），雖然週末來這裡是不智之舉，但偏偏週六的古董市集最吸引我，只好鼓起勇氣跟大夥一起擠啊擠！雖然說波特貝羅市集很大，很多遊客都會擔心迷路，其實只要從Notting Hill地鐵站下車、跟著人潮走就對了。

摩肩接踵湊熱鬧

波特貝羅市集是以波特貝羅路（Portobello Road）為主軸，所有精彩的小店與露天攤販全都位於這條路上，所以逛起來單純不複雜。只不過市集人氣很旺，總被人群推著走，或是別人的胸貼你的背，也就不足為奇，反正遊客就愛湊熱鬧嘛！雖然這市集重點擺在波特貝羅路上，不過從地鐵站出站後，就會察覺這區域的氣氛與景色與倫敦其他地區截然不同。這條Pembridge Road路上，迎面而來全是風格頗具特色的二層樓平房建築，一樓全是販賣二手飾品及服飾小店，雖然距離真正市集還有段距離，但這些特色小店所販賣的商品，也是頗具競爭力，值得一提；每家小店的門面都被打造得很有特色，某些賣T恤的店家，甚至將衣服掛到一層樓高，各種顏色的T恤，就這樣隨風搖曳，形成有趣的風景。

　　此外，當我每轉過一個路口，就會一再被當地漂亮的建築物所吸引，這些建築物幾乎都是小房子，被塗上了藍色、赭紅、黃色、橘色等不同顏色，一整片看起來像走進童話世界，實在是可愛的太犯規！走著走著，終於到達目的地，就是火紅的波特貝羅市集，這個地區在過去只是一個小農莊，當初以加勒比海的Puerto Bello命名，是為了紀念1739年時佔領此區的Admiral Vernon，至今小農莊變成了擁有1,500個古董攤位的超級大市集。特色小店與攤位，所販賣的商品從古董攤、二手唱片、二手書、舊的新的首飾、二手瓷器、銀器、燭台、復古衣、復古相機、家具、汽車牌、觀光客紀念品等等，幾乎什麼都賣、什麼都不奇怪的精彩榮景。

　　既然來到這裡尋寶，技巧就是大膽細心，若看到喜歡的商品，就得出手摸摸看，問問看價錢，最後就是使出殺價功力。我觀察過來這裡採購的人們，以遊客居多（一看便知道），大家都是一派打扮輕鬆的東挑西撿，我也跟著大家一樣，裝出很老練的模樣，跟店家殺價，但可能時間太早，店家老闆的價格很硬，最後都沒能成交。波特貝羅

◇◇◇◇◇◇◇◇◇◇◇◇◇◇◇◇◇◇

波特貝羅市集

交通：搭乘Circle、District、Central線於
Notting Hill Gate下車，步行約5分鐘抵達市集。
地址：Portobello Rd.
網站：www.portobelloroad.co.uk

市集除了路上的小攤販外，千萬別忘了去逛那些賣古董家具或是二手商品的小店，每一家店舖所賣的東西也很精彩，需要花更多的時間去探索，但這也是逛波特貝羅市集最大的樂趣所在。

優遊市集撿便宜

波特貝羅市集以波特貝羅路為主，這樣長長的一條路上，大致能區分成三段，是血拚一族的購物天堂。當我們從地鐵站，一路走到波特貝羅路時，最先碰到的是賣古董家具或二手家飾品的店家，而這一區域的露天攤販所賣的東西比較雜，像是二手書、配件珠寶、二手古瓷、手工畫作、復古漫畫書、還有些看起來感覺是把家裡東西全拿出來賣的攤販，反正在這一區塊攤位賣的東西，琳瑯滿目卻有趣，有點難去歸類。

繼續朝波特貝羅路北面方向走，就會發現所賣

的東西，風格又大不同，從Elgin Crescent往北的這一段路，最大改變就是攤位明顯變大，而且多家販賣蔬菜水果的攤位聚集在一塊。然而這區塊也特別吸引我，因為我常發現攤位上，販賣多種英國當地的蔬菜，都是我在台灣未曾見過的，格外新鮮有趣；這裡的水果物美價廉，我曾在水果攤上購買新鮮櫻桃，沈甸甸一大包竟然才1英鎊，甜美又多汁的好滋味，至今令我難忘。除了水果蔬菜攤位，我還發現某些露天麵包店，款式多樣的麵包被堆放在攤子賣，還有那被堆得跟小山一樣高的小蛋糕，實在是難得一見的特殊景象。

走過水果攤，再穿過Blenheim Crescent之後，這裡的攤販主要是販賣帽子、絲巾、包包、裙子、球鞋等用品，而且每個攤子規模都頗大，店家將衣服掛得高高的，不僅掛得多、又能讓顧客從遠處就能看見衣服款式，是相當聰明的作法。我走著走著，耳邊突然聽見大提琴樂聲，原來是個戴著小草帽的街頭藝人擋在公共廁所前表演，不知道他為何非挑這個重要位置，看他自得其樂的大聲演奏伴唱，我放下一枚銅板，為他的樂觀與毅力喝采。走到這裡差不多到市集盡頭，時間過了中午，市集人潮湧現，雖然今天只得手幾件小禮物，但在好天氣於波特貝羅市集裡優遊，早已讓我心滿意足。

人氣店家 彭布里奇路 Pembridge Road

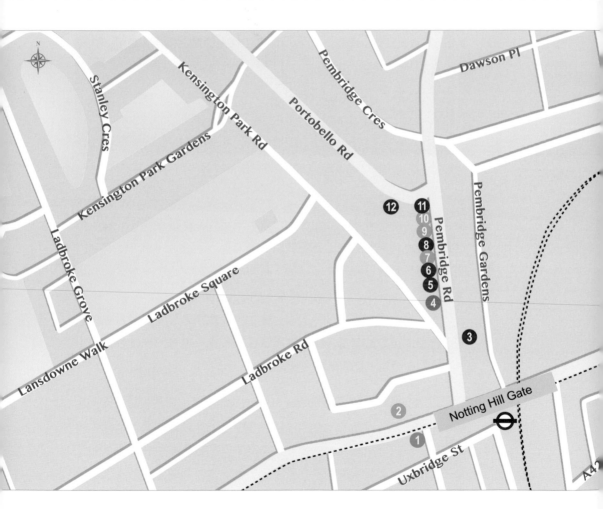

1	CORONET CINENA	7	Mimi Fifi
2	Tylers	8	COCO KINGDOM
3	RETRO woman	9	ARMY CLASSICS
4	arancina	10	Souvenirs
5	Who's Next?	11	HIRST ANTIQUES
6	B Famous	12	ORGANIC Hill

01 CORONET CINEMA
平價復古電影院

這家戲院的外觀，是一棟宏偉且古典的英式建築，一看就知道它擁有悠久的歷史。所以如果想要體會在復古風情的老戲院裡看戲，這裡就是好選擇。雖然戲院歷史悠久，但外觀保持良好，價錢也不會太昂貴；即使螢幕不是很大，還是能享受看戲的樂趣，光是精緻優美的雕花與舒適座位，就值回票價，讓人感覺彷彿像在看歌劇一般，是種很特殊的體驗。只可惜目前正在裝修，也回歸劇場本行，想一睹風采得耐心等候。

INFO
地址：103 Notting Hill Gate
電話：020-7727-0707
營業時間：以場次為主

02 Tylers
居家五金雜貨

Tylers是一家全方位的超大五金行，經營已超過25年歷史，若你想購買廚房、花園及生活方面所需要使用的器具，這裡都能滿足你。重點是這裡的服務人員很親切，樂於助人，會協助你找到需要的東西。店內賣的東西很多樣化，從花瓶、鑰匙、延長線、紙巾、油漆塗料、麵包刀、蠟燭、相框、掃帚、耶誕節裝飾用品，甚至連一大束的鮮花都買到。你是否缺了什麼家庭五金用品呢？Tylers絕對是解決問題的好幫手。

INFO
地址：104-106 Notting Hill Gate
電話：020-7727-0699
營業時間：08：00～19：30（Mon-Fri）、09：00～19：00
（Sat）、11：00～17：00（Sun）

03 RETRO woman
高質感二手服飾

女人懂得買東西，來到波特貝羅市集，就一定要使出殺價本領。這家位於地鐵附近的商店，專賣二手服飾，遊客還未入店內，即被擺在櫥窗前琳瑯滿目的商品所吸引。店內賣著各式各樣漂亮的高跟鞋、長靴、平底鞋款。除了鞋子，還有收藏良好的包款、腰帶及太陽眼鏡等，許多還是國際知名品牌。這家女性店的隔壁就是男性店，也是商品眾多。為了吸引顧客上門，每件商品都已標出折扣價，我看見許多質感不錯的商品，且價格都很實惠，值得進去尋寶。

INFO
地址：20 Pembridge Road
電話：020 -7565-5572
營業時間：10：00～20：00（Mon-Sun）

04 arancina
櫥窗搶眼、香氣誘人的義式美食

這是家風格搶眼的義大利餐廳，店內停了輛鮮豔復古的橘色汽車，搖下的車窗成為展示最美味義大利披薩的陳列區域。雖然還不到用餐時間，但光看店裡多樣化的西西里島美食，聞到飄散至街道上的濃濃起司香，就令人興起啃片披薩的慾望。這家店除了披薩，還販賣沙拉及多種麵款，想體驗特殊的用餐氣氛嗎？就進來arancina吃吃看。

INFO
地址：19 Pembridge Road
電話：020 -7221-7776
營業時間：07：30～22：30（Mon-Fri）、08：30～23：00（Sat-Sun）

05 Who's Next?
超便宜青春女裝

Who's Next? 是家洋溢青春氣息的女裝專賣店，店外頭使用了超鮮豔的橘紅色調，吸引了不少女性顧客注意。Who's Next? 以銷售年輕女性的服裝為主，包括T恤、短褲、牛仔褲或小洋裝，風格大多簡單大方。除了服飾，這裡還賣些小錢包、手提包、托特包等等，也有色彩鮮豔的厚底高跟鞋、花紋醒目的平底運動鞋。重點是，這家店的價位走便宜路線，洋裝一件15英鎊，球鞋一雙5英鎊。來到這不妨逛逛，說不定會找到看對眼的好東西。

INFO
地址：23 Pembridge Road
電話：020 -7243-4392
營業時間：08：00～10：00、16：30～18：30（Mon-Fri）、08：00～18：30（Sat）

06 B Famous
街頭風前衛潮T

這家個性小店從外觀就相當吸引人，鮮豔的黃色櫥窗門框上，劃上了不少風格酷酷的塗鴉，一張巨大的嘴巴吐著大舌頭，風格前衛又活潑。B Famous是家潮流T恤專賣店，店內蒐集了風格多樣的英國街頭潮流的圖案，轉印至T恤上頭，還有許多名人圖樣，或龐克風的塗鴉款。店內空間雖不大，卻掛滿了不同調調的T恤，讓喜歡這些個性T恤的顧客，能盡情挑選。

INFO
地址：25 Pembridge Road
電話：020 -7221-8811
營業時間：08：00～10：00、16：30～18：30（Mon-Fri）、08：00～18：30（Sat）

07 Mimi Fifi
讓你把持不住的可愛玩具舖

唉啊！怎麼會有這麼可愛的玩具店！店內的玩具超多種類，許多是大家都很熟悉的熟面孔，像是丁丁歷險記系列、藍色小精靈、粉紅豬小妹、加菲貓、史努比、迪士尼的多位主角都在櫥窗裡，是喜歡收集玩具的玩具咖必逛的小店。我也很欽佩店家的櫥窗設計，竟能將這麼多的卡通人物清楚陳列，卻絲毫沒有雜亂感，讓每款玩具都能在最好的位置上發光，是家值得推薦的玩具店。

INFO
地址：27 Pembridge Road
電話：020 -7243-3145
營業時間：10：00～20：00（Mon-Sun）

INFO
地址：41 Pembridge Road
電話：020 -7243-3145
營業時間：09：30～19：30（Tue-Sun）

08 COCO KINGDOM
看見英倫風的粉紅魅力

COCO KINGDOM是家可愛的服飾店，充滿粉紅夢幻的魅力，多款洋裝與T恤就這樣被高高掛在門前，隨風搖曳。雖然店內空間不大，卻極盡所能的塞進很多服裝與包包，我從櫥窗就見到許多風格不同的手提包款和皮夾。由於波特貝羅市集是許多國際遊客都喜歡造訪的地區，所以COCO KINGDOM所販賣的小洋裝或包款，很多都有英倫風，價位也平實，是家能安靜挑選的小店。

09 ARMY CLASSICS
軍事迷千萬不可錯過

如果你是軍事迷，很建議來這家小舖看看，門外的裝飾就相當引人好奇，兩位頭戴高帽紅色軍服的英國禁衛軍，就這樣直挺挺的站在門邊。櫥窗上還貼滿了英國皇室和名人的大頭照，櫥窗內則擺些稀奇古怪的東西，像是胸針、帽子、圍巾等，讓人不禁懷疑店內到底賣些什麼怪東西？入內才知道，原來有許多過去軍隊穿過的軍服，還有些帳篷、睡袋、戶外露營裝備及偽裝裝備，是軍事迷不可錯過的軍用專賣店。

INFO
地址：49 Pembridge Road
電話：020 -7221-7117
營業時間：09：30～19：30（Tue-Sun）

10 Souvenirs
在地品味的紀念品

緊鄰軍事迷專賣店，正是家挺有趣的紀念品店，為了吸引遊客目光，也是極盡所能的將T恤掛在門外，從裡掛到外的展示方式，果然引人注意。除了高掛的T恤外，一台紅色的機車成為櫥窗裡的主角，十分吸睛。這家紀念品店不似牛津街上的那樣大，卻營造出市集品味的另一種調調。雖然都是英國國旗或是地標之類的紀念品，但所賣的商品跟外頭賣的仍有差異，值得一探究竟。

INFO
地址：51 Pembridge Road
電話：020 -7223-8668
營業時間：09：30～19：30（Tue-Sun）

11 HIRST ANTIQUES
復古,卻依舊閃亮

這是家配件、首飾的專賣店,店內收集各種飾品,金光閃閃,惹人注目。我發覺有許多飾品,都是復古風或充滿地方色彩的配件,從頭上的裝飾品到耳環、胸針、項鍊、手鍊等,全都採用不同材質來製作,因為數量很多,想要挑選一件適合自己的商品,得費一番功夫。此外,我還發覺店內還販賣像YSL,香奈兒和迪奧所設計的金屬配件,有興趣的朋友能入內瞧瞧。

INFO
地址:59 Pembridge Road
電話:020 -7227-9364
營業時間:11:00~18:00(Mon-Fri)

12 ORGANIC Hill
可愛的英倫文創紀念品

路過ORGANIC Hill服飾店,不自覺就被吸引進去了,因為店門口掛滿了自家設計的T恤、帽T及包包,都印上了可愛的圖案,無論是單純的字樣塗鴉或是英國禁衛軍娃娃造型、英國國旗,在他們的創意揮灑下,可愛動人。進入店內,會發現它們皆採用白底並印製上圖案,尺寸除了大人款,還有許多超小件的孩童版,超級卡哇伊,超級心動,可當作實用又富趣味感的紀念品。

INFO
地址:15B Portobello Road
電話:08539486
營業時間:11:00~18:00(Mon-Fri)

波特貝羅路
Portobello Road

人氣店家

14 JESSIE WESTERN
15 Petite Porto
16 Chelsea Galleries
17 AUTHOR SHOES
18 ALICE'S PORTOBELLO
19 SILK & CASHMERE
20 Judy Fox Antiques
21 Clock Centre
22 PORTOBELLO GOLD
23 HIGHLAND STORE
24 The PORTOBELLO PRINT & MAP SHOP
25 CROWN ARCADE
26 ALLSAINTS
27 THE BLUE DOOR
28 KURT GEIGER
29 FIRST FLOOR Restaurant
30 STARBUCKS COFFEE
31 THE SPICE SHOP
32 CHLOE ALBERRY

14 JESSIE WESTERN
氣勢和價格都相當驚人的西部風飾品

JESSIE WESTERN是一家專賣美國飾品的專賣店，店內擺滿西部牛仔風格的服飾及披風，看著這些商品，讓人彷彿來到印地安部落一般。眼前的印地安酋長帽子，採用大量羽毛編織而成，很有粗獷氣勢，只不過一頂要價500英鎊，令人吃驚。此外，店內還賣些昂貴的珠寶配飾；我逛啊逛，最後發現只有些皮編的手環買得起。如果你也是印地安或牛仔迷，就進來冒險一下。

INFO
地址：82B Portobello Rd
電話：020-7229-2544
營業時間：10：00～18：00（Mon-Sun）

15 Petite Porto
大熱天的行旅良伴

這是一家帽子專賣店，大熱天的倫敦，需要到店裡買頂帽子遮陽。這家店面不大，老闆卻盡力塞進更多東西，外頭有遊客最需要的小草帽外，還有小圓盤帽、鴨舌帽、狩獵帽，我還看到某些遊客正在試戴，大家都感覺到天氣的炎熱。除了帽子，為了因應大量的觀光客，Petite Porto也兼賣些英國風情的商品，像英國國旗襪子及英國國旗背包，來吸引大量路過的遊客。

INFO
地址：82C Portobello Road
營業時間：10：00～18：00（Mon-Sun）

INFO
地址：67-73 Portobello Road
電話：020-7229-7762
營業時間：10：00～18：00（Mon-Sun）

16 Chelsea Galleries
優雅高檔的二手生活用品

這家二手商品店看來頗有歷史，還沒進到店內，就先被馬路攤位上的商品強烈吸引。我看到許多很有年代感的瓷器，一旁漂亮的胸針及樣式可愛的珠寶盒也頗具風情；店門的另一邊則擺了些高檔的銀器。這種類型的商品在市集裡很受歡迎，無論是銀製燭台或餐桌上使用的銀器器皿，全在太陽光照射下閃耀著動人的光芒。

17 AUTHOR SHOES
人氣零碼鞋專賣

　　為了搶生意、拚人氣，AUTHOR
SHOES這家鞋店，將自家鞋子丟到大街上
來賣。我瞧了瞧，發現許多都是人氣品牌鞋
款，像我面前就扔了雙HUNTER的雨鞋，一
看價格嚇了一跳，買兩雙只居然需要12英
鎊，這種價錢也太便宜了！只不過都是一些
零碼鞋，想買也得塞的進去才行。除了雨
鞋，一旁還擺了些夾腳拖鞋、露指涼鞋、平
底鞋、帆布鞋、球鞋等，反正來到這個市集
就是有什麼看什麼，看到什麼就買什麼，只
要看上眼，就去問問價錢。

INFO

地址：71 Portobello Road
電話：00906-784-0065
營業時間：10：00～18：00（Wed-Sun）

18 ALICE'S PORTOBELLO
歷史悠久的骨董家飾

　　位於街角、獨棟紅色建築外觀的ALICE'S
PORTOBELLO，1887年就開始營業，店裡的商
品種類多且價錢公道，是知名二手古董家飾店。
由於東西太多，老闆將某些商品直接堆在大街
上，吸引了不少想撿好東西、好價錢的遊客上
門。看看門口，就擺了人形模特兒、木製箱子、
復古的網球拍、詭異的海報、壁畫、及舊時代的
看板，東西很雜，令人摸不著頭緒。不過若是想
尋寶的人，有時間肯定是要逛逛這家店的。

INFO

地址：86 Portobello Road
電話：020-7229-8187
營業時間：09：00～17：00（Mon-Fri）、07：00～16：
00（Sat）

19 SILK & CASHMERE
為你的冬天增添一絲溫暖

位於街上的SILK & CASHMERE，是家專賣高級絲綢與頂級喀什米爾羊毛製品的小店鋪，開在波特貝羅這裡，感覺令人有些詭異。這家店外觀以紫紅色為主調，搭配上金色字樣，格外醒目。店內採用柔和的光線，營造出溫馨親切的氛圍。所販賣的男女服裝與配件，顏色皆以單色調為主，充滿優雅氣質。但最令人矚目的，應該是五顏六色的絲綢和羊絨圍巾，我想在寒冷的冬季時，這家店的生意應該很好，因為大家可能都會期待，能有一條溫暖的喀什米爾圍巾圍在脖子上頭。

INFO

地址：77 Portobello Road
電話：020-7018-2873
營業時間：09：00～17：00（Mon-Fri）、07：00～16：00（Sat）

20 Judy Fox Antiques
只能看不能摸！

Judy Fox Antiques是一家專賣藝術雕塑品的店，我遠遠就看見它華麗的店面，但可能因為商品售價太昂貴，逛的人並不多。Judy Fox Antiques店內空間雖不算大，卻擺放不少歐洲風格的雕像與家具，天花板也吊掛了些看來頗有年分的水晶吊燈，綻放淡淡光芒；身旁還有19世紀的木造扶手椅，由於年代久遠，絕對是只能看不能摸的古董。眾多家具裡，我發現牆邊一座很漂亮的櫥櫃，它是來自於愛德華七世時的家具，風格唯美、引人入勝。除了家具，店內還有多款姿態優雅的大理石人形雕像，是喜歡古董家具的朋友，欣賞品味的好機會。

INFO

地址：81 Portobello Road
電話：020-7729-8130
營業時間：06：30～20：00（Mon-Fri）、07：00～20：00（Sat）、08：00～20：00（Sun）

21 Clock Centre
古老的大鐘

Clock Centre將整棟建築塗上最鮮豔藍色，它是家古董鐘錶專賣店，店內飄散出一股很有歷史的韻味；除了販售各類古董鐘錶外，也幫顧客維修壞的鐘錶。從1963年開業以來，成為許多倫敦市民購買鐘錶或維修的老店。店內販賣許多英國或法國古董鐘錶，款式很多，無論是掛在牆上的木製咕咕鐘，或擺在櫃上那金碧輝煌、維多利亞時代類型的大鐘，或裝飾華麗、風格神祕的人形鐘，在店內都找得到。此外，Clock Centre店外還擺了一位修鐘錶木製人偶，告訴顧客他們也負責維修，如果你是復古鐘的愛好者，記得來店裡逛逛。

INFO
地址：87 Portobello Road
電話：020-7985-0374
營業時間：10：00～17：00（Mon-Fri）、09：00～17：00（Sat）、10：00～16：00（Sun）

22 PORTOBELLO GOLD
價廉物美的英式酒吧

這棟採用紅磚外牆蓋起來的大眾酒吧，充滿濃濃的英式風情，比我去過的任何一家看起來都更古老，或許就是這股老魅力，吸引了各國遊客上門。來這兒無論是喝酒或吃些餐點，都是逛街逛累了時的好選擇；反正來到倫敦想喝酒，不需要太多理由。PORTOBELLO GOLD餐點從早上10點開始供應，還強調這裡有多款好喝的生啤酒（從£3.40起）及各種迷人的音樂，主打餐點與酒品都價廉物美。如果你也想體驗老舊英式風情的舒適感，倒是個不錯的選擇。

INFO
地址：95-97 Portobello Road
電話：020-7460-4910
營業時間：10：00～00：00（Mon-Sat）、12：00～23：00（Sun）

23 HIGHLAND STORE
精緻蘇格蘭格紋，讓你變身優雅文青

這是家風格很可愛的小店，採用綠色格紋的外觀設計，給人一種很青春的英倫感受。我覺得HIGHLAND STORE最吸引人之處，莫過於店門口那一台白色手推車，上頭擺了許多格紋風的圍巾（價格為£12），顏色線條搭配都很好看，當下有些心動。除了眾多圍巾外，店內還賣些男女裝，風格一樣走著優雅風情，當然店裡的圍巾款式更多，還有毛帽及手套，所以吸引了不少年輕族群上門尋寶。這家店風格頗有文青感，相信會有不少年輕朋友會被吸引進來。

INFO
地址：105 Portobello Road
電話：020-7727-0667
營業時間：10：00～18：00（Mon-Fri & Sun）、09：00～19：00（Sat）

24 The PORTOBELLO PRINT & MAP SHOP
世界就在你眼前！

這是家用赭紅色塗滿店面的小店，主要販賣海報及世界地圖，1988年開店至今，吸引不少喜歡老舊地圖或海報的遊客。店內有多款古代或現代版的世界地圖，還有許多珍貴的古董版畫和古董級的地圖；此外，也賣像北美洲、南美洲、太平洋區域、俄羅斯、亞洲、歐洲、遠東地區和非洲以及許多其他地點的地圖。除了地圖，店內還收藏了從18至19世紀的天文和人體版畫，都相當珍貴。至於這些商品價位從£20到£1,000都有，對天文地理有興趣的人，不妨入內一探究竟。

INFO
地址：109 Portobello Road
電話：020-7792-9673
營業時間：11：00～16：00（Mon-Fri & Sun）、09：00～19：00（Sat）

25 CROWN ARCADE
異國神祕風情飾品

　　CROWN ARCADE是一家專賣各國民俗風商品的店家，紫紅色的建築外觀，散發出神祕的視覺效果，而且這家店賣的商品款式真不少，主要販賣各種民族風寶石及女性頭巾、絲巾，還有各式各樣的耳環、項鍊及手環，排滿了整個櫃位。店家採用多種天然寶石與銀器搭配，製作成風格迥異的商品，深受喜歡異國風情物品女性青睞，由於商品數量及款式很多，來這店裡選購時，肯定得多花些時間。

INFO
地址：119 Portobello Road
電話：020-7792-5240
營業時間：10：00～18：00（Mon-Sun）

26 ALLSAINTS
冷酷風格，搖滾韻味

　　位於街角的ALLSAINTS，從店門口看不出來內部有氣勢的裝潢，採用大量古董縫紉機排成一面牆，展現另一種冷調的工業風格。ALLSAINTS是一家販賣男女服裝的英國品牌，我先到男裝部去逛，發現所設計的T恤，都是充滿搖滾韻味，但某些圖案則是偏向灰暗，像是將骷髏頭、刀具等強烈圖騰印衣服上，試穿後發覺版型有些小；至於女裝風格也很有個性，T恤一樣走酷酷風，而小洋裝都多是走線條俐落、風格簡約。店內還有賣些皮衣、皮褲之類的服裝，適合個性酷酷的朋友選購。

INFO
地址：290 Westbourne Grove
電話：020-7985-9072
營業時間：10：00～19：00（Mon-Fri）、08：00～20：00
（Sat）、10：00～17：00（Sat）

27 THE BLUE DOOR
打開你欣賞英式茶藝的大門

　　這一家「藍色大門」很懂得愛喝茶遊客的需要，店內所販賣跟茶葉相關的產品種類繁多，風味淳厚，很適合自己獨享或當伴手禮。除了茶葉與茶包，店內還有多種英式茶具組，各種不同顏色的玫瑰圖騰，全成為瓷器上的精美花樣，看樣子玫瑰花仍是英國人的最愛。此外，還賣些像杯墊、濾茶網、吐司架等餐桌用具。喜愛喝茶的英國人，對喝茶這件事採取很慎重的態度，因此除了重視茶葉本身的香氣與味道外，對於周邊泡茶器具也不馬虎，這點倒是我們可以多多學習。

INFO
地址：131 Portobello Road
電話：020-7221-9088
營業時間：10：00～18：00（Mon-Sat）、10：00～17：00（Sun）

28 KURT GEIGER
值得擁有的細跟高跟鞋！

　　英國知名的鞋子品牌KURT GEIGER，在波特貝羅路上也有家門市，位於轉角處的店面相當顯眼。設計師Kurt Geiger於1963年在倫敦龐德街開了第一家店後，始終秉持創新的態度與創意的思維來製作鞋款，讓鞋子獨特的設計風格與實穿性結合，進而成為國際上受歡迎的鞋子品牌。其中最值得推薦的是KURT GEIGER的細跟高跟鞋與涼鞋，全都充滿時尚韻味，來到倫敦時，值得為自己添購一雙。

INFO
地址：156 Portobello Road
電話：020-7243-8393
營業時間：09：30～18：00（Mon-Fri）、09：00～19：00（Sat）、11：00～17：00（Sun）

29 FIRST FLOOR Restaurant
來一份英式早午餐！

這家位於市集心臟地帶的FIRST
FLOOR Restaurant，外觀是獨棟木造
建築，而且塗滿了淡藍色，更添風情，
在波特貝羅市集裡是很顯著的地標。餐
廳的一樓是大眾酒吧，是想要喝點啤酒
的好地方；至於樓上，則是氣質復古的
餐廳，提供美味的英國餐點及歐式料
理。由於星期六是波特貝羅市集最多人
的時刻，攤位很早就會開，建議不妨先
到FIRST FLOOR Restaurant品嘗一頓
精彩澎湃的英式早午餐，充滿電力後再
開始一天的尋寶。

INFO
地址：186 Portobello Road
電話：020-7243-0072
營業時間：09：30～18：00（Mon-Fri）、09：00～19：00
（Sat）、11：00～17：00（Sun）

30 STARBUCKS COFFEE
歇歇腳，享受涼風徐徐

INFO
地址：227 Portobello Road
電話：020-7727-5881
營業時間：06：30～20：00（Mon-Fri）、07：00～
20：00（Sat）、08：00～20：00（Sun）

因為我是星巴克鐵粉，所以無論到
各國旅行，都會情不自禁地跑去星巴克咖
啡館裡瞧瞧，看看咖啡店的風格又有何特
色。來到波特貝羅市集，我最愛來這家位
於轉角處的星巴克咖啡館，全綠色門面的
外觀，相當引人注意；而且另一邊的窗戶
還是完全敞開，涼爽的自然風，徐徐吹入
咖啡館，讓顧客感受舒適的溫度，算是
挺罕見的設計。雖然這家星巴克咖啡店不
大，外頭只擺了幾張座位，但整體感覺相
當舒服，且跟市集的氣氛很搭，是遊客歇
歇腳的好地點。

31 THE SPICE SHOP
風格強烈的香料小舖

　　我從遠處就看見顏色強烈又醒目的牆壁塗鴉，令人感到好奇，走近一看，反而被隔壁小店鋪給吸引進去。這家小店是家專賣香料的店，從1990年開始營業，當初店老闆是為了唸書籌學費，週末才來這市集擺攤位，想不到後來竟成為她的主業。由於她所調配出的香料受到歡迎，而越來越出名。目前店內提供超過2,500種的商品，其中最受歡迎的，是店家調配的辣粉及辣椒醬，許多英國餐廳廚師還會定期跟她購買香料，以調理出更迷人的美味料理。

INFO
地址：1 Blenheim Cres
電話：020-7721-4448
營業時間：06：30～20：00（Mon-Fri）、07：00～20：00（Sat）、
08：00～20：00（Sun）

32 CHLOE ALBERRY
琳瑯滿目的裝潢家飾！

　　街上這一棟藍色的CHLOE ALBERRY實在太吸睛了，才兩層樓高卻塗滿鮮豔的淡藍色，超有希臘fu。主要販賣居家裝潢所要使用的商品，像是櫃子的把手，可是光這一樣小東西，就有不少材質與花樣，有木頭、塑膠、玻璃水晶、銅器製等。此外，店內賣的門把款式也很多樣化，真得很令人吃驚，想不到只單純賣這樣的商品，就能維持一家店的生計；這裡還賣些風格典雅的鏡子，如果對這些居家小物有興趣的人，或許可以逛逛。

INFO
地址：84 Portobello Road
電話：020-7727-0707
營業時間：06：30～20：00（Mon-Fri）、07：00～20：00（Sat）、08：00～20：00（Sun）

Chapter 3

East London
東倫敦

老史比托菲爾德市集

Old Spitalfields Market

走出利物浦街地鐵站，眼前景致，很明顯有別於其他區域，雖然人潮仍川流不行，但周邊建築似乎陳舊了些，迎面而來，還有許多皮膚黝黑的人們。因為倫敦東區是眾多種族大匯集的地方，包括了猶太人、愛爾蘭人和大量的孟加拉人都住在這裡，種族文化融合出今日東倫敦獨有風貌。

我隨著人群走入Brushfield街，首先印入眼簾的，是許多年輕人竟在大白天坐在路邊喝酒聊天，誇張的自由氛圍，著實令我吃驚！街上還有些服飾店、配件店、二手店及英式酒吧，每家店都不大，卻都很有味道。此外，這裡還有不少令人眼睛為之一亮的公共藝術創作，據說是因為這裡自由自在又自我的風氣，能刺激他們的創作靈感，而吸引不少新銳藝術家到此發展。

倫敦東區最受歡迎的市集，就是老史比托菲爾德市集，這個市集知名度雖不及波特貝羅市集，但因地理位置與特殊風貌，早已成為東倫敦居民，最

愛聚餐與購物的熱門地。老史比托菲爾德市集建築物本身有些陳舊，可是紅磚外牆別具歷史風味，故有「最佳私人市場」的美稱。

　　市集內部，則是採用鐵架撐起整個大市集，利用垂降燈具作為主要照明設施，由於屋頂使用透明塑膠材質，在白天即使不開燈，採光仍十分明亮，這個市集原本是果菜市場，後來才改建為今日乾淨摩登的模樣。

滿滿懷舊風的市集商品

　　遊客來到老史比托菲爾德市集，除了吃飯喝酒外，當然是逛市集裡所賣的商品。市集攤位所賣的東西種類眾多，大致可歸類為：時尚類、孩童類、藝術類、食物類、古董類、收藏類及珠寶類幾

老史比托菲爾德市集

交通：搭乘Central線、Circle線、Hammersmith線、Metropolitan線於Liverpool Street站後左轉直行Bishopsgate，約200公尺後右轉Brushfield Street。
地址：16 Homer Square, Spitalfields
網站：www.oldspitalfieldsmarket.com/
市集商品區分與營業時間：
Mon -Wed: 10：00-17：00（一般市集攤位）
Thurs: 09：00-17：00（古董與收藏市集）
Fri: 10：00-16：00（時尚與藝術市集）
Sat: 11：00-17：00（主題市集日）
Sun: 09：00-17：00（一般市集攤位）

大項目。我個人就對古董類的攤販特別感興趣,有家攤位名為Clou-
Antiques &Vintage,就賣了不少復古家具、燈飾及玩具等,都是經歷
無數風霜歲月的商品,看來格外有感。另外一家Enamelama,則是家
販賣30年代到70年代廚房用具的店,像是老式的麵包箱、蛋糕鐵罐、
餅乾刀之類,看來都充滿懷舊復古風情。至於Magpie's Attic,則強調
自己所賣的商品物美價廉,攤位上擺放了多種復古風情的珠寶配件,
對於喜歡懷舊感商品的人,來到店內一定能找到自己喜歡的東西,享

受那份懷舊的樂趣。

　　老史比托菲爾德市集最特別之處，是天天營業的小攤位，商品琳瑯滿目，從民俗風服飾、包包、配件、明信片、繪畫創作、小型家具、兒童玩具都有，其中不少攤位老闆都是年紀很輕的創作者，攤位上展示著充滿個人魅力的商品。但我想，最多人逛的應屬週四的古董市集，吸引不少遊客到此找古董收藏。

盡享英式美食樂趣

　　來老史比托菲爾德市集裡閒逛，除了讓遊客駐足尋寶的小攤販外，周邊還有多家特色商店，全都值得走訪。這些小店像是賣潮流服飾ALBAM CLOTHING、風格眼鏡行BAILEY NELSON、流行服裝HACKETT、創意小物店INSPITALFIELDS等等。來市集除了購物外，另一種樂趣就是吃美食，位於市集裡的餐廳還真不少，像是專賣好吃漢堡的GOURMET BURGER KITCHEN、餐廳CREPEAFFAIRE、炸魚薯條專賣店POPPIES FISH & CHIPS與可吃到香酥餡餅的SQUARE PIE，全是值得前往品嘗的好店。

老史比托菲爾德市集
Old Spitalfields Market

人氣店家

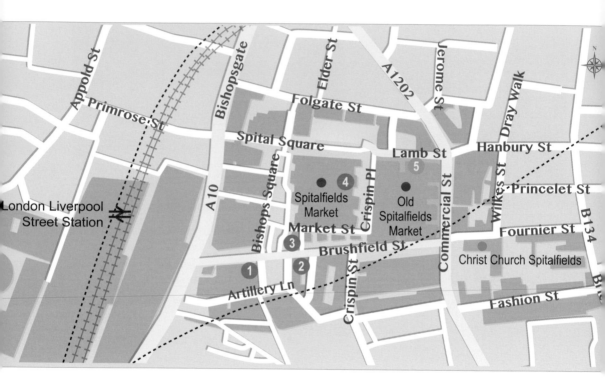

1 BE AT ONE

2 EAT.

3 Patisserie Valerie

4 LEON

5 INSPITALFIELDS

01 BE AT ONE
自由隨性的雞尾酒吧

　　BE AT ONE是當地人氣火紅的一家酒館，主打種類繁多的雞尾酒，酒館內部陳設也很有濃濃英式韻味，週末吸引不少遊客前往。但千萬不要以為大白天酒館就沒人上門，看著眼前一大群坐在露天座位聊天的人們，全都興高采烈的喝著各式調酒，就知道這家酒館的魅力。而且我還觀察到，店內女性客人真不少，大夥都聊得很開心，氣氛相當輕鬆；但由於顧客太多，BE AT ONE也開放露天座位區，可是人潮幾乎就要佔滿路面，卻無人會來干預，我想這就是東倫敦的自由風情最明顯的寫照。

INFO
地址：16-18 Brushfield Street
電話：020-7377-1238
營業時間：16：30～00：00（Mon-Wed）、
15：00～01：00（Thu-Sun）

02 EAT.
省錢的速食連鎖餐廳

　　這是一家在倫敦街頭常會看見的連鎖餐廳，店門口招牌大大的「EAT.」字樣，就是告訴消費者進來吃吃看。EAT.販賣了許多輕鬆吃、好外帶的簡便食物，像是多種口味的三明治、漢堡類、熱湯、沙拉、甜點及飲料，是一家能快速將你餵飽的速食餐廳。如果來到這地區不想花太多時間在找食物，不妨就來EAT.吃吃看；以我個人經驗，點份雞肉沙拉再加杯熱咖啡就夠了，省時又省錢，是個還不錯的輕鬆選擇。

INFO
地址：34 Brushfield Street
電話：020-7247-8852
營業時間：07：00～17：00（Mon-Sun）

03 Patisserie Valerie
精緻手作甜點，悠閒舒適氛圍

這家在街上的知名餐廳，於1926年開始營業，至今已有90年的悠久歷史。Patisserie Valerie店內販賣多款歐陸風格早餐，以及精緻漂亮的手作甜點與蛋糕，還有濃郁咖啡與飲料。當然最重要的是，Patisserie Valerie提供一個悠閒又舒適的環境給消費者。因為這家店開得很早，如果來這裡享用一個傳統英式早餐（花費為7.95英鎊），包准你吃到肚子撐；且店家強調手做甜點很厲害，如果還吃得下，不如點份草莓蛋糕或派來嘗嘗看。

INFO
地址：37 Brushfield Street
電話：020-7247-4906
營業時間：07：30～20：00（Mon-Fri）、09：00～20：00（Sat&Sun）

04 LEON
喝杯奶昔消消暑吧

LEON是一家在倫敦街頭，常會遇見的連鎖餐廳，總會出現在遊客熱愛前往的景點區域。LEON所販賣的食物，種類不少，光漢堡類型就有培根蛋漢堡、香腸雞蛋漢堡、蘑菇雞蛋漢堡等，還有其他種類的牛角麵包及熱奶油土司。當然，想喝熱飲料就是熱拿鐵或卡布其諾，如果想喝冰的，就得點熱銷的香蕉牛奶奶昔，滋味很不賴。此外，LEON還賣些炒飯、沙拉及炸薯條，都是能讓你飽餐一頓的食物。位於市集的這家LEON空間舒適寬敞，逛市集逛累了，進來喝杯飲料、歇歇腿再戰。

INFO
地址：Spitalfields Arts Market, 3 Crispin Pl
電話：020-7247-4396
營業時間：07：30～20：00（Mon-Fri）、09：00～20：00（Sat & Sun）

05 INSPITALFIELDS
充滿創意的紀念商品

INFO
地址：16 Lamb Street
電話：020-7240-7712
營業時間：11：00～19：00（Mon- Sun）

　　位於老史比托菲爾德市集裡的INSPITALFIELDS，是一家風格很特別、專賣紀念品的店，店門口擺了一把印有世界地圖的雨傘，一旁架上還擺了各國地圖包裝紙，令我看了十分好奇。由於時間還早，我索性逛入店裡，入內後發現許多創意的紀念品陳列在架上，還有不少倫敦旅遊書、卡片及創意公仔等商品，牆上則是數款特別的掛鐘。沙發上則擺滿造型可愛的抱枕，一拖拉庫的文創產品，吸引不少遊客在店內選購。

　　由於店內商品都是我頭一回看到，自然引起了購買的慾望。女店員告訴我，他們會針對遊客選擇尚品銷售，所以每到假日，生意就會大好，在這不算大的空間裡，塞滿找趣味商品的人們。好在今天是非假日，人潮才會較少些。逛到最後，我決定買幾張明信片、筆記本及一些古怪造型的趣味擺設當伴手禮，還得儘快離開這家店，以免越買越多，耽誤了後面的行程。

位於老史比托菲爾德市集附近的磚塊巷市集（Brick Lane Market），在東倫敦人氣頗高，放眼望去老舊紅磚砌成的房子，營造出當地獨特頹廢風情。走在磚塊巷街頭，我轉進狹小的巷弄裡，遊客年齡層幾乎都是青少年族群，可見這裡特殊調性，最對年輕人胃口；但磚塊巷之所以人聲鼎沸，不僅是大量遊客造訪而已，這個區域，一直是當地民眾購買日常生活用品之處。

走著走著，突然聞到一股濃烈的咖哩香味，肚子也不由自主地的叫了起來，由於倫敦東區居住了不少孟加拉人與印度人，他們最愛吃的食物就是咖哩，所以隨處可見皮膚黝黑的老闆，販賣著香氣濃郁的咖哩食物，而且食物也挺多樣化，香氣隨著風四處飄散，讓遊客們也難以控制，許多人就買了便當，蹲在路旁、隨性地大啖起美食。

新舊交融的衝突美感

走進磚塊巷後院市集（Backyard Market）裡，我看見了許多攤位上賣著設計創意的T恤、服飾及配件，路口還有家賣二手古董相機的店，幾位年輕人正比手劃腳跟老闆討價還價，我觀察了一會兒，覺得成交機率不高。

磚塊巷弄不大，但人群與車流卻不斷，可以想見這區域到了週末，會有多熱鬧擁擠。可是磚塊巷最特別之處，除了斑駁老舊的建築外，我觀察到許多別具風格的店家也開在巷弄裡，展現出新舊交融的衝突美感，這般風貌，也是吸引大量年輕藝術家及遊客不斷造訪、甚至愛上的原因。

在巷弄裡尋覓舊時光，我看見了一根巨大的煙囪寫著TRUMAN，逛進這棟紅磚屋後，才發現原來這裡是座超大美食商場，裡頭賣著各國料理。一大鍋熱騰騰的冒著煙的金黃色美食，原是豬牛羊各種口味的咖哩料理，讓我又興起想吃東西的念頭，但礙於自己腸胃不強，還是忍耐別吃才好。走出美食商場後，街角一處磚牆塗鴉吸引了我，我順著精彩塗鴉牆往前行，又看見多幅精彩的巨大塗鴉創作，為這地區增添更迷人的藝術氛圍。我想就是五味雜陳、卻又獨樹一格的創作風格，造就了今日東倫敦鮮明又自在不羈的城市風貌。

◇◇◇◇◇◇◇◇◇◇◇◇◇◇◇◇◇◇◇◇◇

磚塊巷市集

交通：搭乘Central線、Circle線、Hammersmith線、Metropolitan線於Liverpool Street站後行走約20分鐘可抵達。

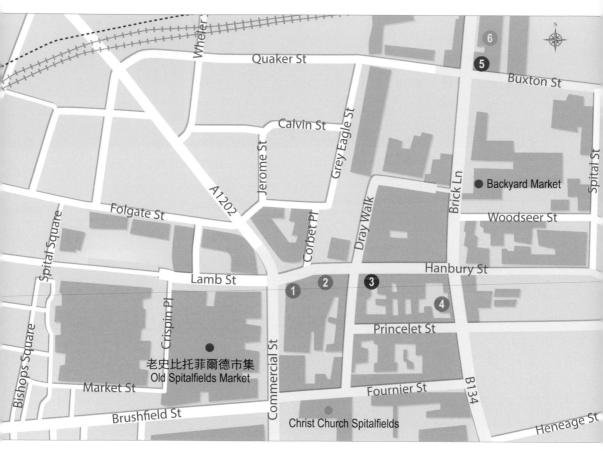

1　THE GOLDEN HEART

2　ROSA'S

3　Absolute Vintage

4　BALTI HOUSE

5　URBIANA

6　Brick Lane Bookshop 166

01 THE GOLDEN HEART
點首老歌、喝口酒,體會酒吧文化

THE GOLDEN HEART是位於磚塊巷附近,一家擁有悠久歷史的英式酒吧,光看整棟以紅磚建造的建築外觀,就讓人感受到一股舊時光的風采。酒吧內部裝潢以木製家具為主要陳設,不算寬的吧台旁,卻是顧客最愛聚集的地方。來到倫敦一定會去酒吧,但THE GOLDEN HEART展現的風情更是老派。走進酒吧點杯沁涼生啤酒,投枚硬幣進點唱機,挑首老歌來聽聽,都是感受東倫敦氣氛的好方法。最重要的是,在酒吧裡能見到形形色色的英國居民,並融入輕鬆愉快的氣氛中,也是體驗英國文化重要的一部分。

INFO
地址:110 Commercial Street
電話:020-7247-2158
營業時間:11:00~23:00(Mon-Sat)、12:00~22:30(Sun)

02 ROSA'S
讓人好奇的英倫泰式料理

由於餐廳外觀被塗上鮮豔的紅色,遠遠地我就發現了ROSA'S的身影。全部採用木頭裝潢的餐廳門面,看來既復古卻又新潮,是種很特殊的感受;餐廳內部裝潢很簡單,長方形的木桌搭配小圓形小凳,混搭出一股年輕人喜愛的風格。ROSA'S是家販賣泰國菜的餐廳,是喜歡吃咖哩風味料理朋友的好去處,餐廳除了賣著不同種類的咖哩料理外,還賣些健康沙拉及好喝湯品,想要體驗倫敦版泰式風味料理嗎?ROSA'S是個特殊的選擇。

INFO
地址:12 Hanbury Street
電話:020-7247-3883
營業時間:11:00~22:30(Mon-Thur)、11:00~23:00(Fri-Sat)、10:30~22:30(Sun)

03 Absolute Vintage
價格讓人驚豔的二手服飾店

Absolute Vintage是一家位於磚塊巷附近，Hanbury街上的二手服飾店，當初我是被它門口低價海報所吸引進去。一入店內，即聞到一股濃濃皮革味與充滿歷史感的舊衣服味道夾雜在一塊，我轉身一看，衣櫃上果然掛滿一整櫃老舊的皮衣，還有牛仔褲及T恤、洋裝。但最令我感到驚訝的是，眼前是排列整齊、至少上百雙的女用高跟鞋，數量之多，令我有點傻眼；高跟鞋旁，則是掛滿了各類型包包的架子。在這間擁擠的商店裡，許多女顧客忙著試穿高跟鞋，我察看售價，果然相當便宜（每雙約5英鎊），如果你也想體驗復古款的鞋子或包包，來這裡應該可找到驚喜。

INFO
地址：15 Hanbury Street
電話：020-7247-3883
營業時間：11：00～19：00（Mon-Sun）

---

04 BALTI HOUSE
選擇多樣的咖哩料理

這家位於磚塊巷裡、專賣咖哩風味料理的餐廳，從1989年開始營業，店內主要販賣印度及孟加拉等周邊區域的傳統風味佳餚。最受歡迎的餐點像是香味雞肉、檸檬羊肉、烤肉串、烤海鮮等等，菜單種類豐富多樣化，空間也算寬敞（超過180個座位），是喜歡吃印度料理的好選擇。餐廳的營業時間很長，會直到凌晨，如果有需要，餐廳還能提供60個獨立座位區，讓想開小型派對的顧客在店內舉行。

INFO
地址：71 Brick Lane
電話：020-7247-5855
營業時間：11：30～14：30、17：30～00：00（Mon-Tues）、11：30～00：00（Wed-Sun）

05 URBIANA
匯聚多元文化的潮流飾品

URBIANA是家從外觀就令人矚目的女性潮流飾品專賣店。店內所展示的商品眾多，琳瑯滿目掛滿牆面，從耳環、戒指、項鍊到手鐲都有賣，而且每種品項都藉由不同材質設計製作，展現特殊韻味。我在店內看見許多以金屬材質製作的首飾，價位大約都在20英鎊以內，所以不算太貴，但那份摩登的調調，很能襯托女性獨特的風情，相當好看。此外，URBIANA的飾品設計師常會藉由到世界各國旅行的經驗，將多國文化元素融入作品，讓URBIANA的飾品沒有一致性，而是展現迷人的多元色彩。

INFO
地址：156 Brick Lane
電話：020-3490-5270
營業時間：10：00～19：00（Mon-Sun）

06 Brick Lane Bookshop 166
在地好書店

INFO
地址：166 Brick Lane
電話：020-7247-0216
營業時間：11：00～18：30（Mon-Sun）

在這條風格略顯雜亂的巷弄裡，竟然藏了一家老書店，名為Brick Lane Bookshop 166，令我感到十分好奇，想一探究竟。開店至今已超過10年的Brick Lane Bookshop 166，店內所賣的書籍種類龐雜，傳記、小説、食譜、旅遊類型，分門別類的整齊陳列在大書櫃上。至於較低的矮櫃上，則擺放了許多暢銷或新登場的新書，我隨意翻閱還見到許多關於東倫敦及磚塊巷的歷史書本。除了書籍，店內也賣些風景明信片、文具、手提布料包等周邊商品，如果你也對這地區特殊的人文歷史有興趣，不妨來到書店逛逛，説不到會有意外的發現。

South London
南倫敦

格林威治是一處與倫敦市中心風格完全不同的地方，空氣呼吸起來也特別清新。這裡擁有許多大英帝國海權時代留下的歷史古蹟，全都值得參觀；但若談到購物地點，就絕不能錯過能找到許多好東西的格林威治市集（Greenwich Market），這可是個能好好逛上幾個鐘頭的地方。

格林威治市的位置並不難找，它位於格林威治高街上，搭乘DLR輕軌電車出站後，大約5分鐘就能發現市集身影。穿過一棟英式復古白色建物，就是市集的所在地，這個市集天天開放，夏季與冬季時間略有不同。市集內部空間不小，但其實整個市集，只是用鐵架撐起的棚子當屋頂，白天來到市集，強烈光線被擋在天棚外，即使沒點燈光，也不會覺得市集太昏暗。

逛市集的樂趣，來自「發現」的驚奇

這個歷史悠久的市集，販賣的商品種類繁多，我以輕鬆步伐瀏覽了一圈後，發現主要是賣二手古董商品的攤位，其他像是復古玩具、生活用品、二手家具、唱片、手工製地毯、手做玩具類、紀念品類等，還有許多可以吃吃喝喝的美食攤位。我隨意走走逛逛，並沒有刻意想買些什麼，但某些歐洲二手瓷器，就是能抓住我的眼球。我靠近一家由老婆婆經營的小店鋪，看見了許多款WEDGWOOD杯盤，外觀

格林威治市集
Greenwich Market

其實有些老舊。商品上頭已標明了價碼，但來到市集怎可能用上頭售價購買？我試著和她殺價，但老婆婆絲毫不為所動，展示英國老人的固執，於是我假裝轉身想離去，結果也不曾奏效。看來我殺價功力還不夠，需要再多多鍛鍊。

逛二手攤位的重點在於「發現」的驚奇，這正是逛二手市集的樂趣所在吧！除了市集裡的小攤位，這裡也有實體店家，販賣衣服、帽子和包包，和許多亮眼、甚至令人心動的商品，所以如果在小攤位失手了，說不定可以在這裡找回自信！

◇◇◇◇◇◇◇◇◇◇◇◇◇◇◇◇◇◇◇◇

格林威治市集

交通：交通：搭乘輕軌電車（DLR）於Cutty Sark for Maritime Greenwich站下車，出站步行5分鐘。
地點：Greenwich High Road
時間：11：00～18：00（週三）、10：00～17：30（週四之週日）
網站：www.greenwichmarket.net

人氣店家

格林威治市集
Greenwich Market

1　THE SILK ROUTE
2　Arc Angel Boutique
3　大碗麵（TAI WON MEIN）
4　HARDYS ORIGINAL SWEETSHOP

01 THE SILK ROUTE
送禮自用兩相宜的印度風絲巾

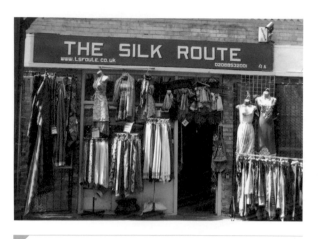

THE SILK ROUTE是家印度風格的織品店，無論披風或圍巾，花樣與款式全都充滿浪漫異國情調的。走進店裡，除了多款絲巾外，也賣印度風的服飾與配件，風格相當多樣化，有部分是素色款，更多的是花紋圖案；而且兩條絲巾才要價10英鎊，價格挺便宜，無論是自己選購或買來送人，都應該是不錯的選擇。

INFO
地址：4A Greenwich Market Square
電話：020-8853-2001
營業時間： 10：00～18：00（Mon- Sun）

02 Arc Angel Boutique
清新典雅的平價洋裝

這是市集裡一家可愛的女性服飾店，門外的人形模特兒身上正穿著風格清新、帶著典雅風格的小洋裝，在陽光下令人感受到一股淡淡地的優雅。至於Arc Angel Boutique店內，除了櫃位上陳列當季服飾外，也販賣多種包款與配件，整體價位都在台幣千元上下。此外，店內也販賣風格多樣的圍巾，用來搭配服飾相當適合，逛完市集，記得進來小店裡走走，可能會有意外驚喜。

INFO
地址：5a Greenwich Market
電話：020-8853-4066
營業時間： 10：30～18：30（Mon-Sun）

03 大碗麵（TAI WON MEIN）
店如其名

　　血拚購物需要花費大量體力，肚子餓了記得到市集附近的「大碗麵」吃碗麵。這家麵店是倫敦友人強力推薦，店名擺明就是給你吃一大碗的麵，餐廳菜單上有炒麵、炒飯、乾麵、湯麵（價位都為英鎊5塊多），因為看到別人點的炒麵超大盤，我不敢挑戰，想了半天最後選了牛肉湯河粉，出餐後，果然就跟店名一般，很大一碗，這碗麵牛肉不少、湯鮮味美，真得挺不賴喔！值得來品嘗。

INFO
地址：39 Greenwich Church Street
電話：020-8858-1668
營業時間：11：30～23：30（Mon-Sun）

04 HARDYS ORIGINAL SWEETSHOP
濃郁甜香，讓人難以抗拒

　　吃完了正餐，就會想吃些甜點，這家位於街上、風格可愛的糖果店，以紫紅色外觀吸引路人，店內所賣的糖果琳瑯滿目，令人感到不可思議，糖果款式竟然可以如此豐富。走進店內，一股濃郁甜美的香氣飄散，我認真思考該來支棒棒糖，或選購些太妃糖、牛軋糖、軟糖或巧克力，當然也能選購已經包裝成盒裝的甜果，全都散發出難以扴拒的誘惑力。

INFO
地址：47 Greenwich Church Street
電話：020-7998-6692
業時間：10：00～19：00（Mon-Sun）

位於泰晤士河南岸Southwark區域的波若市集，是倫敦最知名販賣生鮮食品的市集，有人說波若市集是支撐大量倫敦人口食物的市集，聽起來誇張，但其實一點也不為過。波若市集交通便利，市集雖大卻不美觀，甚至有點雜亂感，但倫敦人卻一點也不介意，因為倫敦著名的香腸、火腿、臘肉、乳酪及香料，只有在這裡才買得到。

可是我來到波若市集這一天，天公不作美，下起了大雨，位於灰黑鐵道旁的市集，是用鐵架搭起的巨大棚子，好在市集全都位於室內，否則逛起來絕對會十分狼狽。波若市集從上午10點開始營業，大約營業到下午5點鐘，身為遊客的我們，若想見識最豐富多樣的食品，記得得挑選週六上午來這裡，因為當天大部分攤商都會端出自己最精彩的好料，進而吸引大量人潮聚集。

歷史悠久的人氣美食市集

波若市集歷史相當悠久，最早可推溯到西元11世紀，當初這裡只是販賣牲畜、蔬菜、魚肉的一般菜市場，經過不斷演進與規劃，直到1932年完成了南華克街的主要入口，及陸續有不少知名的食品商進駐，才讓波若市集成為倫敦人眼中專賣美食的人氣市集。走進市集裡果然令人大開眼界，來自英國及歐洲的多樣化食品全都聚集在此，

一大堆色彩鮮豔的新鮮蔬果，光看就令人想大快朵頤。我細數有白蘿蔔、甜菜根、朝鮮薊、韭蔥等蔬菜，還有許多種類的乳酪與起司，老闆吆喝大家盡情試吃，我拿了一片起司嘗嘗，滋味果然濃郁，奶香四溢，好美味。

此外，市集裡還販賣歐洲特有的煙燻肉品，種類齊全，讓人興起想要下廚的念頭。由於食品種類豐富，即使在濕漉漉的雨天，市集仍相當擁擠，看著居民大肆採購，想必是為了能在週末烹煮澎湃好料吧！逛完了生食蔬果區，我開始移動前往熟食區，想找些食物來填飽肚子。昔日波若市集只有生鮮食品攤位，但為了因應大批到訪的遊客，市集裡除了原有的幾家熟食攤位外，又增加了多家特色餐廳，供遊客除了開心採買食材外，還能順便大啖美食料理。

◇◇◇◇◇◇◇◇◇◇◇◇◇◇◇◇◇◇◇◇◇◇

波若市集

交通：搭乘Jubilee線、Northern線於London Bridge站下車，徒步2分鐘
地址：8 Southwark Street
電話：020- 7407-1002
時間：10：00～17：00（Mon-Tues）、10：00～16：00（Fri）、08：00～17：00（Sat）
網站：www.boroughmarket.org.uk

波若市集
Borugh Food Market

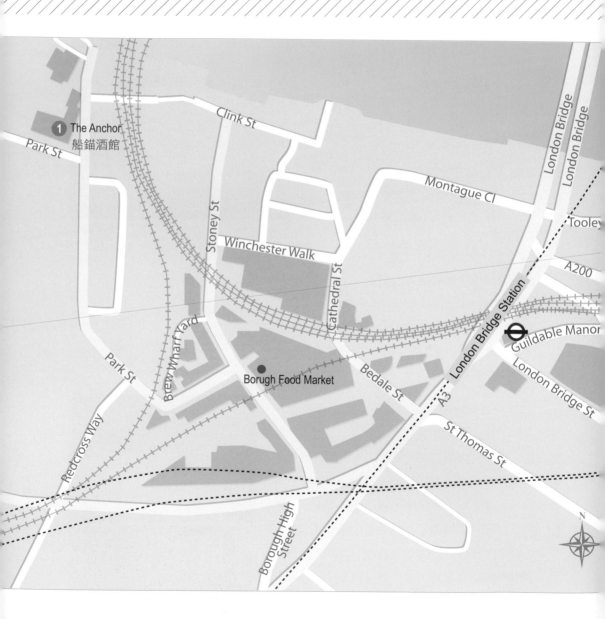

Clink St

Park St

1 The Anchor
船錨酒館

Montague Cl

London Bridge

London Bridge

Tooley

Stoney St

Winchester Walk

A200

Cathedral St

London Bridge Station

Guildable Manor

Brew Wharf Yard

Park St

Borugh Food Market

Bedale St

A3

London Bridge St

Redcross Way

St Thomas St

Borough High Street

N

01 THE ANCHOR（船錨酒館）
超人氣英式酒館

　　船錨酒館位於泰晤士河畔，有著英式磚造的建築外觀，搭配上鮮豔的紅色窗框，古樸氣氛中卻添加了些潮流感，營造出另一種視覺感受。這家大眾酒館牆上還掛著大大的「THE ANCHOR」招牌及船錨的標誌，我之所以特別介紹，是因為這是南岸相當知名、人氣很旺，又能輕鬆喝酒的好地方。除了能痛快享受啤酒外，店裡還販賣美味的英國經典料理炸魚薯條「Fish & Chips」在週末的黃昏時刻，店裡早就被顧客塞爆，一大群人硬被推擠到店門外，但大夥仍是十分開心的喝著啤酒大啖美食，而這種悠哉愉悅的飲酒氣氛，正是英國居民週末的生活寫照。

INFO

地址：34 Park Street
電話：020-7407-1577
營業時間：11：00～23：00
交通：由London Bridge站徒步10分鐘可抵達

金絲雀碼頭
Canary Wharf

緊鄰泰晤士河的金絲雀碼頭商業區，是倫敦新興的船塢區，也是目前當紅的金融重鎮。眼前玻璃帷幕的摩天大樓林立，映照出倫敦最新穎摩登的一面。因為城區為全新打造，建築群風格與其他舊城區相較，更加整齊秀麗，至於購物商圈，則是位於這些漂亮摩登的金融大樓下方。這個區域的購物中心，主要是由Cabot Place Shopping Mall、Canada Place Shopping Mall、Churchill Place Shopping Mall、Jubilee Place Shopping Mall四個購物中心串連。我決定從離我最近的Cabot Place Shopping Mall開始探索。

這家購物中心總共有四層樓高，我搭乘手扶梯往低樓層開始逛，首先見到在台灣也頗具知名度的法國麵包店PAUL，大排長龍的上班族，只為中午出來吃頓午餐，此外，商場內還有像LEON、wasabi、COSTA等多家英國知名的連鎖餐廳。由於今天早餐實在吃太飽，所以決定先逛商店街，逛累了再去找吃的。來到商場，我看到了BOSS、RIVER ISLAND、Dune、HACKETT、Alfred Dunhill、TOPSHOP、next等多家知名服裝品牌，每一家店我都隨意走走逛逛，並不打算採

購，但走著走著，眼前突然閃出GAP字樣，我好奇入店一探究竟，發現某些還不賴的款式打對折，很自然地就在店裡貿了幾件衣服。

最後我逛到知名大型超級市場Waitrose Food, Fashion & Home，這家超市面積廣大，裡頭販賣了多樣化的商品與食物。我先去店內察看英國茶，又看了些水果。繞啊繞啊！到最後選定了一塊蛋糕及兩瓶星巴克冰咖啡當午餐，才心滿意足的離開這區域。找個位置吃飽後，我繼續轉別處逛逛，發現了多家手工訂製服裝店、書店及皮鞋店，店裡全擺滿了令人心動的商品，逛了約末3個多小時，才心滿意足的離開這漂亮又時尚的金融商圈。

◇◇◇◇◇◇◇◇◇◇
格林威治市集

交通：搭乘輕軌電車（DLR）或搭乘Jubilee線於Canary Wharf站下車，步行3分鐘可抵達。
地點：Canary Wharf Group Plc, One Canada Square, Canary Wharf
電話：020-7418-2000
購物中心網站：canarywharf.com/shopping/directory/

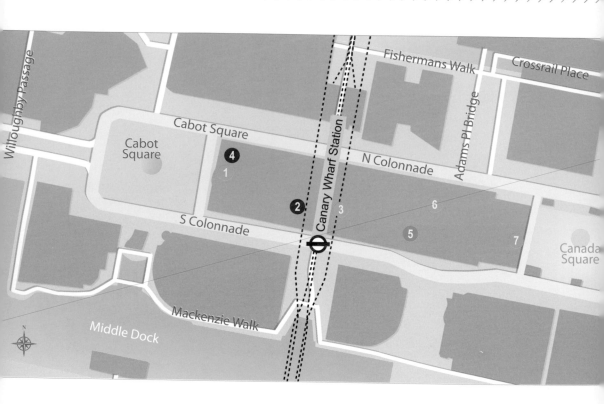

1 RYMAN STATIONERY

2 KURT GEIGER

3 Charbonnel et Walker

4 Aspinal of London

5 James SHOE CARE

6 Scribbler

7 TESSUTI

01 RYMAN STATIONERY
高質感文具行

這家是商場裡專賣辦公室用品的商店，舉凡一般常使用到的書信、紙類、筆記本等，到辦公室的桌上櫃子、抽屜、收納盒都有，而且款式豐富齊全，造型新穎。此外，這家店還販賣多款新穎印表機、墨水匣、影印紙等。由於門市位於重要的辦公商業區，來來往往，都是西裝筆挺的上班族，所以賣周邊辦公室用品，絕對最符合當地需求。

INFO
地址：Upper Level 1, Cabot Place, Canary Wharf
電話：020-7719-0949
營業時間：08：00～20：00（Mon-Fri）、10：00～18：30（Sat）、
12：00～18：00（Sun）

02 KURT GEIGER
大膽玩創意的時尚高跟鞋

KURT GEIGER是一家專賣漂亮高跟鞋的英國鞋履品牌，因為大膽或優雅多種風情，深受全球藝人名流青睞。這家位於賣場內的門市，櫥窗就是用玻璃隔成正方形，再擺上一雙一雙款式不同的高跟鞋，就成為最吸睛誘人的商品陳列。品牌設計師Kurt Geiger表示，他希望能將女性鞋款做出更大膽的設計，並且特別強調鞋跟上的趣味創意，來到店內會發現鞋跟的造型都很別緻。如果妳也想要一雙風格獨具的高跟鞋，KURT GEIGER應該能滿足你的需求。

INFO
地址：Unit RP250, Cabot Place, Cabot
Square, Canary Wharf
電話：020-7673-9869
營業時間：09：00～19：00（Mon-Sat）、
12：00～18：00（Sun）

03 Charbonnel et Walker
皇家指定的巧克力品牌

　　這是英國老字號、知名的手工巧克力品牌,也是英國皇室指定的品牌,許多知名航空頭等艙提供給顧客的巧克力,都是使用Charbonnel et Walker。來到店內除了可在玻璃櫃裡,選購自己喜歡的巧克力口味外,(記得選購最有名的玫瑰及紫羅蘭糖衣、粉紅香檳口味的巧克力),也能挑選已包裝完成的禮盒。這家巧克力專賣店的產品包裝很厲害,愛心型、圓形、方形或桶子裝,即使還沒吃到巧克力,就已先被漂亮包裝給吸引過去,Charbonnel et Walker是個頗具代表性且精緻的伴手禮,不妨買來吃吃看。

INFO
地址:Mall Level -1, One Canada Square, Canary Wharf
電話:020-7512-9168
營業時間:08:00～19:00(Mon-Sat)、12:00～18:00(Sun)

---

04 Aspinal of London
低調優雅的肩背包

　　這個充滿英國優雅、低調氣質的皮具品牌,因為凱特王妃訂婚時帶了該品牌的肩背包,而聲名大噪。Aspinal of London早期以手工製作小型皮革製品為主,強調採高級皮質與細緻不凡的做工,讓每件商品皆能散發高雅氣質;所以對這種手工皮製包款有興趣者,不妨考慮一下。

INFO
地址:15 Cabot Place
電話:020-7719-0727
營業時間:09:00～19:00(Mon-Wed)、
　　00～20:00(Thu-Fri)、10:00～18:00
　　　12:00～18:00(Sun)

05 James SHOE CARE
用心呵護你的皮鞋

　　成立於1979年的James SHOE CARE,是專做皮鞋保養與修理的公司,他們在人潮川流不息的購物中心裡,特別設置一個舒適的擦鞋休息區。顧客只要輕鬆坐在特製寬闊的高台上看報紙,就有身穿制服的專業擦鞋人員為你擦鞋,看到這情景,不難想像那種備受寵愛的感受。

INFO
地址:Canada Square, Canary Wharf
電話:020-7308-1212
營業時間:07:00～19:00(Mon-Wed)、07:00～20:00(Thu-Fri)

06 Scribbler
寫張卡片送給朋友吧！

Scribbler是家超級可愛的卡片專賣店，所有你想得到的卡片，在這裡都有賣喔！舉凡像是生日卡、情人節卡、父親節卡、祝福卡、結婚週年卡、畢業卡、耶誕卡等，在店裡都找得到，最重要的是，這裡的卡片風格實在太多樣化了。像是逗趣漫畫或可愛動物圖案，都讓人看了會心一笑，所以即使不需要送什麼卡片給誰？也會因為幽默的卡片設計而被吸引選購。

INFO
地址：Unit RP445, Canary Wharf Shopping Centre, Cabot Place
電話：020-7719-1540
營業時間：07：30～19：00（Mon-Wed）、07：00～20：00（Thu-Fri）、09：00～19：00（Sat) 12：00～18：00（Sun）

07 TESSUTI
國際精品配飾攏底加！

TESSUTI是一家聚集許多國際品牌的服飾配件店，店內所販賣的男女裝與配件都有。男生部分品牌就有POLO RALPH LAUREN、ARMANI JEANS、BOSS、Stone Island、Barbour、LYLE & SCOTT、PAUL SMITH等等；至於女生服裝品牌則有UGG、MICHAEL KORS、DIESEL、HUNTER、LOVE MOSCHINO等等，全都是國際知名品牌。由於這家店不小，而且擺在店內商品種類又多，得多花些時選購。像我就特別看了皮帶及皮夾，算了一下，折扣不夠低，最後仍是放棄，但也有部分商品下較多折扣，全得靠自己去碰運氣。

INFO
地址：Canary Wharf
電話：020-7308-1212
營業時間：07：00～19：00（Mon-Wed）、07：00～20：00（Thus-Fri）

North London
北倫敦

天使商店街
Angel

會來到Angel（天使車站）這裡，剛開始純粹只是對站名感到好奇，一看見站名Angel，腦海中就頓時跳出美好的「天使」形象，讓我想探索一下這個區域究竟有些什麼？於是就在某個有著漂亮夕陽的午後，我搭乘地鐵選在Angel站下車。出站後，眼前的大馬路是Islington高街，雖有人群卻不是太擁擠，街上還有幾家特色商店值得探索。

精美的裝置藝術

我看過地圖後，決定走向利物浦街。緩步朝上坡小路前行，首先遇見倫敦知名的連鎖超市M&S，這家超市裡販賣不少食品，但我只在裡頭買了塊麵包與飲料，就這樣輕鬆地散步吃喝。走過超市後，正對面是家大型購物商場，入口處有一對很巨大、像是天使翅膀的裝置藝術，四根鐵架支撐著這對大翅膀，彷彿是展翅飛翔的姿態。研究後才知道這件作品是由設計師Wolfgang 與Heron特地為當地所設

計，在金色夕陽的照射下，我感受到巨大羽翼展翅壯麗的美感。

購物商場裡，開了不少家異國料理餐廳，至於可購物的品牌有H & M、GAP、fcuk等；至於商場樓上則是連鎖電影院VUE（VUE Cinema）。商場外頭，正好舉辦著露天市集，攤位販賣手工木雕、花樣布料及自製服飾。我閒逛一段時間後，買了幾件衣服與小物件，這時天色已轉暗，我準備快點回到旅館。在走回地鐵的路上，赫然發現位於一旁的Chapel市集，這個市集專賣水果、新鮮花朵及生活小物，但我錯過了營業時間，小攤販們正在收攤、打包垃圾，還撇見幾顆滾到路邊的爛蘋果，望著市集空蕩蕩的模樣，覺得有些可惜，但也只能再找機會抽空來尋寶了。

◇◇◇◇◇◇◇◇◇◇◇◇◇◇◇◇◇◇◇◇◇

天使裝置藝術（VUE戲院）

交通：搭乘Northern線Angel站下車，步行約8分鐘可達。
地址：Vue Islington, 36 Parkfield Street
電話：020- 871-224 0240

人氣店家 天使商店街 Angel

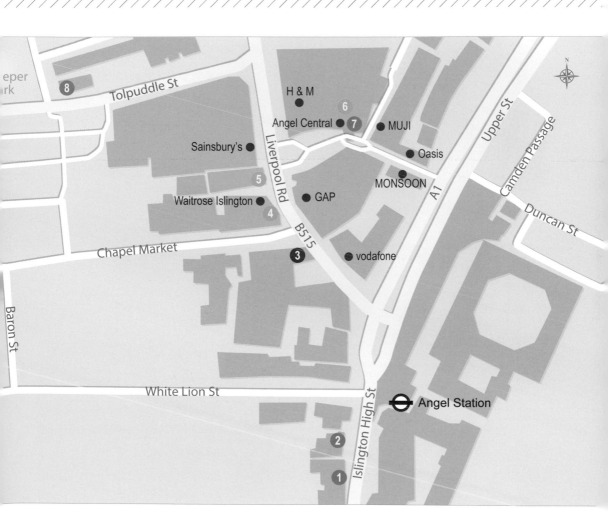

1 THE ANGEL
2 One And One
3 UTOPIA
4 Zebedee

5 Waitrose
6 BUTLERS
7 TINDERBOX
8 THE ISLINGTON

01 THE ANGEL
價格平實的老酒館

THE ANGEL是當地很有名氣的酒吧，最早歷史可回溯到1639年。由於距離地鐵站大約步行兩分鐘就可抵達，所以吸引不少外地人來消費。酒吧店內風格融合了摩登與復古，長條形吧台上擺著啤酒機器，除了好酒，店內餐點也很美味，最知名的就是碳烤牛排或英式早餐。此外，THE ANGEL的價位平實，服務親切，是一家值得走訪的老式酒館。

INFO
地址：3-5 Islington High Street
電話：020-7837-2218
營業時間：08：00～23：30（Mon-Thu）、08：00～00：00（Fri-Sat）、08：00～23：30（Sun）

2 One And One
超划算自助餐，滿足你的味蕾

想不到便宜又大碗的自助餐，來到天使這裡也會有！One and One是大街上一間中式自助餐，餐廳玻璃窗上寫著：午餐售價為6.9英鎊，晚餐則為8.9英鎊。吃到飽肚又滿足，卻不用花到10英鎊，實在是上上之選，而且One and One的料理豐富多樣化，無論是炒海鮮、炒肉片或炒飯都放在櫃臺上，任君挑選，這樣多種風味的好料，絕對能滿足大家思鄉之情的味蕾。

INFO
地址：11 Islington High Street
電話：020-7837-7767
營業時間：11：00～23：00（Mon-Sun）

INFO
地址：11 Liverpool Road
電話：020-7278-8825
營業時間：09：00～18：00（Mon-Sun）

03 UTOPIA
專屬女性的青春明快色彩

　　這是位於利物浦街上一間專賣女性服裝、包包及高跟鞋的服飾店，UTOPIA的地理位置剛好位於Islington高街與利物浦街轉角處。店內的女性服裝款式眾多，但風格以非常女性化的服飾為主，像是充滿夢幻感的蕾絲，或是強烈特色鮮明的豹紋，抑或富有青春氣息的花朵圖紋風格的洋裝，都是頗具特色的款式，其中許多都採用大膽明亮的色彩，穿起來更加增添女性動人風采。

INFO
地址：15 Liverpool Road
電話：020-7837-9717
營業時間：09：00～19：00（Mon-Sat）、10：30～
18：00（Sun）

04 Zebedee
老派卻不退潮流的生活雜貨

　　Zebedee是一家販賣各種生活用品的雜貨店，可說是風格較老派的那種英國超市。從這家商店的店門口外觀，不難發現店裡所賣的商品很多樣化，舉凡從花園用的花盆及種樹工具、兒童玩具、購物包、菜籃提包到店內種類繁多的鍋碗瓢盆都有賣，應該說是住在該區域，家庭主婦的好幫手！但令人好奇的是，即使馬路旁就有多家大型量販超市再搶生意，但Zebedee的魅力在這裡依舊屹立不搖，令人感到不可思議。

05 Waitrose
皇家御用高檔超市

　　Waitrose是英國當地著名的超級市場，曾獲得伊麗莎白女王以及查爾斯王子的皇家認證，因為講究商品品質，也讓Waitrose擁有更高檔的身價。所以來到這家超市購物時，就會發覺價格似乎比其他超市貴一點，應該就是經過皇室加持後的緣故。既然Waitrose是大超市，所有生活所需的吃喝玩樂商品及生活類型的商品都有賣，因此只要逛逛這家超市，你所需的東西可能就能一網打盡也説不定。此外，Waitrose超市裡常會有特價活動，如果剛好遇見，不妨進去逛逛，説不定花小錢就能撿到便宜好貨。

INFO
地址：21 Liverpool Road
電話：020-7278-2207
營業時間：07：00～22：00（Mon-Sat）、
11：30～17：30（Sun）

06 BUTLERS
童趣滿滿的家居用品店

　　BUTLERS是天使購物中心裡專賣生活居家用品的商店，像各式各樣的茶杯、玻璃製品、花瓶、蠟燭及衛浴使用的器皿。值得一提的是，這家店的商品顏色都鮮豔繽紛，充滿童趣，可以想像選購這些商品放在家裡桌上的模樣。除了剛剛提及的生活居家用品外，BUTLERS也賣小型家具，以及超可愛的迪士尼相關商品，是家值得進去花錢的生活用品店。

INFO
地址：21 Parkfield Street N1 Shopping Unit 1
電話：020-3227-0025
營業時間：08：00～16：00（Mon-Fri）

07 TINDERBOX
便宜實在的完美下午茶

這是一家店面小巧的咖啡吧，是來到這裡購物後，想要放鬆心情的好去處。來到TINDERBOX店內，你可以選擇滋味濃郁的ESPRESSO（1.6英鎊），因為這是店內最有人氣的招牌咖啡；但如果怕太濃，晚上會失眠，建議來杯冰拿鐵，也很過癮！然後再搭配牛角麵包或是草莓海綿蛋糕，就是超完美的下午茶組合了。

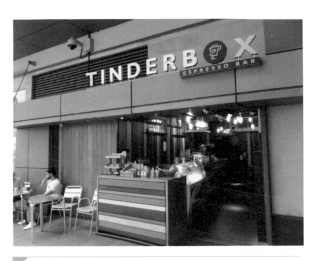

INFO
地址：7 Parkfield Street, Angel Central
電話：020-7354-8929
營業時間：11：00～22：00（Mon-Sat）、12：00～22：00（Mon-Sat）

08 THE ISLINGTON
充滿趣味的道地英式酒吧

THE ISLINGTON是建築外觀看起來頗有味道的英式酒吧，曾被許多英國知名媒體報導過，斑駁陳舊的紅磚外牆內，散發正統英式品味。為了增添酒吧趣味性，THE ISLINGTON店裡幾乎每天都有節目，無論是現場演唱或表演，都讓這小酒館每天都有很不同的樂趣。由於店內空間不大，每到夜晚就會發現許多人手裡端著酒杯，在門外聚集、開懷聊天，享受悠閒微醺的夜晚。

INFO
地址：1 Tolpuddle Street
電話：020-7684-1577
營業時間：11：00～00：00（Mon-Sun）

肯頓市集是位於倫敦北邊一個知名度頗高的雜貨市集，因為所販賣的商品價位都趨向低價位，所以堪稱是年輕族群的購物天堂。肯頓區域可逛的地方很廣，主要包含肯頓高街（Camden High Street）、肯頓市集（Camden Market）、肯頓水門市集（Camden lock Market）、馬廄市集（Stables Market）、肯頓運河市集（Camden Canal Market），至於遊客能逛到什麼程度，完全取決於個人的時間與體力。

從地鐵站出來就是肯頓高街，眼前清一色皆為兩層樓建築，而位於一樓的商店，幾乎都採用獨特搶眼的裝飾，來吸引消費者前往消費。步行中，我見到驚訝的特色招牌不少，像是一雙超大球鞋踹房子，一件超大版的破舊牛仔褲，還有些是採用塗鴉塗滿整棟建築，

令我看得目不暇給。肯頓高街上除了建築物外觀的裝飾有看頭，沿路走來發現地板上也很吸睛，很有才華的街頭藝術家，在街道地板運用粉筆繪製人物畫像，讓人嘖嘖稱奇，著實佩服這些街頭藝術家才華，能自由揮灑傳神的地板畫作，也為肯頓市集增添濃郁街頭藝術特色。

肯頓鎮在過去以前衛叛逆的次文化聞名，走在街上，仍會遇見穿著嬉皮或龐克風的英國年輕人。這裡的服飾店、球鞋店、紀念品館、小酒館、速食店、咖啡館，全都混搭在一塊，不僅沒違和感，還能凸顯自我風格，彼此融合出另類風味。我帶著雀躍心情，走進整家掛滿T恤、嬉皮褲、黑皮衣、國旗

肯頓高街

交通：搭乘Northern線於Camden Town站下車，步行約1分鐘可抵達。

◇◇◇◇◇◇◇◇◇◇◇◇◇◇◇◇◇◇◇◇◇◇◇◇◇◇

肯頓市集

地址：Camden High St.& Chalk Farm Rd
時間：09：30～18：00
網站：www.camde-kmarket.org

肯頓水閘市集

交通：搭乘Northern線於Camden Town站下
車，步行約2分鐘可抵達。
地址：Camden Lock Place, Camden Town,
Chalk Farm Road
電話：020-7485-7963
時間：10：00～18：00
網站：www.camdenlockmarket.com

的商店裡，懷抱尋寶的忐忑心情，展開另一種類型的購物之旅。

考驗你的殺價本領──肯頓市集（The Camden Market）

走在肯頓高街不遠處，會看見Camden Market的綠色看板，因為不太顯眼，很容易錯過。這個小市場裡所販賣的東西琳瑯滿目，但以年輕服飾為主；其中最吸引我的，就是充滿特色創意的塗鴉T恤，它們多以趣味的字樣或圖案為設計亮點。但購買這些T恤可得謹慎點，遇到不懂的單字或圖案可別亂買，以免誤踩地雷而不自知。此外，市集裡每件T恤上都有標價，但也有不少殺價空間，就考驗你殺價的本事。

龐克族的地盤──肯頓水閘市集（Camden Lock Market）

位於肯頓高街對面的肯頓水閘市集（Camden Lock Market），是當地擁有悠久歷史及響亮知名度的人氣購物商場。市集成立於1980年代，是附近這一帶最早發展的市集，建築外觀是一棟灰色磚塊打造的長方形建築物，搭著斜屋頂及拱門型的大窗。

市集可分成室內與戶外區域，整體來說，空間雖不大，但小攤位卻不少。我看見不同攤位上，賣著個人創作的飾品、服裝、家飾品、布織與繪畫，其中還夾雜著幾家小吃攤，每個攤位不大，但都頗具特色。我還觀察到來這裡逛街的人們，造型也都頗有特色，即使在這種悶熱的天氣，仍有人穿著皮衣皮褲上街，每每遇見龐克髮型或臉部穿洞的遊客，看來龐克族群在肯頓區，果然是主流。

至於肯頓水閘市集內部的Market Hall也很值得

肯頓運河市場

交通：搭乘Northern線於Camden Town站下車，步行約8分鐘可抵達。

一逛，賣場的地上鋪著舊時的老紅磚，天花板使用木頭支撐架高，牆面採用赭紅色的油漆，空氣中有股濃濃中東香料味。雖說內部陳設略顯老舊，許多角落仍很有看頭，從燈具、牆上的塗鴉或小店面的設計巧思，在在都是吸引遊客的亮點，充滿令人探索好時光的購物樂趣。

迷人水岸風情——肯頓運河市場（Camden Canal Market）

　　肯頓運河市場是另一處迷人小市集，位處運河畔，岸邊可見到許多風格獨特的傳統窄款長形船。許多船家為了吸引顧客乘船，都刻意妝點船身，成為當地非常特殊的景象。肯頓運河市集聚集多家小攤位，一攤一攤排列整齊排列，販賣各國特色料理，就是希望各國遊客能在此找到符合自己喜愛的好味道。我稍微繞了一圈，就看到西班牙、印度、中國、日本、墨西哥等各式料理，吸引了不少年輕遊客上門。運河市集區域不算太大，但有著許多好看的塗鴉與裝置藝術，來到這裡閒逛時，不妨買點小吃坐在河岸邊的特製摩托車上品嘗，應該是新鮮又有趣的美食體驗。

人氣店家

肯頓高街
Camden High Street

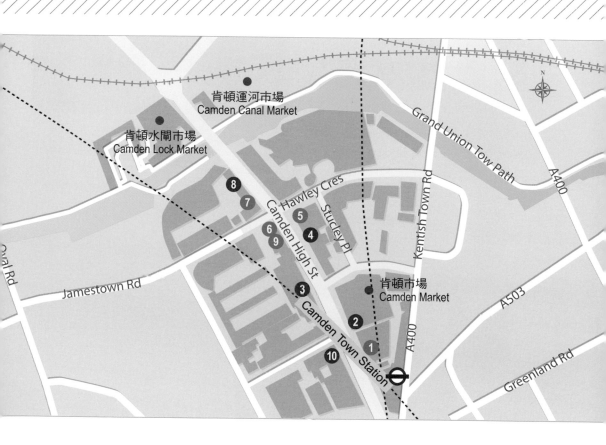

1 Café Metro
2 Punky Fish
3 QUARTER
4 NEWROCK
5 THE ELEPHANTS HEAD
6 THE OXFORD ARMS
7 Max Orient
8 Brand shop
9 PRET A MANGER
10 URBAN OUTFITTERS

01 Café Metro
便利帶著走

　　Café Metro是位於肯頓高街上的街頭
小餐廳，販賣許多可以直接邊走邊吃的食
物，這種小店對於來到肯頓區大量逛街的
年輕遊客相當便利。Café Metro的店面雖
小，但食物種類齊全，從各類早餐、烤牛
肉麵包、熱狗及美味的漢堡都有，甚至連
素食也有賣。當然除了飽腹餐點，飲料也
是絕對必須；除了可樂、礦泉水外，也賣
多款熱咖啡，畢竟咖啡對外國人來說，有
時比喝水更重要。

INFO
地址：178 Camden High Street
電話：7944-972007
營業時間：09：00～17：00（Mon-
Sat）、10：00～16：00（Sun）

INFO
地址：190 Camden High Street
電話：020-7482-6686
營業時間：10：00～19：00（Mon-Fri）、09：00～19：00（Sat-
Sun）

02 Punky Fish
展現你的強勢性格

　　這家店主要販賣女性潮流服
飾，風格走著龐克搖滾的酷酷調
性；設計師將誇張的圖騰，全轉
化成服裝設計的素材，更採用不同
型態的幾何線條來呈現，展現女性
鮮明俐落的風格。就算你不屬於個
性很酷的女孩，但相信穿上Punky
Fish的衣服後，模樣一定會大大改
變。店裡所賣的服裝款式眾多，從
背心、T恤、牛仔褲、垮褲、洋裝都
有；如果你也想融入肯頓鎮的龐克
風情，不妨來店內挑選看看，彰顯
不同的自己。

03 QUARTER
搶眼的帆布鞋專賣店

這一家球鞋店的門面相當搶眼，一雙巨大的帆布鞋，就這樣狠端進建築裡，一旁還有四位名人剪影，這款風格獨特的裝置藝術，吸引不少遊客的駐足拍照。QUARTER所販賣的鞋款種類齊全，其中陳列最多的風格鞋款，仍以最受青少年朋友喜歡的平底帆布鞋為主，放眼店內帆布鞋色彩多樣化，除了紅、白、黃、藍等素色款式，還有塗鴉或花紋甚至是英國國旗版本，而帆布鞋的魅力，就在穿起來舒適自在，最能展現年輕好風采。

INFO
地址：241 Camden High Street
電話：020-7485-0187
營業時間：10：00〜19：00（Mon-Fri）、09：00〜19：00（Sat-Sun）

04 NEWROCK
酷炫龐克軍靴

NEWROCK是家軍靴專賣店，這個鞋牌最早起源於1929年、西班牙Ortuno家族製鞋家族開始，但直到1978年品牌才正式誕生。我遠遠就看見了NEWROCK建築物上有著一雙捆著鐵鍊的巨大軍靴，不難猜出這家店所賣的靴子款式，絕對是走超酷個性路線。NEWROCK的靴子很受龐克族青睞，因為除了是西班牙純手工製作外，鞋身的蛇皮、雕花、鉚環等搶眼設計，全都充分表現龐克人物的硬派精神，因此在店內血拚的顧客行頭也多為皮衣皮褲造型。除了受歡迎的靴款，NEWROCK也生產龐克風格服裝，對英式龐克有興趣者，相當推薦。

INFO
地址：220 Camden High Street
電話：020-7485-3188
營業時間：10：00〜19：00（Mon-Fri）、09：00〜19：00（Sat-Sun）

05 THE ELEPHANTS HEAD
體驗一下輕鬆歡樂的酒吧氛圍吧！

INFO
地址：224 Camden High Street
電話：020-7485-3130
營業時間：09：30～01：30（Mon-Thurs）、09：30～02：00
（Fri）、09：00～02：00（Sat-Sun）

位於街角的英式酒館THE ELEPHANTS HEAD，是在當地頗受歡迎的大眾酒館。酒館內的復古家具及慵懶氣氛，讓人到此用餐喝酒很放鬆。來到這種英式大眾酒吧，記得得喝杯沁涼的生啤酒，再搭配些英式傳統美食如炸魚薯條，但更重要的是，體驗那英式酒館的歡樂氣氛。由於這家酒吧開在年輕人天堂的肯頓區，所以清一色都是年輕消費者，大家吃飯喝酒氣氛超級High，笑聲不斷！

06 THE OXFORD ARMS
酒館也有折扣可享！

這是家能讓人很放鬆的英式大眾酒館，也位於這條熱鬧的大街上，獨棟的英式建築，散發出濃濃歷史風味。至於餐廳內部裝潢反倒風格簡單，沒有一般酒館的陳舊霜感，可能是來到店內喝酒消費者以年輕人居多，所以無論是裝潢或餐點，都走向美式調性。而店內所販賣的啤酒款式不少，任君挑選，為了吸引酒客上門，店家還不時舉辦折扣活動，以號召更多顧客上門。

INFO
地址：265 Camden High Street
電話：020-7267-4945
營業時間：10：00～01：00（Mon-Thurs）、10：00～02：00（Fri-Sat）、10：00～01：00（Sun）

07 Max Orient
比中國城品質更好的中式自助餐

　　一條巨龍正盤旋在這家中式餐廳的上方，但這條中國龍表情看來有點萌，不是超真實的那種版本。這家名為Max Orient的中國餐廳，是家能吃到很飽的無限自助餐廳，店開在這裡，超適合食量大的年輕朋友。餐廳所提供的餐點選擇不少，有多款蔬菜、炒肉、炸丸子及咖哩等等，而且光湯品就有玉米濃湯及酸辣湯。Max Orient餐廳空間挺寬敞，而且整理得很乾淨，整體來說，比中國城那邊的中式自助餐廳，品質更好，而且價位多在9英鎊左右，是逛街肚子餓時，補充戰力的好選擇。

INFO
地址：273-275 Camden High St
電話：020-7485-5466
營業時間：12：00〜23：00（Mon-Sun）

08 Brand shop
款式齊全的潮流鞋店

　　Brand shop是建築外觀很搶眼的鞋店，因為藍色牆面上，同時有多款巨大的球鞋踩在上頭，不想注意都很難。Brand shop這家鞋店所販賣的鞋子品牌十分齊全，像是Nike、O'Neill、Oakley、Cross、Dr Martens、Converse、Puma、Hummel等等，所以鞋款風格及款式也相當多樣化，不怕你挑不到。畢竟年輕族群就是喜愛購買球鞋，除了球鞋，店裡也賣些潮流夾腳拖鞋和靴款，如果逛到這家店時，不如進去看看有無遇到特價商品，說不定就讓你撿到大便宜。

INFO
地址：283 Camden High Street
電話：020-7267-2336
營業時間：10：00〜19：00（Mon-Sun）

09 PRET A MANGER
對你的身體和錢包都健康零負擔

INFO

地址：261 Camden High Street
電話：020-7932-5409
營業時間：07：00～21：00（Mon-
Fri）、07：00～20：30（Sat-Sun）

這是倫敦街頭很容易遇見的英國連鎖餐廳，也是我不知道該吃什麼東西時的救命選擇！PRET A MANGER店裡賣非常多款的三明治，放滿了一整個開放式大冰箱，所以進入店裡，就能一目了然知道今天該吃哪一款三明治！店內除了多樣化的三明治外，也賣水果優格、蔬菜沙拉，搭配來吃就更健康了。當然，咖啡的種類也不少。挑塊三明治再點杯熱咖啡，就是荷包沒負擔的一餐！

10 URBAN OUTFITTERS
年輕潮流商品集結地

INFO
地址：211 Camden High Street
電話：020-7932-5409
營業時間：07：00～21：00（Mon-Fri）、
07：00～20：30（Sat-Sun）

成立於美國1970年的URBAN OUTFITTERS，從小商店發展至今，全球已超過130個門市。位於街上的這家門市，風格獨特、充滿街頭潮流特色。URBAN OUTFITTERS並不是單一服裝品牌，而是集結眾多品牌的複合商店。店內商品雖以服裝、配件及包包居多，但也賣些頗富創意的生活小用品；所以來到這家空間挑高又滿是復古風情的門市時，令我相當興奮。店裡的服裝風格，多傾向年輕時尚風格，無論是超窄版牛仔褲、T恤或小洋裝，都走著簡單俐落感，正符合現代年輕人喜歡不受拘束的調性。

Outlet & Heathrow Airport
Outlet與希斯洛機場

倫敦郊區

來到倫敦購物除了之前推薦各區域的購物商圈外，還有許多巷子裡專家的購物地點，那就是距離倫敦市中心不太遠的Outlet購物商場。這些折扣中心品牌齊全，款式豐富，雖非當季新品，但品質與漂亮售價，就是最吸引人之處，如果來倫敦時間較充裕，不妨走訪這幾家Outlet店，相信一定能撿到物超所值的好東西。

價格實在有夠殺──Bicester Village

Bicester Village（比斯特折扣中心）算是倫敦最具知名度的Outlet，這裡的品牌齊全，包括：Dunhill、BOSS、BALLY、BURBERRY、Chloe、Dior、MULBERRY、PANDORA、UGG、Vivienne Westwood、TED BAKER、Superdry、RADLEY、Paul Smith、MISSONI、HACKETT等等，實在多到列不完。

在這個購物中心裡，每個品牌都有各自的小木屋，這裡主要銷售過季商品為主，但撿到新貨的機率也並非不可能。Bicester Village裡首推英國最有名的Burberry服飾，在這裡一共有3間門市，一間為

Bicester Village

地址：50 Pingle Drive, Bicester
電話：020-1869-366266
營業時間：09：00～21：00（Mon- Wed）、09：00～22：00（Thurs- Sat）、10：00～19：00（Sun）
交通：搭乘火車從London Marylebone Street，到Bicester North下車，車程約一個鐘頭，抵達後再買Bicester Village的接駁車（Shuttle Bus）車票，車程約15分鐘。
官方網站：www.bicestervillage.com/

女裝、一間為裝，另一間是專賣配件。即使是對名牌包沒興趣，也都應該在這裡選購一條BURBERRY經典款圍巾，在台灣一條要價破萬的圍巾，這裡折扣價卻不到台幣5,000元，實在有夠殺！而某些遊客就會專攻像PANDORA這種知名配件，也全都很值得搶購。由於要來到Bicester Village來回需要花上幾個鐘頭，所以得多留些時間才能細細挑選好商品。

最舒適的Outlet體驗──London Designer Outlet

位在摩登玻璃建築物裡的London Designer Outlet，於2013年10月24日落成，地理位置就位於倫敦大巨蛋旁，是一個集合了美食、購物及看電影的綜合大型商場。每到週末假日，就會吸引大量遊客來這裡休閒購物，由於London Designer Outlet佔地很廣（35萬平方公尺），所以逛起來特別舒服。這個大型購物中心裡的品牌很多樣化，除了服飾外，還有一些電器用品與生活用品類型，其中許多知名的連鎖國際服飾的折扣品牌，共有70個品牌聚集於此，像是adidas、GAP、M＆S、Replay、Vodafone、GUESS、KURT GEIGER、next、The

London Designer Outlet

地址：Wembley Park Blvd, Wembley
電話：020- 8912-5210
營業時間：10：00～21：00（Mon- Sat）、11：00～17：00（Sun）
交通：搭乘地鐵朱比利線Jubilee Line（灰色）或大都會線 Metropolitan Line（紫色線）於Wembley Stadium站下車即抵達。
官方網站：www.londondesigneroutlet.com/

BURBERRY FACTORY

地址：29-31 Chatham Pl
電話：020 0928-4287
營業時間：10：00～18：00（Mon- Sat）、
11：00～17：00（Sun）
交通：搭乘地鐵Central Line到Stratford站下
車，轉換搭地面鐵路（London Overground）
至Hackney Central下車。

Paul Smith Outlet

地址：23 Avery Row
電話：020-7493-1287
營業時間：10：30～18：30（Mon-Wed、
Fri-Sat）、10：30～19：00（Thur）、13：
00～17：30（Sun）
交通：搭乘地鐵中央線Central Line至Bond
Street下車，步行約5分鐘。

North Face、Villeroy & Boch、The Body Shop、Rockport以及許多設計師品牌等，賣場更宣稱價格還會低至3折，如果你對這些休閒服飾或球鞋有興趣，不妨前來走走，當作是休閒也不賴。

經典款式來這挑——BURBERRY FACTORY

這是專賣英國時尚品牌BURBERRY的Outlet，也是喜歡這個品牌愛好者，有空值得前往一探究竟的地方。這家位於倫敦市區的特價購物點，門市外觀沒有華麗的櫥窗展示，反而顯得沈默低調，但這裡所販賣的商品很齊全，從襯衫、洋裝、T恤、褲子、內衣褲、圍巾、鞋子到風衣都有賣，但千萬要有心理準備，別把這家店所賣的商品跟專櫃相較，既然是Outlet銷售點，所販賣的款式多為舊款跟很舊款，而且許多款式尺寸都只剩下巨人能穿，所以來這裡挑貨採購也得碰運氣，但或許能挑些像是配件或圍巾等基本款、不易退流行的款式。

麻雀雖小、五臟俱全——Paul Smith Outlet

位於市中心的Paul Smith Outlet，我逛過幾次，可說是麻雀雖小、五臟俱全的一家店。店內空間真的很小，但掛滿了Paul Smith的T恤、外套、襯衫、內衣褲，至於配件也挺齊全，腰帶、襪子、帽子、包款等商品都有賣，有許多是展示商品，價格約是3折到5折左右，有些部分款式會到7折。如果喜歡Paul Smith品牌者，可在逛牛津街時順道走走，看看能否找到適合自己的彩色條紋商品。

希斯洛機場　Heathrow Airport

希斯洛機場——把握血拚最後機會！

愉快又充實的倫敦購物之旅終於接近尾聲，當你劃好機位、將行李送入轉盤後，以沉重步伐通過海關，準備登機，以為倫敦之旅已經結束；其實不然，因為等你進入到希斯洛機場的免稅店區域後，才會明白原來這裡是另一處購物戰場！過去，我也認為多日精彩的血拚行程，應該在來到機場後，就已告一段落，後來才驚覺，希斯洛機場裡，是另一處購物天堂。

多日在倫敦連續趕路的匆忙過程中，一定有許多本來在預計計畫中必逛的店、必買的伴手禮，卻因諸多因素而沒有達成；但希斯洛機場裡的免稅商店，將能助你反敗為勝，彌補回國前的缺憾，而且還可能讓你收穫滿滿。為了讓讀者能在這最後登機前的短暫時間，掌握最精確的購物資訊，我將倫敦購物最終回，移至機場免稅商店，讓有多餘英鎊的旅人，不必再將英鎊帶回台灣兌換，而是徹底在機場花個精光，這才是身為倫敦購物狂人的正確行為吧！

等一等，你退稅了嗎？

只不過要特別提醒各位購物狂人，當海關蓋完出境章後，第一件事是必須先去VAT（辦理退稅），處理完退稅大事後，才能安心的展開最後的血拚旅程。走入這風格摩登的倫敦希斯洛機場裡，首先會遇

到酒類及眾多香水品牌，這跟一般機場免稅店並無太大差異性。但接下來就會是重頭戲。首先，倫敦最知名的哈洛德百貨在這裡有一個超大門市，店門口就是大家熟悉的哈洛德熊在招呼大家，哈洛德百貨最熱門的防水手提包、購物袋、印有Logo的馬克杯都能在這裡找得到。當然，哈洛德相關的食物產品，像果醬、餅乾、茶葉罐，也是琳瑯滿目的堆滿在櫃位上，任君挑選。這家店，除了賣哈洛德百貨自製商品外，也賣英國知名瓷器WEDGWOOD、ROYAL ALBERT等品牌的餐瓷組，商品很多，需要花上一點時間挑選。

　　至於喜歡買服裝或英國品牌的遊客也會很歡喜，許多英國本地知名的品牌，也全都在機場裡開門市。像是Paul Smith、MULBERRY、BURBERRY、TED BAKER、sunglass hut、Cath Kidston、Jack Wills

及知名英國香水JO MALONE等等，全都恭候您光臨，店內賣的款式甚至跟倫敦鬧區門市不同，記得進去走走，千萬別錯過。當然國際精品及珠寶品牌也不少，像是MIU MIU、BVLGARI、CHANEL、PINK、BALLY、HERMÈS、GUCCI、TIFFANY＆CO.、Cartier、MONTBLANC等等，幾乎每一家都沒缺席。機場內還有一家ZARA大門市，讓女性消費者在候機時，乾脆去挑件衣服也不賴。所以千萬不要以為，離開倫敦市中心就沒有血拚地點了；倫敦畢竟是個國際時尚之都，所以也會在機場想辦法榨乾旅客所剩的英鎊。當然，來到這座城市購物就是要盡全力徹底掃街，才不會辜負了那張貴森森的機票。

倫敦實用旅遊資訊

日常生活資訊

時差

較台灣晚8個小時，夏令時間（3月最後一個週日至10月最後一個週日）實行日光節約，時間晚台灣7個小時。

電壓

240伏特，使用三腳扁平型插座。

英國簽證

2009年起，到英國旅遊需持效期6個月以上護照，若停留時間短於6個月，將不需要申請旅遊簽證，但仍須攜帶相關文件（回程機票、財力證明、訂房記錄等），以便進入英國海關時答覆移民署問題。想知道更多詳細內容可查詢相關網站。

1.www.vfs-uk-tw.com

2.www.boca.gov.tw

3.www.ukba.homeoffice.gov.uk

英國貿易文化辦事處

地址：台北市松高路9-11號26樓

電話：02-8758-2088

網路

無線免費WiFi熱點

隨著行動上網的需求增加，倫敦市也有許多免費WiFi熱點可使用，像是地鐵站、星巴克、COSTA咖啡、麥當勞、肯德基等地都有免費無線上網。但來到國外就是想隨時與友人保持聯繫，或即刻丟些照片上FB，這時建議購買一張行動網路卡，真的超級方便。

3G上網吃到飽推薦

英國手機業者公司有3 Store、O2、vodafone、Orange、T Mobile、Lebara、Virgin等，在街上常常能看到這些電信公司的門市。但我個人推薦「3

Store」電信公司推出的「Pay As You Go」，主要原因就是簡單方便。卡的方案內容為1個月內上網吃到飽，並贈送300

分鐘通話及 3,000 封簡訊的額度。打開包裝裡有各種不同的Sim卡尺寸，選擇適合自己的裝上，就能上網了。個人覺得速度還不賴，使用很方便。

購買地點：倫敦希斯洛國際機場販賣機購買（售價£20），如果沒買到，市區也有店家販售。

通話

由台灣打到英國：得先撥002或+44（英國國碼）再撥室內電話號碼（去區碼開頭的0）或是手機號碼（去開頭的0）。

※倫敦區碼為020。

市話：從台灣打到英國的台北辦事處撥(002-44-20) 7881-2650。

手機：若A小姐手機號碼為0987-654-321，從台灣打給英國的A小姐請撥：

(002-44) 987-654-321

由英國打回台灣：得先撥00（或撥+）+886再撥室內電話（去區碼開頭的0）或是+手機號碼（去開頭的0）。

市話：從英國打回台北外交部領事局撥(00-886-2)2343-2888

手機：若B小姐手機號碼為0987654321從英國打回台北即是撥(00-886)987-654-321

國際電話卡（International Phonecard）：可在中國城或郵局購買。

緊急救援資訊

緊急電話	公共電話免投幣撥打「999」或「112」接通警察。撥打「08-45-46-47」可接通 24 小時醫療諮詢（NHS Direct）
駐英代表處資訊	地址：50 Grosvenor Gardens, London SW1W OEB（Victoria 站） 電話：020-7881-2650 網站：www.taiwanembassy.org/uk 上班時間：09：30～17：00（週一～週五）
外交部緊急聯絡中心	電話：00-800-0885-0885 時間：全年無休、24 小時輪班

消費購物

英國貨幣

英國目前使用的貨幣為英鎊（£），在銀行與觀光地點會有兌換中心，但不接受新台幣。（£1約合新台幣50元，£1等於100 Pence）

硬幣面額可分成：1P、2P、5P、10P、20P、50P、£1、£2

紙鈔面額可分成：£5、£10、£20、£50

購物退稅（VAT Refund）

在英國商店購物，若店裡寫著「Tax Free Shopping」即代表提供退稅服務，但一般須消費£30～£50以上金額才能退稅，至於規定得視店家而定。英國的消費稅是20%，扣除手續費之後可退回大約10%金額，退稅可選擇退回現金或退回信用卡。（現金退稅會被收取手續費，但最保險；信用卡則有時間不確定及匯差問題。）

退稅流程

❶ 填寫退稅表格：在購買店家憑護照與收據辦理退稅，填寫表格。

❷ 核定表格：店家核定後取回原收據與退稅表格。

❸ 前往退稅窗口：前往機場，通過海關後就會看見「VAT refunds」退稅窗口（通常會排一堆人）。

❹ 辦理退稅：拿著你的退稅表格（Refund Form）、收據、護照、機票、購買商品，在窗口處辦理退稅。

❺ 核對退稅清單收據：若是選擇現金退稅，退稅完，海關會給退稅清單收據，並當面退回現金，這時候只要清點金額，確認沒問題就完成囉！

交通簡介

飛航資訊

台灣飛往英國倫敦是經由倫敦希斯洛國際機場（Heathrow Airport）進出，這個機場是倫敦五座機場中規模最大的一個，距離倫敦市中心大約24公里。該機場一共有5個航廈（Terminal），容易讓人混淆，所以建議抵達倫敦時注意一下抵達的航站，以便在回程時能迅速找到正確的航站。目前國內只有長榮航空直飛倫敦（途中於曼谷暫停），飛行時間約17小時，其他航空公司都需在亞洲或歐洲其他地點轉機。

機場到市中心交通

抵達機場出關後，有下列5種方式到達倫敦市中心，約需15分鐘至1個小時。每一種方式都有優缺點，可選擇適合自己的方式遊倫敦。

搭乘地鐵（Underground）

這是許多第一次前往倫敦的遊客會選擇的方式，也就是直接搭乘地鐵藍色皮卡地里線（Piccadilly Line），最安全且不易迷路。
目前機場內有3個地鐵月台，分別在Terminal 1,3、Terminal 4、Terminal 5。由希斯洛機場（Zone 6）搭乘至市中心（Zone 1），成人單程車票大約£3～£5.7，時間約為1個鐘頭。但由於倫敦地鐵老舊，許多捷運站都需爬樓梯，所以搬運大型行李時要特別注意。

發車時間：從希斯洛機場發車，時間分別為
05：56～23：23（Terminal 1、3）
05：46～23：15（Terminal 4）
06：07～23：25（Terminal 5）
相關網站：www.tfl.gov.uk

機場快線（Heathrow Express）

這是我最常搭乘前往倫敦市中心的方式，也是前往帕丁頓車站（Paddington）的最快速方法，搭乘起來不擁擠，而且時間很短。機場快線從Terminal 1, 2, 3行駛，時間約15分鐘；從Terminal 4, 5約需22分鐘，每15分鐘發車一次。由於班次密集，我幾乎沒特別看班次時間。不過還是要注意自己將前往的地點，因為有時候搭捷運反而會快些。

至於票價部分，成人單程票£21、來回票£34，所以建議購買來回票。時間部分，可從希斯洛機場發車時間為05：03～23：58、從帕丁頓站發車的時間為05：10～23：25。車票我多是在機場售票亭購買，也可在自動售票機、網路上、APP程式上購買，甚至可上車再買，但價格較貴。

相關網站：www.heathrowexpress.com

希斯洛列車（Heathrow Connect）

從帕丁頓至機場，行駛時間25分鐘，可是車票價格只要機場快線的一半，標準成人單程票£9.90、來回票£19.80。只不過30分鐘才發一次車，所以要特別注意搭乘時間。希斯洛列車月台僅停留在Terminal 1, 3，如欲前往Terminal 4, 5，可搭乘機場免費轉乘列車。此外，除了帕丁頓車站外，該列車還會停靠：Hayes & Harlington、Southall、Hanwell、West Ealing、Ealing Broadway。如果停靠站距離預定的旅館不遠，很建議搭乘這種列車。

相關網站：www.heathrowconnect.com

長程巴士（National Express）

可從希斯洛機場的中央巴士站與維多利亞長程巴士總站搭乘，每30分鐘一班，每小時有2、3班次，抵達目的地的時間為1小時，但價格較便宜，約£6.0左右。這班接駁巴士會在市中心的主要火車站停靠，所以也很方便，不過因為巴士在路上跑，如果遇到交通狀況，時間就很難掌控，所以想搭乘巴士，就需要多預留一些時間。

相關網站：www.nationalexpress.com

計程車（Heathrow Airport by Taxi）

抵達倫敦最昂貴，卻也最輕鬆的一種方式，就是搭乘計程車，因為不用拖著大行李箱上下樓梯，就能輕鬆抵達你所預定的旅館，時間40分鐘至1小時，費用單程約£45～£85（週一至週五，06：00～20：00），全日24小時營業，每車可搭乘4人，會依照不同的搭車時段來收費，建議搭乘機場內由專人叫車的計程車，以防被哄抬車費。

相關網站：www.tfl.gov.uk

地鐵攻略

倫敦地鐵於1863年1月10日通車，英文名為Underground，因為地鐵全都建設於地底，行駛在像是水管一般的圓形隧道裡，所以有The Tube（管）的別稱。倫敦地鐵發展至今，全長已有402公里，共11條路線、270個運作中的車站，每日平均載客量高達304萬人。

11條路線全以不同顏色區分，地鐵線包括：Balerloo線、Central線、Circle線、District線、Hammersmith & City線、Jubliee線、Waterloo & City線、Metropolitan線、Northern線、Piccadilly線、Victoria線，所以到倫敦搭地鐵，即使不仔細看地鐵名，光認顏色也很OK。

倫敦地鐵以同心圓方式劃分，總共分為6區（Zone）。從第1區依序向外，最遠為第6區。倫敦大部分的旅遊景點多位於1～2區。為了讓乘客可以清楚分明搭對倫敦地鐵，站方除了在地鐵圖上將每一條線以不同顏色區分外，站內的指引與車廂內也都漆上相對應的顏色；如果同一月台有多線共用時，月台上則會有跑馬燈顯示即將進站的是哪一條線的地鐵，幾分鐘進站，指示相當清楚，遊客只要確認搭乘的方向是否正確即可。此外，倫敦地鐵站通常會有好幾個出口，出站時特別注意所要前往地點的指示方向；捷運外頭也會有地鐵指示燈箱，即使在夜晚也能看得分明。

由於地鐵平時載客量極高，週末常會有停駛及維修的情況，就會有點小麻煩，必須尋找適合的替代地鐵或搭乘公車。據倫敦鐵路局表示，2015年倫敦地鐵將會有5條路線會在週五、週六24小時營運不打烊，對於難得去一趟倫敦遊玩的我們，真是一大福音，這樣就不必擔心在外玩得太晚而回不了旅館了。

倫敦地鐵顏色表

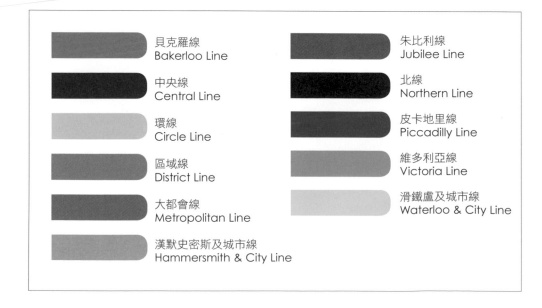

顏色	路線	顏色	路線
	貝克羅線 Bakerloo Line		朱比利線 Jubilee Line
	中央線 Central Line		北線 Northern Line
	環線 Circle Line		皮卡地里線 Piccadilly Line
	區域線 District Line		維多利亞線 Victoria Line
	大都會線 Metropolitan Line		滑鐵盧及城市線 Waterloo & City Line
	漢默史密斯及城市線 Hammersmith & City Line		

地鐵車票怎麼買？

來到倫敦旅行的遊客最常購買的地鐵票分為牡蠣卡（Oyster Card）、旅遊卡（Travelcard）及單程車票。

首先，必須知道將在倫敦待幾天，盤算一下有幾天會搭乘地鐵，以及預計會到幾區遊玩（大部分的景點都在1～2區），來決定購買的車票類型。

牡蠣卡（Oyster Card）

倫敦地鐵儲值卡（相當於台灣悠遊卡），我覺得這是必買的一張卡，無論是搭乘地鐵、公車或交通船都能使用。重點是倫敦地鐵很昂貴，還分成尖峰與離峰時刻，單程票至少£4.70，如果刷牡蠣卡則為£2.20，差距將近台幣130元，實在很驚人；搭公車也是一樣，單程搭乘為£2.40，刷牡蠣卡則為£1.45，若是不買牡蠣卡，荷包怎麼受得了？

牡蠣卡簡介：

購買處：搭乘地鐵時看到窗口有Oyster標誌就可前往可購買，第一次購買需另付押金£5，如要離開倫敦時可至窗口退回押金與剩餘儲值金額。

用法：牡蠣卡適用於地鐵、公車、DLR、交通船、電車Tram、鐵路National Rail市區路段。進入地鐵時只需要感應卡片即可通行。

儲值：卡片內可同時存放儲值金（Top Up），及超過1日以上的通行卡（e.g. 7 days tarvelcards）。你可前往地鐵窗口儲值，但總會

有人在排隊，建議使用地鐵站的牡蠣卡儲值機，簡單明瞭。

網站：https://oyster.tfl.gov.uk

牡蠣卡使用三步驟

Step 1 購買

找到 Oyster 窗口購買卡片。

Step 2 儲值

儲值未來幾天的使用金額。

Step 3 使用

在地鐵直接感應使用。也可用在公車、電車等交通工具。

來到倫敦可至購票處櫃臺購買牡蠣卡（Oyster Card）或旅遊卡、單程票，有專人服務，方便不出錯。

倫敦地鐵外都有地鐵指示燈箱。

購票方式

每個地鐵站儲值機上都可購買單程票，牡蠣卡也可在自動販賣機上加值。

自動售票機上會顯示出可以購買的票種。（若要加值，拿牡蠣卡碰觸一旁黃圓感應區可知剩餘金額，直接按 Top up pay as you go 加值金額即可。）

如果是購買單日旅遊卡，為了避免加值出錯，下方有多國語言可選擇，可選中文介面。

跳出中文介面後，會顯示出多種區域車票。

在選擇需要的區域後，會跳出金額，付費繳款後即完成。

Free!

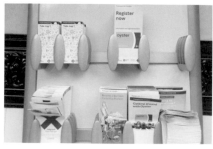

每個地鐵站出入口都會放置大小剛好的地鐵圖，可多拿來利用。

旅遊卡 (Travelcard)

這是遊客另一種選擇。持有這張卡可在選擇區域裡面無限次搭乘地鐵、公車與電車、London Overground等。可分成1日、3日、7日、月票、年票。一般台灣遊客前往倫敦旅行多購買7日卡。當然停留時間越長，價格也就越低。

如果只跑單日行程，建議不要購買1日旅遊卡，因為使用牡蠣卡，1日的價格上限是£8.40，但1日的旅遊卡卻要£9，反而不划算。所以旅行之前可以先好好規劃盤算，看看哪一種最划算，但個人覺得牡蠣卡比較方便，畢竟在倫敦時間很趕，如果花太多時間在計算票價上會很麻煩。

7 日通行卡（7 Day Travelcard，不分時段皆可搭乘）

乘車區間	成人	兒童
Zone1-2	£31.40	£15.70
Zone1-3	£36.80	£18.40
Zone1-4	£45.00	£22.50
Zone1-5	£53.40	£26.70
Zone1-6	£57.20	£28.60

網站：
https://visitorshop.tfl.gov.uk/tfl/london-travelcard

善用地圖不迷路

▲進入地鐵站就會看見供遊客免費索取的倫敦地鐵地圖。地圖裡以不同顏色標示出地鐵路線，且因為尺寸很小，適合攜帶、沒負擔，所以我常會拿這個輕便地圖查看，事先仔細研究，用筆書出要前往的地鐵站，讓路線一目了然，避免發生轉錯車的情況。

▲一出地鐵站外，就會看見當地地圖，這是倫敦為遊客所做的貼心設計，我通常會先察看要前往地點的方位與路名，這樣就能減少走錯路的情形發生了。

遊客服務中心

（Tourist Information Centre）

為了因應來自世界各國的人量遊客，倫敦市區設有多個遊客中心，它們通常設在熱門景點附近，主要提供遊客包括免費地圖、訂房、訂票、景點推薦、交通資訊等方面的資訊服務。如果有空不妨走進去逛逛，常常會有意想不到的收穫。若想知道更多詳細內容，可以查詢倫敦旅遊官方網站（www.visitlondon.com）。

地鐵分區價格

倫敦地鐵共有6區，並以分區來計價，下列表格為分區價格：

分區價格

乘車區間	牡蠣卡價格		現金價	備註
	尖峰	離峰		尖峰時間（Peak）：
只有 Zone1	£2.20	£2.20	£4.70	週一‧週五 06:30 ～ 09:29 16:00 ～ 18:59
Zone1-2	£2.80	£2.20	£4.70	離峰時間（Off-Peak）：
Zone1-3/1-4	£3.20/ £3.80	£2.70	£4.70/ £5.70	尖峰時間以外的其他時段與國定假日
Zone1-5/1-6	£4.60/ £5.00	£3.00	£5.70	

倫敦住宿

旅館情報

倫敦物價很高，所以選擇旅館時，價格當然是第一考量，其次是交通便利性，第三是多打聽、多比較、再決定。畢竟來倫敦旅遊，得好好睡覺才有體力玩樂、血拚。倫敦旅館一般可分成高級飯店、精緻旅館及B&B（Bed&Breakfast）三種。第一種是每晚住宿動輒破萬元的星級飯店，不論地點與房間設施都是令人醉心的首選（也最花錢）；第二種是改造過去貴族豪邸的精緻旅館，這類旅館的建築外觀都充滿英式風情，至於第三種則是經濟類型的客房，也是價位讓人最能接受的類型。

倫敦的旅館一共可區分成單人房（Single）、雙人大床（Double）、雙人雙床（Twin）及套房（Suite）四種，可依照旅客的需要選訂房型，但旅館不見得每一種房型都有，得視旅館情況而定。一般旅館都會有電視、熱水瓶、吹風機、毛巾、茶包、暖氣（通常不會有冷氣），除了四、五星級以上的房間會有泡澡浴缸，一般的則都是淋浴設備。

英國旅館入住時間約為下午2至3點，退房時間約在10點至11點間，訂房時需特別注意時間。旅館一般都會附上英式早餐，但現在為了降低房間價格並讓遊客能自由選擇，許多網站住宿售價都不包含早餐，訂房前需特別留意。此外，選擇旅館時可多看看遊客留言，雖然有時評價兩極，讓人難以抉擇，但至少可供參考。

倫敦物價高，選擇旅館得多查詢比較。五星級飯店設備好，但每晚動輒上萬元。

推薦民宿
（Lupton Guest House）

因好友之前住過，大力推薦，所以我頭一回選擇入住台灣人在倫敦所開的民宿，而且早在兩個月前就先行預定。不用懷疑，它真的很搶手！雖然我都是獨自旅行，卻選住它的雙人房，因為價格十分優惠，空間也更寬敞。這裡居住環境寧靜舒適，每天早上的英式早餐更是令我期待！房東嚴大哥會親自製作熱騰騰的英式早餐，而且天天有變化，再搭配上現煮咖啡，非常美味，這樣豐盛的早餐也成為我努力在倫敦旅遊的活力來源；更重要的是，住在Lupton的遊客多來自台灣，大家會在早餐時交換旅遊心得與資訊，對於熱愛接受新知的我十分受益。

網站：www.lupton.com.tw
信箱：45lupton@gmail.com
地鐵站：Tufnell Park
費用 （住宿含早餐）：單人房每晚33英鎊、單人住宿雙人房每晚43英鎊、雙人房每人每晚38英鎊（共76英鎊）

住宿旅館推薦

> 高級飯店

麗池飯店（The Ritz, London）
地址：150 Piccadilly
電話：020-7493-8181
網站：http://www.theritzlondon.com

四季酒店（Four Seasons Hotel）
地址：Hamilton Place Park Lane
電話：020-7499-0888
網站：www.fourseasons.com/london

桑德森倫敦酒店（Sanderson London）
地址：50 Berners Street
電話：020- 7300-1400
網站：www.morganshotelgroup.com/originals/
originals-sanderson-london

聖馬丁連酒店
地址：45 St. Martin's Lane
電話：020 -7300- 5500
網　站：www.morganshotelgroup.com/originals/
originals-st-martins-lane-london

精緻旅館

公爵飯店（Dukes Hotel）
地址：35 St James's Place
電話：020- 7491-4840
網站：www.dukeshotel.com

海德公園酒店
（The Plaza on Hyde Park Hotel）
地址：1 Lancaster Gate
電話：020-7262-5022
網站：www.corushotels.com/london

B&B（Bed and Breakfast）

皇家諾佛克（Royal Norfolk Hotel）
地址：25 London Street
電話：020-7723-3503
網站：www.royalnorfolkhotel.co.uk

樂在倫敦1館（London Designer House）
地點：Lord Hills Road W2 6PT
電話：020-7575-500-607
信箱：London.Designer.House@gmail.com
網站：http://donutshsia.pixnet.net/blog
※距離帕丁頓車站約3~5分鐘路程，為台灣人開的
民宿。

住宿網站推薦

網站名	特色	網址
VISITLONDON.COM	倫敦旅遊官方網站，除了住宿資訊還有景點介紹、交通、活動的訊息。	www.visitlondon.com
Agoda	可用信用卡刷卡，且優惠較多。	www.agoda.com
BOOKING	不用預付，但到當地要現付金錢。	www.booking.com
Youth Hostel	專門找價格較低旅館或青年旅社的網站。	www.hostelworld.com
倫敦政經學院學生宿舍	價格便宜、環境整潔，交通上也非常方便。	www.lsevacation

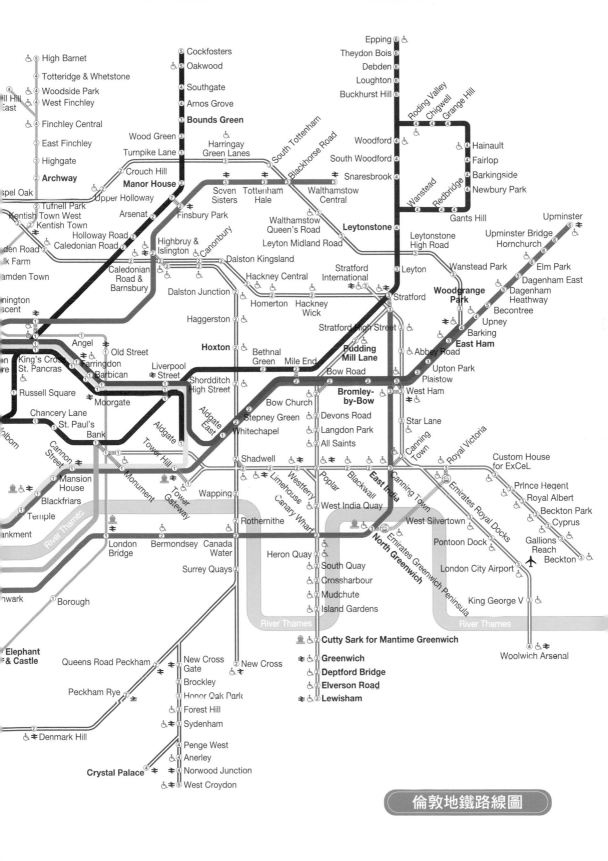

倫敦地鐵路線圖

作　　　者	蔡志良	
編　　　輯	邱昌昊	
美 術 設 計	吳怡嫻	
地 圖 設 計	蔣文欣、涂巧琳	

發 行 人	程顯灝
總 編 輯	呂增娣
主　　編	李瓊絲
編　　輯	鄭婷尹、陳思穎
	邱昌昊、黃馨慧
美 術 主 編	吳怡嫻
資 深 美 編	劉錦堂
美　　編	侯心苹
行 銷 總 監	呂增慧
行 銷 企 劃	謝儀方、吳孟蓉

發 行 部	侯莉莉
財 務 部	許麗娟
印 務	許丁財
出 版 者	四塊玉文創有限公司

總 代 理	三友圖書有限公司
地 址	106台北市安和路2段213號4樓
電 話	(02) 2377-4155
傳 真	(02) 2377-4355
E－MAIL	SERVICE@SANYAU.COM.TW
郵 政 劃 撥	05844889 三友圖書有限公司

總 經 銷	大和書報圖書股份有限公司
地 址	新北市新莊區五工五路2號
電 話	(02) 8990-2588
傳 真	(02) 2299-7900

製 版 印 刷	皇城廣告印刷事業有限公司

初 版	2016年2月
定 價	新臺幣450元
I S B N	978-986-5661-60-1(平裝)

倫敦地鐵購物遊

5大區人氣商圈× 300家精選好店，時尚達人帶你走跳倫敦

國家圖書館出版品預行編目(CIP)資料

倫敦地鐵購物遊：5大區人氣商圈X300家精選好店，
時尚達人帶你走跳倫敦 / 蔡志良著. -- 初版. -- 臺北市：
四塊玉文創, 2016.02
　面；　公分
ISBN 978-986-5661-60-1(平裝)
1.旅遊 2.購物指南 3.英國倫敦
741.719
104029252